栗谷 修輔 ［著］

市場リスク管理の基礎と実務

一般社団法人 金融財政事情研究会

はじめに

「リスク管理の初級者向けに何かよい本はないですか」。筆者は金融機関に対してリスク管理のコンサルティングを行っているが、近年このような質問を受けることが多くなってきたと感じている。金融機関におけるリスク管理業務は特定の専門性が求められるため、初級者にとって最初は戸惑うことが多いのが現実だ。もちろん、定例業務（リスク計量、リスク報告など）の内部規定やマニュアルはしっかり整備されているため、初級者でも日々のルーティン作業は十分こなせるだろう。システムのボタンを押せばリスク量は計測され、定型様式に数値を入力すればリスク報告書は完成する。しかし、そのリスク量やリスク報告の本質的な中身を理解し企業価値向上に資するリスクマネジメントについてしっかりと学ぶ機会は、案外少ないのではないだろうか。拙著『市場リスク・流動性リスクの評価手法と態勢構築』（金融財政事情研究会、2015年）はそのような問題意識からリスク管理の初級者を意識して基礎から解説を試みたものである。それから約10年の時が経ち、市場環境および金融機関を取り巻く経営環境は大きく変化した。情報技術（ICT）の発展も目覚ましいものがある。そのような状況を踏まえて、あらためてリスク管理の基礎と実務について整理する必要があるのではないかという思いが、本書の執筆のきっかけとなった。

本書は「市場リスク」に焦点を当てている。長らく続いた超低金利局面が終焉し、上昇を伴って大きな金利変動が起こることが予想されるなか、あらためて市場リスクが金融機関経営の大きなテーマになると思われることが大きな理由である。また、リスク管理の原点ともいえる市場リスクの本質を理解することは、他のリスクを含めたリスク管理全体の水準の底上げにも寄与するであろう。

市場リスクはリスク管理のなかでも伝統的なリスクと位置付けられ、基礎的なリスク計測手法の多くが標準化されている。さらに、近年の情報技術（ICT）の発展に伴うリスク計測の自動化、ルーティン化によって業務自体

はじめに　1

の効率化が一段と進んだ。一方、自動化や効率化の副作用ともいえるが、リスクに対する本質的な理解や思考が不十分、あるいは停止してしまっているケースもみられるようになってきた。「リスク管理システムから出てきた数値をどう解釈して活用すればよいかわからない」という悩みを抱える担当者が非常に多いのが現実だ。日々のリスク管理業務がルーティン作業にとどまり経営意思決定につながっていないことを、日々のコンサルティング業務を通じて感じている。このような課題認識から「リスクの本質的な理解」「企業価値向上に資するリスク管理」を強く意識して本書の執筆を行った。

　リスク管理の初級者は、まず序章から第2章まで目を通していただきたい。日本におけるリスク管理業務の経緯、現状の実務で何をしているのか、基礎的な管理方法を理解することができるだろう。中級以上の役職員は第3章・第4章で、より発展的なリスク管理手法、「企業価値向上に資するリスク管理」とはどのようなものかイメージがつかめるだろう。第5章では、特に銀行を対象としたALM（Asset Liability Management：資産負債の総合管理）を取り上げた。現在のALM手法に内在する課題を洗い出し、ALMの本質について多面的な考察を行っている。最後の第6章では、将来のリスク管理において大きな課題になると考えられるテーマと市場リスクとの関係について考察を行った。リスクの多様化、複雑化によってさまざまなリスクが複雑に絡み合っているため、市場リスクの範囲外と思われるリスクについても、幅広に記載を行った。

　本書の執筆においては多くの方々にご協力をいただいた。藤井健司氏（グローバルリスクアンドガバナンス合同会社代表）、森本祐司氏（キャピタスコンサルティング株式会社代表取締役）、川島尚史氏（マニー株式会社社長室・法務グループマネージャー）には日頃からリスク管理に関してさまざまな助言をいただいている。国際金融規制の動向については宮内惇至氏（SBI大学院大学教授）、デリバティブ取引の規制や市場動向については森田智子氏（国際スワップ・デリバティブ協会東京事務所長）に、貴重な助言をいただいた。また、一般社団法人金融財政事情研究会の平野正樹理事には、本書執筆の機会をいただき、多くの助言、激励をいただいた。皆様にこの場を借

りて御礼申し上げたい。

　市場環境や経営環境が大きく変化していくなか、リスク管理が金融機関経営の中枢に位置づけられ、より重要な業務になっていくのは間違いないだろう。本書が、日本における金融リスク管理の水準向上、持続的な「企業価値向上に資するリスク管理」の実践に少しでもお役に立てれば幸いである。

2024年9月

栗谷　修輔

■ 著者紹介 ■

栗谷　修輔（くりたに　しゅうすけ）

キャピタスコンサルティング株式会社プリンシパル

シグマベイスキャピタル株式会社フェロー

東京リスクマネジャー懇談会代表

1993年早稲田大学理工学部工業経営学科卒業。日本長期信用銀行、興銀証券（現みずほ証券）にてリスク管理、金融商品開発に従事。2000年データ・フォアビジョン株式会社入社。金融機関に対してリスク管理システムの企画設計・開発、データサイエンス、コンサルティングを行う。2011年12月にキャピタスコンサルティング入社。

公認内部監査人（CIA）。公認情報システム監査人（CISA）。

主な著書に『【実践】銀行ALM』『金融機関の市場リスク・流動性リスク管理態勢』『リスクマネジメントキーワード170』『【全体最適】の銀行ALM』『金融リスクマネジメントバイブル』『市場リスク・流動性リスクの評価手法と態勢構築』（いずれも共著。金融財政事情研究会）など。

目　次

序　章　リスクとは何か

第1節　リスクの基本概念……………………………………………………2
第2節　リスク管理業務の二つの役割………………………………………4
第3節　リスク管理業務は経営そのもの……………………………………7
第4節　多様化する金融機関のリスク………………………………………9

第1章　市場リスク管理の変遷と現状

第1節　市場リスク管理の歴史……………………………………………12
　　1　環境の変化……………………………………………………………12
　　2　リスク管理手法の発展………………………………………………17
第2節　制度・規制の変化…………………………………………………19
　　1　グローバル金融危機前：バーゼルⅠ～Ⅱ…………………………20
　　2　グローバル金融危機後：バーゼル2.5～Ⅲ………………………23
　　3　国際統一基準と国内基準……………………………………………32
　　4　トレーディング勘定の抜本的見直し（FRTB）……………………32
　　5　バーゼル規制以外の国際金融規制…………………………………36
第3節　本邦金融機関のリスク管理態勢の現状…………………………44
　　1　邦銀のリスク管理態勢の現状………………………………………44
　　2　リスク管理のコンプライアンス化…………………………………46
　　3　リスク管理からリスクマネジメントへ……………………………47

目　次　5

第2章　市場リスク管理の基本手法

第1節　市場リスクの定義とリスク要因の特定 ································ 50

　1　市場リスクの定義 ·· 50

　2　リスク要因の特定 ·· 51

第2節　市場リスクの評価・計測 ·· 54

　1　市場リスク管理手法の概要 ·· 54

　2　イールドカーブの作成 ·· 56

　3　感応度分析 ·· 63

　4　バリュー・アット・リスク（VaR）·· 69

　5　ストレステスト ·· 83

　6　シナリオ分析 ·· 92

　7　預金・貸出金の市場リスク ·· 93

　8　その他の市場リスク ·· 94

第3章　市場リスク管理の発展手法

第1節　市場性信用リスク ·· 104

　1　2種類の信用リスク ·· 104

　2　市場性信用リスクの計量化 ·· 104

　3　市場リスクと信用リスクとの統合 ·· 107

第2節　市場流動性リスク ·· 109

　1　金融機関における流動性リスク ·· 109

　2　市場流動性リスク ·· 110

　3　市場流動性リスクのモニタリング・シナリオ分析 ···························· 111

第3節　デリバティブ関連 ·· 114

　1　デリバティブ取引とは何か ·· 114

2	デリバティブ取引の種類	117
3	デリバティブ取引のリスク	118
4	デリバティブ取引を取り巻く状況	125
5	仕組商品	133
6	リパッケージ商品	138

第4節　投資信託 140
  1　投資信託の分類 140
  2　投資信託のリスク管理 140

第5節　オルタナティブ投資 146
  1　オルタナティブ投資の種類 146
  2　オルタナティブ投資のリスク管理 147

第6節　モデルリスク 151
  1　モデルリスクの定義と特徴 151
  2　モデルリスクの管理 152
  3　AIの拡大 154

第7節　予兆管理 155
  1　予兆管理の手法 155
  2　予兆管理における留意点 157

第4章　市場リスク管理の運営態勢

第1節　リスクアペタイト・フレームワーク 160
第2節　市場リスク管理のPDCAサイクル 164
  1　リスクの把握（リスクの特定・評価） 165
  2　資本配賦 170
  3　リスクテイクの実行 175
  4　リスク計測・モニタリング 176
  5　パフォーマンス評価 181

6　資本配賦・計測手法の検証ーーーーーーーーーーーーーーーー 183

第3節　市場リスク報告レポートーーーーーーーーーーーーーーーー 184

　　1　リスク計測とモニタリング（限度額管理)ーーーーーーーーー 184

　　2　リスク分析ーーーーーーーーーーーーーーーーーーーーー 185

　　3　リスク報告ーーーーーーーーーーーーーーーーーーーー 186

　　4　市場リスク報告レポートの事例ーーーーーーーーーーーー 188

第4節　市場リスク管理態勢の検証ーーーーーーーーーーーーーー 195

　　1　リスク計測モデルの検証ーーーーーーーーーーーーーーー 195

　　2　リスク管理態勢の検証ーーーーーーーーーーーーーーーー 201

第 5 章　市場リスク管理とALM

第1節　ALMの基本構造ーーーーーーーーーーーーーーーーーー 204

　　1　ALMの範囲ーーーーーーーーーーーーーーーーーーーー 204

　　2　金融当局が考えるALMーーーーーーーーーーーーーーー 206

　　3　リスク管理とALMーーーーーーーーーーーーーーーーー 207

第2節　金利リスクのマネジメントーーーーーーーーーーーーーー 208

　　1　ALMにおける金利リスクーーーーーーーーーーーーーー 208

　　2　金利リスク管理の二つの視点ーーーーーーーーーーーーー 210

　　3　バーゼル規制における銀行勘定の金利リスク（IRRBB)ーー 211

第3節　経済価値での把握ーーーーーーーーーーーーーーーーーー 216

　　1　経済価値で把握する意味ーーーーーーーーーーーーーーー 216

　　2　経済価値でリスクを網羅ーーーーーーーーーーーーーーー 217

　　3　経済価値把握における課題ーーーーーーーーーーーーーー 218

第4節　期間損益と経済価値の相互補完ーーーーーーーーーーーー 220

　　1　期間損益と経済価値の関係ーーーーーーーーーーーーーー 220

　　2　二つの視点によるALMーーーーーーーーーーーーーーー 222

第5節　損益・リスクシミュレーションーーーーーーーーーーーー 223

8　目　　次

1 シナリオ分析··223

2 アーニング・アット・リスク（EaR）··················230

第6節 ALMに内在する個別論点····························234

1 コア預金··234

2 定期性預金··242

3 貸出金の期限前返済··242

4 信用リスク··244

第6章 市場リスク管理の将来

第1節 市場リスクと他のリスクとの関係················248

1 多様化・複雑化する金融機関のリスク·················248

2 気候変動リスクの概要·······································250

3 気候変動リスクと市場リスクとの関係·················251

4 サイバーリスクと市場リスクとの関係·················252

第2節 ICTの発展···255

1 ICTの発展の経緯··255

2 AIの発展の動向···256

3 市場リスク管理業務におけるICT活用·················259

4 システム開発手法の変化····································264

第3節 世界経済の動向··266

1 変動する世界経済動向·······································266

2 市場リスクへの影響と対応·································267

第4節 地政学的リスク··268

1 地政学的リスクとは何か····································268

2 市場リスクへの影響と対応·································268

第5節 NBFIの拡大··270

1 拡大するNBFIと問題点·····································270

目 次 9

2 NBFIに対するリスク管理の課題 ………………………………………… 273

第6節 デジタル金融と市場リスク ……………………………………… 274

1 ブロックチェーンを基盤としたデジタル金融 ………………………… 274

2 分散型金融（DeFi）の活用の拡大 …………………………………… 275

3 デジタル金融の拡大と市場リスク管理 ……………………………… 277

第7節 金融規制の動向と市場リスク …………………………………… 279

1 バーゼルⅢの課題 ……………………………………………………… 279

2 規制強化の見直しの方向性 …………………………………………… 282

3 金融規制と市場リスク管理 …………………………………………… 283

4 リスク管理を超えた「リスク運営」へ ……………………………… 284

参考文献 ……………………………………………………………………… 286

序　章

リスクとは何か

「リスク」という言葉の語源は、中世期のイタリア語の「risco」「rischio」にあるという説が有力らしい。これらは当時、「崖」や「岩」を表しており、大航海時代の航路における危険な状況を意味したようだ。やがて「risk」という英語に置き換わり、航海にとどまらず商業、保険、投資、科学、経済などの分野で広く使われるようになった。

　日本の金融機関において、「リスク」という言葉が業務のなかで使われるようになったのは、1990年代の初めだったように思われる[1]。以来、30年超を経て、金融機関では「リスク」の概念が全社的に定着してきたといえよう。

　また、金融業界だけではなく、近年は日常生活のなかのさまざまな場面で「リスク」が使われるようになっている。たとえば野球やサッカーなどのスポーツ分野においても、監督や選手が「リスクマネジメントをしながら攻撃参加を……」などと語っている。大学生がランチの店を選ぶ際に「こっちのお店はちょっとリスキーだな」などと普通に話している。テレビニュースでも、地震や水害などの自然災害、車の自動運転、世界の各地で起こっている軍事的な衝突などで「リスク」という言葉をよく聞くようになった。「リスク」はもはや一部業界の専門用語ではなく、一般的な言葉として多くの市民に認知されているといえる。

第1節

リスクの基本概念

それでは、そもそも「リスク」とは何だろうか。直訳すると「危険」ということになり、「できるだけ避けるべきもの」というニュアンスが強く感じられる。おそらく、一般的に使われる「リスク」、たとえば車の自動運転における事故の「リスク」については、極力ゼロにすべきものと考えるのが自然である。前述のスポーツやランチのお店についても、可能な限り「リスク」は排除したいものである。

一方、ビジネスの世界では、「リターン」を得るためには何らかの「リスク」をとらなければならないという考え方が定着している。ビジネスにおける「リスク」は一般的に図表序−1のような概念でとらえることが多い[2]。ビジネスそのものに存在するもともとのリスクは「固有リスク（inherent risk）」と呼ばれる。たとえば商品に関するリスク（商品が不人気で売れないなど）、顧客に関するリスク（顧客が売買代金を払ってくれないなど）、地域に関するリスク（地域人口が減り、ビジネスが成り立たないなど）である。経営者としては、この「固有リスク」を放置しておくと経営上問題になる可能性があるため、「内部統制（internal control）」によってリスクを低減しようとする。たとえばガバナンスを強化したり、リスク計測を行ってデリバティブでヘッジ取引を行ったりするわけである。その結果、残ったリスクを「残余リスク（residual risk）」と呼ぶ。

さて、ここで簡単な事例をみてみよう（図表序−2）。A社とB社では、

---

1 投資や保険の分野ではリスクの概念は従前からあったが、一部の専門家に限られていたといえる。
2 明確な定義があるわけではないが、トレッドウェイ委員会支援組織委員会（COSO：Committee of Sponsoring Organizations of the Treadway Commission）や国際標準化機構（ISO：International Organization for Standardization）でも同様の概念が記載されている。

図表序－1　リスクの概念

図表序－2　リスクの事例

　どちらがよい会社だといえるだろうか。直感的には、A社のほうが、残余リスクが小さいため、よい会社のようにみえるかもしれない。しかし、これは「A社、B社の経営者の判断による」が正しい考え方である。確かに、A社は固有リスク100億円に対して残余リスクが20億円と大幅に低減させているが、80億円分のリスクを低減させるには、相当な経営コストがかかっているはずである。A社の経営者は、「ある程度の経営コストをかけてでも、残余リスクを低く抑える」という判断をしたことになる。一方のB社では、固有リスク50億円からそれほど大きくリスクを低減させていない。つまり、B社の経営者は「残余リスク30億円は、当社の許容範囲」だと判断したことになる。

　このように、リスクは必ず低減させなければならないものではなく、経営体力や経営環境、費用対効果に応じて、どの程度まで許容できるか、という経営判断において決定されるものである。

第1節　リスクの基本概念　3

第 2 節

リスク管理業務の二つの役割

　近年、企業価値向上への取組みが大きなテーマになっている。企業価値の向上によって、株主価値の向上や企業の持続的な成長を促進することが、企業に求められるようになっている[3]。

　企業価値を向上させるためには、適切なコーポレートガバナンスの実践が必要となる。コーポレートガバナンスの一環として、企業が抱えるリスクを自らコントロールし、企業の安定性の確保を目指す「リスク管理」の重要性があらためて注目されている。金融業界では、多くの金融機関がリスク管理の専門部門を設置し、リスク管理業務を行っている。ここでは、企業価値向上を目的としたときの、リスク管理業務に求められる役割についてあらためて考えてみたい。リスク管理業務の役割は、現在では以下二つをあげることが一般的となっている。

　①　健全性の確保

　②　リターンの向上

　多くの金融機関で、「起こりうる最大損失額」を「リスク量」と定義し、自身が抱えるリスクを計量化している。思わぬ市場の急変などで、万一最大損失額が発生しても、その損失を自身の自己資本でカバーできれば、金融機関は倒産を避けることができる。

　自己資本とは、投資家が株式などを通じて金融機関に出資しているものである。投資家はリスクをとって株式を購入している[4]ので、金融機関側から

3　「コーポレートガバナンス・コード」（東京証券取引所）には、以下の記載がある。「実効的なコーポレートガバナンス（中略）が適切に実践されることは、それぞれの会社において持続的な成長と中長期的な企業価値の向上のための自律的な対応が図られることを通じて、会社、投資家、ひいては経済全体の発展にも寄与することとなるものと考えられる」。

4　株式が値下りして、最悪価値がゼロになってしまうリスクを許容しているといえる。

4　序章　リスクとは何か

みれば株式によって調達した資金額（つまり、自己資本額）は、損失が発生したときに充当できる資金だと考えることができる。逆に、リスク量が自己資本を超えていると、最大損失額が発生したときに自己資本ですべてカバーできず、債務超過の状態となり倒産してしまう。つまり、リスク量は自己資本の範囲内に抑えることが、「①健全性の確保」のための条件であり、リスク管理の基本原則だといえる（図表序－3の左側）。

一方、企業価値を向上させるためには、継続的にリターンを獲得する必要がある。前述したように、ビジネスではリターンをあげるためには何らかのリスクをとらなければならない。図表序－3の右側は、横軸にリスク、縦軸にリターンをとったリスク・リターンの関係を表したものである。現時点から、どの程度リスクをとってリターンをあげていくかのイメージが戦略①、②、③である。どの戦略が一番よいかという正解はもちろんない。「どの程度のリスクまで許容できるか（横軸）」「どの程度のリターンが必要か（縦軸）」という、リスク・リターンの関係をもとに、経営判断として決定していくものである。たとえば銀行における主な業務である「貸出金」を考えてみる。「貸出金」には、貸出先が倒産して損失が発生する「リスク」がある（信用リスクと呼ばれる）。もし、銀行が「信用リスクをできるだけ抑える」という経営判断をしてしまうと、「貸出金」の業務を行うことができなくなってしまう。しかしそれでは、銀行の本業である「信用の創造」を放棄することになる。つまり銀行は、自身の存在意義のために「信用リスクをとってその対価であるリターンをあげる」ことが必要になるのである。これは「有

図表序－3　リスク管理業務の二つの役割

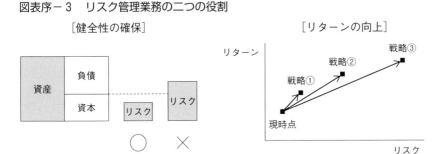

価証券運用」でも同様である。有価証券運用でどの程度のリターンが必要か
を明らかにし、そのために市場リスク（金利や為替、株式などの変動によっ
て損失を被るリスク）をどの程度とっていくのかを経営として判断していく
のである。

　このように、まず金融機関が倒産しないための「①健全性の確保」を担保
し、そのうえで企業価値を高めるために、どのように「②リターンの向上」
を経営戦略として判断し、実行していくかというのがリスク管理業務に求め
られる役割だといえる。

第3節

リスク管理業務は経営そのもの

　1990年代、大手金融機関を中心に「リスク管理部門」が組織化された。当初は「リスクはできるだけ抑える」という概念が先行していたように感じる。これはまず、「①健全性の確保」が重要だという意識が強かったからだと思われる。それから30年以上の時が経ち、「②リターンの向上」、つまり「適切なリスクをとり、リターンをあげる」考え方も重要視されるようになってきた。逆のいい方をすれば、「必要なリターンを明らかにし、そのためにどのようなリスクを、どのようにとっていくのか」ということになる。そう考えると、リスク管理業務というのは、金融機関の「経営そのもの」といえることがわかるだろう。

リスク管理業務＝経営そのもの

　そもそも、この「リスク」の概念は、1980～90年代に、欧米から日本の金融業界に広がってきた経緯がある。その際に、「risk management」が「リスク管理」と和訳されたようだが、日本語の「管理」というのは、どうしても「縛る」「抑える」「きちんと整理する」というようなニュアンスがある。英語の「management」が意味する「経営する」「運営する」というイメージからは、かなりかけ離れてしまったように思える。「リスク経営」「リスク運営」といった日本語のほうが、本来の「risk management」に近いのではないだろうか。

　近年、「リスクアペタイト[5]」という概念が広がるなか、「リスク管理業務は経営そのものである」という考え方があらためて認識されるようになって

5　第1章第2節5(5)、第4章第1節参照。

きた。リスクの「管理」にとどまっていたところから、リスクをいかに「運営」していくかという、能動的な考え方が徐々に広がっているように思える。

第4節

多様化する金融機関のリスク

　日本の多くの金融機関が、1990年代にリスク管理業務を開始して30年以上が経つ。その間、金融市場や経営の環境が大きく変わり、リスク管理の業務も多様化が急速に進んでいる。現在、リスク管理業務の対象とされるリスクの種類は、大きく「財務リスク」と「非財務リスク」に分類して考えることが一般的となっている（図表序-4）。近年は、財務情報だけでは把握ができない非財務リスクに関心が集まっている。たとえば地球温暖化に伴う「気候変動リスク」、ITネットワークの拡大に伴う「サイバーリスク」、顧客本位の業務運営に係る「コンダクトリスク」などは大きなテーマとなってお

図表序-4　多様化する金融機関のリスク

リスクの種類（例）	
財務リスク	市場リスク
	信用リスク
	流動性リスク
非財務リスク	事務リスク
	システム・セキュリティリスク
	法務・コンプライアンスリスク
	コンダクトリスク
	レピュテーショナルリスク
	サイバーリスク
	サードパーティリスク
	気候変動リスク
	モデルリスク
	その他リスク

り、特に大手金融機関では経営リソースをかけて対応を行っている。

　一方、財務リスクに分類される「市場リスク」「信用リスク」「流動性リスク」は、伝統的なリスクと位置付けられ、リスク量の計測も標準的な手法が確立されている。しかし、リスク量が計量化できているからといって、金融機関のリスク管理態勢が万全かどうかは別の話である。本書では、この伝統的な財務リスク、特に「市場リスク」を中心に考察を行うこととする。しかし、図表序－4にあげた各リスクは独立したものではなく、相互に相関、干渉し合うものである。たとえば金利が上昇すると、金融機関が保有する資産負債の価値が減少するリスク（市場リスク）が顕在化すると同時に、貸出先の企業の利払い負担の増加によって、倒産の可能性（信用リスク）が高まることが考えられる。このように、市場リスクと信用リスクは相互に関連性があることを、金融機関は経験上認識している。

　本書の中心テーマは「市場リスク」であるが、そこから波及する可能性のあるリスクについても、適宜取り上げていくこととしたい。

第 1 章

市場リスク管理の変遷と現状

金融機関における「リスク管理業務」は、この「市場リスク」から始まったといってよいだろう[1]。現在は市場リスク以外にもリスクの種類が多様化しているが、その管理手法の根本的な考え方は、「市場リスク管理」によって築かれたと考えられる。その市場リスク管理の歴史の変遷を確認しておくことは、多様化されたその他のリスクへの対応を考えるにあたっても、有意義だと思われる。

第 **1** 節

市場リスク管理の歴史

　本節では市場リスク管理の考え方と手法について、過去から現在までどのように変遷、発展をしてきたか俯瞰してみたい。リスク管理の発展、高度化の背景には多くの要因が存在しているが、以下三つの切り口で振り返ってみよう。

　　① 　環境の変化

　　② 　制度・規制の変化

　　③ 　リスク管理手法の発展

　図表 1 - 1 の時系列をみても、この三つの要因は、相互に関連しながら発展してきたことがわかる。本節では「①環境の変化」と「③リスク管理手法の発展」について概観する。「②制度・規制の変化」については少し詳細に解説が必要となるため、次節で取り上げることとする。

1 　環境の変化

　環境の変化として、大きく「金融工学の発展」「情報通信（ICT）技術の発展」「金融商品の多様化・複雑化」に区分することができる。

(1) 　金融工学の発展

　1952年にマーコビッツがポートフォリオ理論に関する論文を発表した[2]。リスクとリターンの関係、分散投資によるリスク抑制効果、ポートフォリオ

1 　もちろん、それ以前から貸出金における貸倒れのリスクは認識されていた。しかし、「信用リスク」という用語が一般的に使われるようになったのは、「市場リスク」の後であった。

2 　Markowitz, Harry M. (1952) "Portfolio Selection", *Journal of Finance*

12 　第 1 章 　市場リスク管理の変遷と現状

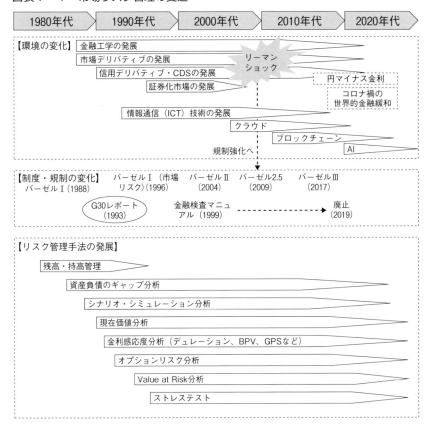

図表1－1　市場リスク管理の変遷

最適化のロジックを明らかにしたものである。現在のリスク計測方法の原点がここにあるといってもよいだろう[3]。70年以上も前にその方法論の基礎が示されていたというのは驚きである（1990年にマーコビッツはノーベル経済学賞を受賞）。

その後1980年頃から、欧米において数学や物理学の専門家が金融に携わるようになり、金融工学という分野が大きく発展した[4]。その過程のなかで登場してきたのが、スワップやオプションなどと呼ばれるデリバティブ（金融

3　収益率の標準偏差を「リスク」ととらえる考え方は、現在の標準的なリスク計測手法であるValue at Risk（VaR）に通じるものがある。

派生商品）である。

デリバティブは、当初は金利や為替、株式など市場性の商品が対象であったが、1990年代以降はコモディティ（金、穀物、原油など）、企業の信用度（信用リスク）や地震、天候までも原資産としたデリバティブが開発されている。また、これらデリバティブを活用したハイブリッド型の商品や、仕組商品、証券化商品なども次々と登場することになった。

日本の金融機関においても、1980年代後半から理科系出身の新入社員を採用するようになった。彼らは金融商品開発部門や市場部門、そしてリスク管理部門などへ配属され、クオンツ[5]として活躍するようになっていった。

このような金融工学の大きな発展によって、金融商品に内在するリスク特性の多様化、複雑化が進み、それに伴ってリスク管理手法の高度化が行われてきたといえる。

(2) 情報通信（ICT）技術の発展

情報通信（ICT）技術[6]の発展は、リスク管理高度化には欠かせなかった。前述の金融工学も、ICTがなければここまでの発展は望めなかったであろう。以下、ICT技術発展のポイントとリスク管理高度化の関係を概観する。

a メインフレームから分散系システムへ

1980年代までの金融機関のシステムは勘定系、情報系ともに「メインフレーム」と呼ばれる大型汎用機によって運用され、端末機を使って情報を照会するという仕組みであった。1990年代に入ると、特に情報系の分野で分散系（クライアント・サーバー型）システムの構築が進んだ。これによって複数の処理を並行して進めることが可能となり、業務の多様化、高速化が進ん

4　NASA（アメリカ航空宇宙局）の科学者たちがウォール街に大量に流れたのが発端であるという逸話もある。彼らのようなロケット・サイエンティストたちが数々のデリバティブを開発したともいわれている。

5　クオンツとは、高度な数学的手法を用いてさまざまな市場や金融商品、投資戦略などを分析する専門家を指す。Quantitative（数量的、定量的）から派生した用語。

6　以前はIT（Information Technology）と呼ばれていたが、近年では情報処理だけではなく、インターネットのような通信技術も含めてICT（Information and Communication Technology）と呼ばれることが多くなっている。本書ではICTを使用する。

だ。

また、1990年代半ばにはWindowsが登場し、パソコンも1人1台の時代を迎えた。スプレッドシートのような各種ソフトウェアも充実し、担当者が自分の手元でさまざまな計算、シミュレーションなどを行うことが可能となった。それ以降も、さまざまなOS、統計ソフトなどが開発され、リスク管理高度化に大きく影響を与えた。

現在では、勘定系のシステムでもこれまでの「メインフレーム」から、分散系システムへ移行する動きが出てきている。分散系システムの技術が飛躍的に進歩しており、「コスト削減」「柔軟性」「新技術の取込み」などにおいて優れていると考えられるためである。今後、この傾向はますます強くなることが予想される。

b 計算処理の高速化

リスク管理の代表的な指標であるバリュー・アット・リスク（VaR：Value at Risk）は、計算量が膨大となるため、システムの計算速度の高速化がなければ実用化はむずかしかったであろう。また最近では膨大な量の「モンテカルロ・シミュレーション」（1万回や10万回以上など）も日々の通常業務で行われている。ポートフォリオ全体のリスク量を計算するのに、以前は一晩かかったがいまでは1時間程度で終わるという話もよく聞かれる。計算処理の高速化は加速度的であり、リスク管理高度化に大きな貢献をしているといえる。

c データベースの向上

データベースは、リスク管理を行うための土台ともいえるものである。さまざまな取引情報、市場価格情報など、リスク計測に必要となるデータ量は膨大となる。また、リスク計測の結果もリスク情報として保存しておく必要がある（G-SIBsでは規制上でも求められている[7]）。

このように、必要なデータがますます増大しているなかで、データベース

7　G-SIBs（Global Systemically Important Banks：グローバルなシステム上重要な銀行）には、バーゼル銀行監督委員会による「実効的なリスクデータ集計とリスク報告に関する諸原則」の対応が求められている。詳細は第1章第2節5(5)aを参照。

機能の進展は大きかった。近年では「ビッグデータ（Big Data）」と呼ばれ、容量の増大、信頼性、照会・編集などの機能向上が図られている。さらに、ビッグデータの処理や分析を支援するための「データレイク（Data Lake）[8]」の活用が拡大してきている。従前のデータベースとは異なり、データレイクは構造化されていない（unstructured）データを保存できるため、多様な形式やタイプのデータを収集、保持し、柔軟に活用することができる。このような最新のデータハンドリング技術によって、リスク管理業務の高度化、効率化が進められている。

d　ネットワーク化

金融機関内、および外部とのネットワーク環境の整備が進み、情報伝達のスピードが格段に高速化した。リスク管理上も、リスク状況をリアルタイムで把握、報告することが可能となり、意思決定のスピードも速くなっている。特に国際的な金融機関にとっては、インターネットの発展によるボーダレス化はビジネスの拡大に大きく貢献した。

また、コロナ禍（2020〜22年）で普及したオンライン会議ツールによって、特に海外との意思疎通がより円滑となったことは、大きなポイントだったといえよう。

e　AIの出現

近年、AI（Artificial Intelligence：人工知能）の社会実装が急速に進展している。上述のデータレイクに蓄積されたビッグデータを、AIが高速かつ効果的に活用することで、リスク管理高度化に大きく資することになると期待される[9]。

(3)　金融商品の多様化・複雑化

昔の銀行は、預金で資金を調達し、貸出を行い、余った資金は国債で運用するというのが伝統的なポートフォリオ構造であった。1980年代以前の規制金利時代では、金利も当局から決められていたため、銀行としては「残高管

8　詳細は第6章第2節3参照。
9　詳細は第6章第2節3参照。

16　第1章　市場リスク管理の変遷と現状

理」を行っていればリターンを得られる仕組みになっていた。

1980年代から1990年代になると、上記でみてきたとおり金融工学とICT技術の発展によりデリバティブ市場が拡大してきた。先物、オプション、スワップなどは、当初は既存の資産負債のリスクヘッジに使用されることが多かったが、次第に収益追求を目的とした取引も活発に行われるようになった。また、伝統的な商品にデリバティブを組み込むことによって、多くの新商品[10]が開発、販売された。さらに、市場リスク、信用リスクを融合した商品も多くなっている[11]。

このように、金融機関が取り扱う商品の多様化、複雑化が進むにつれ、同時にリスク管理の技術も高度化が求められるようになった。双方が表裏一体の関係をもって高度化が進められてきたといえよう。

2 リスク管理手法の発展

(1) G30レポート

リスク管理手法の発展においては、1993年に公表されたG30[12]レポートの存在が大きかった。急速に市場が拡大しつつあったデリバティブ取引のリスク管理に焦点を当てたレポートで、当時まだ標準的とはいえなかったVaRの有効性や、リスク管理部門の独立性などについて明記されている。リスク管理態勢の方向性、高度化のステップを示したという意味で、非常に重要な役割を果たしたといえよう。その基本的な思想は、その後の信用リスクやオペレーショナルリスクの計測など、市場リスク以外の分野でも活かされている。

日本でも、1990年代に多くの金融機関でリスク管理態勢の整備が進められ

---

10 仕組債券、仕組預金、仕組ローンなどと呼ばれる。
11 貸出債権を担保とした資産担保証券（CDO）などが代表例。
12 Group of 30。ワシントンを本拠とし、経済や金融問題について調査、研究することを目的とした、国際的な金融機関および学者の団体。

た際に、このG30レポートを参照するケースが多く、大きな影響を与えた。

⑵　VaRの発展・拡充

このG30レポートでVaRの有効性が示されたため、多くの金融機関がリスク管理指標としてVaRを導入することになった。日本においては1990年代に、大手金融機関においてリスク管理部門が設立され、VaRの計測、報告態勢が整備されていった。地域金融機関でも、その後2000年代にかけて、大手に追随する形でVaR計測を行うようになった。

VaRの導入が大きく拡大した理由の一つに、1994年にJPモルガンが「Risk-Metrics®」を公表したことがあげられる。「RiskMetrics®」はVaRの計算手法や必要となるパラメータなどを無償で提供するツールであり、多くの金融機関にとって非常に参考となった。VaR手法の発展・拡充に与えた影響は大きかったといえよう。

18　第1章　市場リスク管理の変遷と現状

第2節

制度・規制の変化

　本節では、銀行に対する制度・規制の変遷について振り返ることとする。銀行は、あらゆる経済活動の基盤である「決済[13]」を担っている。もし銀行が破綻して決済がストップしてしまうと、経済活動に大きな支障が出てしまう。つまり、銀行とは社会インフラの一つだといえる。銀行以外の社会インフラを担う企業（電力会社、鉄道会社など）が政府による規制を受けているのと同様に、銀行も健全な経営の確保のために規制が課せられている。

　銀行に対する規制で最も中心的なものは、バーゼル銀行監督委員会（BCBS：Basel Committee on Banking Supervision）[14]によって策定される「バーゼル規制（Basel Accords）」である。バーゼル規制は、銀行が適切な資本を保持し、リスクに備えることで、金融システムの安定性を高め、国際的な金融危機の発生を防止することを目指すものである。序章でみたように[15]、金融機関の健全性確保の原則は、リスク顕在化の際の損失は自己資本でカバーするということであった。バーゼル規制の考え方も同じで、銀行が保有しているリスク量（バーゼル規制ではリスクアセットと呼ぶ）を算出し、そのリスク量に対して一定の自己資本を要求するものとなっている。

　1988年のバーゼルⅠ[16]以降、さまざまな改正、拡張を経て、バーゼルⅢの導入に至っている。バーゼル規制の変遷をみると、やはり2007～08年のグローバル金融危機（サブプライム問題～リーマンショック）が大きな転機になっているといえる。ここでは、バーゼル規制をグローバル金融危機の

13　経済社会の心臓として銀行が担う役割として、「決済機能」が位置付けられている（全国銀行協会Webサイト）。
14　国際金融規制を議論する委員会で、日米欧を含む28の国・地域の銀行監督当局や中央銀行で構成される。1975年に創設され、スイス・バーゼルの国際決済銀行（BIS：Bank for International Settlements）に事務局がある。
15　序章第2節参照。
16　日本においては、1993年から本格実施された。

図表1-2 バーゼル規制の変遷

国際合意	名称	内容	詳細
1988年	バーゼルⅠ （BIS規制）	自己資本の測定と基準に関する国際的統一化	・1980年代に米国の金融自由化で金融破綻が顕在化（コンチネンタル・イリノイ銀行など） ・信用リスクに主眼
1996年	バーゼルⅠ修正（BIS2次規制）	市場リスクを自己資本合意の対象に含めるための改定	・デリバティブ取引等で拡大した市場リスクを規制に組み込み
2004年	バーゼルⅡ	自己資本の測定と基準に関する国際的統一化：改定	・リスクベースの考え方を全面的に導入 ・オペレーショナルリスクの導入
2007～08年　グローバル金融危機（サブプライム問題～リーマンショック）			
2009年	バーゼル2.5	グローバル金融危機への応急的な対応	・証券化商品への資本強化、市場リスクの資本賦課の強化、ストレスVaRの導入等
2017年	バーゼルⅢ	自己資本の測定と基準に関する国際的統一化：改定	・金融危機を受けた規制の抜本的な強化

「前」「後」に区分して整理してみたい（図表1-2）。

1　グローバル金融危機前：バーゼルⅠ～Ⅱ

　グローバル金融危機の「前」としては、バーゼルⅠ～Ⅱが該当する。まず、1988年にバーゼルⅠ「自己資本の測定と基準に関する国際的統一化」が合意され[17]、自己資本比率の算出が求められるようになった。自己資本比率は、自己資本の額をリスクアセットの総額で割ったものをパーセンテージ（％）で示す方法がとられた。バーゼルⅠでのリスクの対象は「信用リス

17　当時は、「バーゼル規制」というよりも「BIS規制」と呼ばれることが一般的だった。

20　第1章　市場リスク管理の変遷と現状

ク」のみであり、自己資本比率は8％以上が求められた。

$$自己資本比率 = \frac{自己資本}{信用リスクアセット} \geq 8\%$$

　規制は国際業務を行う銀行すべてに課されたため、この規制を満たさない銀行は国際業務を行うことができないこととなった。

　続いて1996年、バーゼルⅠの枠組みで「マーケットリスクを自己資本合意の対象に含めるための改定」が行われた[18]。マーケットリスク（市場リスク）量の算出は、標準的アプローチ、内部モデルアプローチ、または両者の組合せによる方法から選択するものであった。標準的アプローチは、BCBSの定めた掛け目や算式を用いて、債券、為替、株式などのカテゴリごとにリスク量を算定するものであり、内部モデルアプローチは、一定の定性的・定量的基準を満たす各銀行の内部モデルを用いてリスク量を算定する。内部モデルにはVaRを使用することとなり、測定された市場リスク量に対しそれと同額（100％）以上の自己資本の保有が求められた[19]。この市場リスク量の追加によって、現在のバーゼル規制（第1の柱[20]）の骨格ができあがったといえる。

$$自己資本比率 = \frac{自己資本}{信用リスクアセット + 市場リスクアセット} \geq 8\%$$

　さて、バーゼルⅠの改定版であるバーゼルⅡは、2004年の「自己資本の測

18　BIS2次規制と呼ばれたこともあった。
19　自己資本比率の計算上は、算出されたVaRを12.5倍して、市場リスクアセットとしている。
20　バーゼルⅡから「第1の柱」～「第3の柱」という3本柱の枠組みとなったが、バーゼルⅠ時点では、これらの3本柱の区分はなかった。

定と基準に関する国際的統一化：改定」によって合意がとられ、日本では2007年から施行された。バーゼルⅡの特徴は、3本柱（Three pillar）のアプローチが採用されたことであろう。最低所要自己資本に基づく自己資本比率規制（第1の柱）、銀行自身による自己資本管理の枠組みと監督当局による検証（第2の柱）、開示による市場からの監視（第3の柱）が、相互補完することによって銀行、および金融システムの健全性を強化しようとするものであった（図表1-3）。

　特に第2の柱は、第1の柱で捕捉できないリスクについて、規制当局との対話のなかでモニタリングしようとする意図があり、代表的なものとして「銀行勘定の金利リスク[21]」と「与信集中リスク」がある。

　自己資本比率の計算方法は、バーゼルⅠ（市場リスク量を追加したもの）の構造に、オペレーショナルリスクを追加した形になっている。なお、国際統一基準が適用される銀行は8％以上、国内基準が適用される銀行は4％以

図表1-3　バーゼル規制における三つの柱

第1の柱 （最低所要自己資本）	・金融機関の経営の健全性を確保するため、最低所要比率を定め、金融機関が抱えるリスクに応じた自己資本の確保を求める。 ・当該最低所要比率を下回った場合は、監督当局として是正措置命令を発動し、銀行経営の早期是正を促す。
第2の柱 （銀行の自己管理と監督上の検証）	・金融機関は、第1の柱の対象ではないリスクも含めて主要なリスクを評価したうえで、経営上必要な自己資本額を検討。 ・監督当局は、早期警戒制度の枠組み等を通じ、金融機関の取組みが十分であるかを評価し、必要に応じて適切な監督上の措置をとる。
第3の柱 （市場規律）	・金融機関による情報開示の充実により、市場参加者が銀行のリスク管理の優劣を評価し、そうした市場からの外部評価の規律付けを通じて金融機関の経営の健全性を高める。

21　銀行勘定の金利リスクの詳細は第5章第2節3を参照。

上が求められることになった[22]。

自己資本比率＝

$$\frac{\text{自己資本}}{\text{信用リスクアセット＋市場リスクアセット＋オペレーショナルリスクアセット}} \geqq 8\%\,or\,4\%（国内基準行）$$

　バーゼルⅡのもう一つの特徴は、それぞれのリスクアセットの算出方法を複数の「メニュー」から選択できることだ。たとえば信用リスクであれば「標準的方式」「基礎的内部格付手法」「先進的内部格付手法」の三つのなかから選択する。メニュー化によって、自社のリスク特性やリスク管理態勢を鑑み、最も適切と思われる算出手法を採用できるようになった。

　バーゼルⅡの内容の検討は、長い時間をかけて官（規制当局）と民（民間実務）の専門家が徹底的に議論を尽くしたといわれている。リスク感応的な規制にすることで、金融機関自身の自主的なリスク管理高度化を促す枠組みを目指したのである。まさに官と民の目的が一致した成果物がバーゼルⅡだったといってよいだろう。

2　グローバル金融危機後：バーゼル2.5〜Ⅲ

　2007年のサブプライム問題、2008年のリーマンショックを発端としたグローバル金融危機によって、金融システムは大混乱に陥った。バーゼルⅡの導入では、金融機関自らのリスク管理を高度化することが目的とされたが、金融危機を受けてこの金融機関自らのリスク管理能力が疑問視されるようになり、銀行に対する規制の強化が強く求められることになった。

　その際に参考とされたのは、サブプライム問題による金融市場の混乱への対応として、2008年4月に公表されていた「市場と制度の強靱性の強化に関

22　「国際統一基準行」と「国内基準行」2区分は、バーゼル規制における日本独自のルールである。詳細は第1章第2節3で後述する。

第2節　制度・規制の変化　23

する金融安定化フォーラム（FSF[23]）報告書」である。ここでは主に、①自己資本比率規制、②流動性リスク、③オフバランス機関を含むリスク管理に対する監督、④OTCデリバティブに関する事務運営上のインフラの４点に関する強化策が示された。この報告書を受けて、BCBSは「サブプライム問題に端を発する金融危機への当面の対処」として、2009年に銀行勘定の証券化商品の取扱いおよびトレーディング勘定の取扱いの強化を行った。これはバーゼルⅡをベースにした強化であったため、「バーゼル2.5」と一般的に呼ばれるようになった（図表１－４）。

　一方で、「当面の対処」という文言のとおり、応急処置的な位置付けであったため、ストレスVaRなどについては、理論的にはやや課題のある部分もみられた。

　グローバル金融危機の発生は、証券化商品などのビジネスモデルにおいて、大きなリスクテイクの偏在が金融システムのなかで蓄積してしまったことが主な要因だといわれている。リスクテイクの偏在の背景には「レギュラトリー・アービトラージ」の影響が指摘されている[24]。レギュラトリー・アービトラージとは、規制回避行動あるいは規制裁定行動のことである。たとえば銀行が把握している本来のリスクに必要な資本（経済資本：economic capital）よりも、規制上の所要自己資本（規制資本：regulatory cap-

図表１－４　バーゼル2.5における強化ポイント

強化項目	内容
①　証券化商品の取扱い強化	・再証券化商品のリスクウェイト引上げ ・外部格付使用に係るモニタリング要件の導入
②　トレーディング勘定の取扱い強化	・ストレスVaRに係る追加資本賦課 ・追加的リスク（信用リスク）に係る追加資本賦課 ・証券化商品につき原則銀行勘定と同様の取扱いを適用

---

23 Financial Stability Forum、金融安定化フォーラム。1999年２月に設立された国際的なフォーラム。2009年に金融安定理事会（FSB：Financial Stability Board）に発展した。
24 『金融危機とバーゼル規制の経済学』（宮内惇至、勁草書房、2015年）

ital）が小さいケースがあげられる。このような場合、規制上求められる資本が小さいので、資本コストを抑えながら、実際はもっと大きなリスクをテイクすることが可能になる。リスクを適切に反映していない規制は、このようなレギュラトリー・アービトラージの機会によって金融機関のリスクに対するインセンティブを歪め、結果的にリスクテイクの偏在化を引き起こしてしまう。リスク感応的に設計されたバーゼルⅡであったが、証券化商品などの複雑なリスク特性の網羅的な捕捉は十分ではなかったといえよう。

このような金融危機に対し、BCBSはバーゼルⅡの抜本的な改正として、2010年に「バーゼルⅢ：より強靭な銀行および銀行システムのための世界的な規制の枠組み」「バーゼルⅢ：流動性リスク計測、基準、モニタリングのための国際的枠組み」を公表した。バーゼルⅢは、以下の5項目の包括的なパッケージととらえることができる。

① 自己資本比率の見直し（資本の量と質・リスク捕捉強化）
② プロシクリカリティの緩和
③ システム上重要な銀行への追加措置
④ レバレッジ比率の導入
⑤ 定量的な流動性規制

バーゼルⅢは、官と民が協議しながら作り上げたバーゼルⅡとは異なり、官（規制当局）が主導して強化が進められることとなった[25]。自己資本比率規制を強化し（①〜③）、それを補完する仕組みとして、レバレッジ比率が導入された（④）。さらに、金融危機における資金流動性リスクの顕在化に対応するため、定量的な流動性規制が組み込まれることになった（⑤）。各項目の関連は図表1－5のとおりである。以下、詳細に内容を確認していきたい。

---

[25] 二度と金融システミックリスクを起こさないという当局の強い意志の表れである。金融機関自身のリスク管理だけでは金融危機には対応できないため、規制強化が必要だという考えが背景にある。

図表1-5　バーゼルⅢの構造

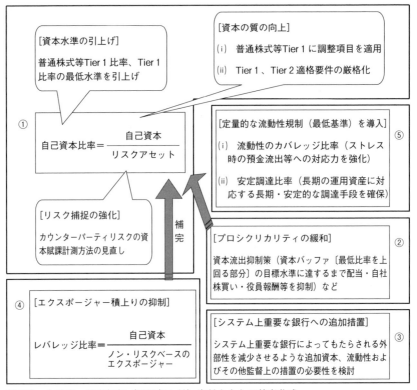

(出典)　金融庁・日本銀行（2011年1月）資料をもとに筆者作成。

(1) 自己資本比率規制の強化

5項目のうち①～③に該当するものである。いくつかの側面から見直しが行われており、以下はその概要である。

a　資本の量と質の強化

まず、自己資本比率の計算上の分子である「資本」の量と質に対する強化が行われた。最低所要自己資本比率の8％に変更はないが、より普通株式等Tier 1が重視されるようになった。さらに、将来の不測の損失への備えとして「資本保全バッファ：2.5％」が要求され、下回った場合には資本流出の

26　第1章　市場リスク管理の変遷と現状

抑制策として、配当や自社株取得の抑制、変動賞与の削減措置が課せられるようになった。また、自己資本比率と景気変動の相関性を考慮した「カウンターシクリカルバッファ：最大2.5%[26]」が追加された。さらに、G-SIBs（グローバルなシステム上重要な銀行）については、その重要性に応じて追加的なバッファ（1.0〜3.5%）が求められる[27]（図表1－6）。

なお、追加的に求められることになった「資本保全バッファ」「カウンターシクリカルバッファ」「G-SIBsバッファ」は、普通株式等Tier 1で上積みしなければならない。普通株式等Tier 1を重視する姿勢が明確に打ち出されており、自己資本の量と質の大幅な強化が行われていることがわかる。

b　リスクアセット計測の見直し

自己資本比率の分母に当たるリスクアセットについても、リスク捕捉の強化が図られた。バーゼルⅡにおいて、銀行のリスク管理高度化を促進するた

図表1－6　バーゼルⅢで要求される自己資本

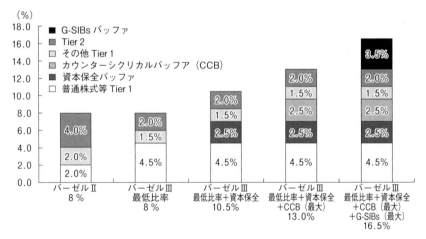

26　具体的には、各国における（民間セクターの債務調達）／（GDP）の長期トレンドからの乖離が「①2％以下＝水準0％」「②10%以上＝水準2.5%」「③2〜10%＝乖離比率に比例した線形増加」となるように決定される。
27　G-SIBs（Global Systemically Important Banks）は、金融安定理事会（FSB）により年1回選定され、バケット1〜5に振り分けられ、そのバケットに応じたバッファが課される（バケット1：1.0%、バケット2：1.5%、バケット3：2.0%、バケット4：2.5%、バケット5：3.5%）。

めに全面的に導入された内部モデル手法だが、2013年のBCBSの調査[28]で、銀行ごとに内部モデル手法によるリスクアセットの計測結果に大きなばらつきがあることが判明した。バーゼルⅢでのリスクアセット計測の見直しは、この内部モデル手法を中心に行われた（図表1－7）。

c 資本フロア

　金融機関にとっては、自己資本比率の数値は当然高いほうがよい。安全性の高い金融機関だと認知されるからである。自己資本比率を高くするには、分子の自己資本を増加させるか、分母のリスクアセットを減少させる必要がある。特に、分母のリスクアセットに関しては、内部モデルを採用すれば、リスクアセットが減少する傾向があった。これは、標準的手法で保守的にリスクを見積もることに対して、金融機関が自ら努力して内部モデルを開発した場合は、リスクを低減できるというリスク管理高度化へのインセンティブが与えられていたためである。

　しかし、グローバル金融危機を経て、BCBSは規制の目的を「リスク感応度（Risk Sensitivity）」「簡素さ（Simplicity）」「比較可能性（Comparability）」の間で適切なバランスをとり続ける必要があることを打ち出した[29]。比較可能性に関しては、標準的手法で算出されたリスクアセットの一定割合を「資本フロア」と設定し、内部モデル手法によって過度にリスクを過小評価しない仕組みが導入された。具体的には、内部モデル手法で計算されたリスクアセットが、標準的手法で計算されたリスクアセットの72.5％を下回らないようにするものである。

　図表1－8で、資本フロアの概念を示した。パターン1、2とも標準的手法で計算したリスクウェイトが1,000なので、資本フロアは725（1,000×72.5％）となる。パターン1では、内部モデルで計測したリスクアセットが

---

28 "Regulatory consistency assessment programme (RCAP)—Analysis of risk-weighted assets for market risk"（BCBS、2013年1月）、および "Regulatory Consistency Assessment Programme （RCAP)—Analysis of risk-weighted assets for credit risk in the banking book"（バーゼル銀行監督委員会、2013年7月）。

29 "The regulatory framework: balancing risk sensitivity, simplicity and comparability"（BCBS、2013年7月）。

28　第1章　市場リスク管理の変遷と現状

図表1－7　リスクアセット計測の見直し

リスクカテゴリ	見直しの概要
信用リスク	・標準的手法のリスクウェイトの見直し ・内部モデルの利用制限（モデル化になじまない資産クラスに対するモデルの利用制限、利用廃止） ・リスクパラメータの下限引上げ（リスク計測の保守性を担保するため、下限（インプットフロア）が引上げ） ・ばらつき軽減に向けた追加施策（リスクパラメータの推計手法の見直し、当局設定値の調整等）
信用評価調整（CVA）	・内部モデル手法の不採用 ・①標準的手法（SA-CVA[注1]）、②基礎的手法（BA-CVA[注2]）、③簡便法から選択 ・CCP（中央清算機関）向けエクスポージャーにはリスクウェイト2％を適用（従来はゼロ）
市場リスク	・トレーディング勘定の抜本的見直し（FRTB）として、①トレーディング勘定の定義の厳格化、②VaRから期待ショートフォール（ES）への移行、③トレーディングデスクごとに流動性ホライズンの設定[注3]　など
オペレーショナルリスク	・従前の3手法からの選択方式から、「標準的計測手法（SMA[注4]）」に一本化 ・先進的計測手法（AMA[注5]）の廃止

注1：Standardised Approach for CVA
注2：Basic Approach for CVA
注3：詳細は第1章第2節4を参照。
注4：Standardised Measurement Approach
注5：Advanced Measurement Approach

800なので、資本フロアに抵触せず、この金融機関のリスクアセットは800となる。一方のパターン2では、内部モデルで計測したリスクアセットは700である。この場合、資本フロアに抵触するので、この金融機関のリスクアセットは725が採用されることになる。

(2)　レバレッジ比率規制

　レバレッジ比率は、金融機関におけるレバレッジ[30]の過度な積上げが金融

第2節　制度・規制の変化　29

図表1－8　資本フロアの概念

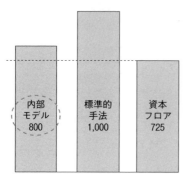
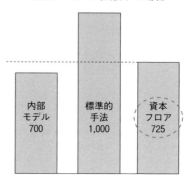

危機を拡大させた一因であるという反省から、そのレバレッジを抑制することを目的とした指標である。

$$\text{レバレッジ比率} = \frac{\text{Tier 1 資本}}{\text{エクスポージャー額}（オンバランス項目＋オフバランス項目）} \geq 3.15\%$$

　G-SIBsに該当する金融機関については、レバレッジ・バッファとして一定の上乗せが求められる[31]。分母のエクスポージャー額は、オンバランス項目とオフバランス項目を合計した総資産額となっている。自己資本比率がリスクベースであるのと反対に、レバレッジ比率は非リスクベースの位置付けとなる。

　この比率は直接的に金融機関の総資産のサイズを規定してしまうものである。約3％が下限のため、保有する資産のリスクの大小にかかわらず、おおよそ資本（Tier 1）の約33倍（＝1÷0.03）までのバランスシートしかもつ

---

30 「てこの原理」を意味する。借入れを利用することで自己資金のリターン（収益）率を高める効果のこと。
31 三菱UFJFGは0.80％、みずほFG、三井住友FGは0.55％（2024年現在）。

ことができなくなるということである。

⑶　定量的な流動性規制

定量的な流動性規制は、バーゼルⅢの枠組みのなかでも、新規制の一つと位置付けることができる。具体的には、流動性カバレッジ比率（LCR：Liquidity Coverage Ratio）と、安定調達比率（NSFR：Net Stable Funding Ratio）という二つの基準が導入された。

$$LCR = \frac{適格流動資産}{30日間のネット資金流出額} \geqq 100\%$$

$$NSFR = \frac{安定調達額}{所要安定調達額} \geqq 100\%$$

　LCRは、30日間（ストレス下が想定される）にわたるネットの資金流出額が高品質の適格流動資産（国債や現金などに掛け目を掛けたもの）を超えてはならない、つまり、ストレス下においても資金繰りに困らないように高品質の流動資産を十分保有しておくことを求めるものである。

　NSFRにおける分子の安定調達額とは、１年を超える資金の調達元の確実性を示し、分母の所要安定調達額は資金調達が必要な資産の額を示している。満期が１年超の貸出・運用は、短期のインターバンク取引ではなく、満期が類似する調達によってカバーされている必要があることを意味している。

　両指標とも100％以上を達成することが求められている。NSFRについては、国内基準行は対象外となっている。

3 国際統一基準と国内基準

　日本においてはバーゼルⅡと同様、バーゼルⅢにおいても国際統一基準と国内基準の二つの基準が継続された。グローバルに活動する銀行は国際統一基準行として、海外の銀行と同じ水準の規制を課す一方で、日本国内のみで活動する銀行には比較的緩い規制を適用している。以前より、ダブルスタンダードだと指摘されることも多かったが、日本の国内銀行の現状に考慮したものと評価する声もある。基本的な規制の枠組みは両基準とも同じであるが、国内基準は以下の点で国際統一基準と異なっている。

① 　最低所要自己資本比率は4％[32]。
② 　自己資本比率を計算する際の分子については「コア資本」[33]を適用。
③ 　その他有価証券含み損を自己資本から非控除。

　特に③については、国内基準行の含み損の「特例」などと呼ばれ、問題視されることが多い。もともとは、2008年のグローバル金融危機時に、有価証券の含み損を自己資本に算入することで貸し渋りを招き、景気の悪化につながるおそれが高まったことが導入の理由とされている。プロシクリカル（景気変動増幅的）な動きにならないように、国内基準行が特に大きな影響を与える、地域や中小企業に対する金融仲介機能を維持するための措置である。一方で、この特例が国内基準行の体力低下を招き、意図とは逆にプロシクリカルな動きを増幅させているのではないかという指摘もなされている。

4 トレーディング勘定の抜本的見直し（FRTB）

　図表1－7でも記載したが、自己資本比率規制において「市場リスク」が大きく見直されている（FRTB[34]）。本書は市場リスクが中心テーマである

32 　内部格付手法採用行については、当該銀行を国際統一基準行とみなし、普通株式等Tier 1 比率4.5％以上を維持することが求められる。

33 　コア資本＝普通株式＋内部留保＋強制転換条項付優先株式＋優先出資（協同組織金融機関のみ）±調整・控除項目

34 　Fundamental Review of the Trading Book、トレーディング勘定の抜本的見直し

32　第1章　市場リスク管理の変遷と現状

ので、この内容については少し詳細にみておきたい。

2で解説した「バーゼル2.5」は応急処置的な位置付けだったが、2012年5月に最初のFRTB見直し案が発表され、市中協議に付された[35]。その後、FRTBのルールは2016年1月に最終決定され、当初は2019年1月から実施される予定であった。しかし金融機関がこのルールに対応するには、相応の時間が必要との判断から、スケジュールが延期された[36]。

このFRTBにおける大きなポイントは、以下3点である。

① 不算入の特例
② トレーディング勘定とバンキング勘定の境界の明確化
③ 市場リスク相当額の算出手法の見直し（標準的方式・内部モデル方式の見直し、簡易的方式の導入）

(1) 不算入の特例

ある一定の要件を満たす場合、自己資本比率計算上の分母である市場リスク相当額の算入が不要となる特例である。従前のルールとFRTBの違いは図表1-9のとおりである。

図表1-9 不算入の特例

従前のルール	・トレーディング勘定の資産および負債の合計額が1,000億円未満 ・かつ直近の期末の総資産10%未満
FRTB	・外国為替リスクカテゴリの全体のネット・ポジションが1,000億円未満 ・かつ、信用リスク、オペレーショナルリスク分を加算した額の10%未満

---

[35] "Consultative document Fundamental review of the trading book"（BCBS、2012年5月）

[36] 日本では、国際統一基準行および内部モデルを使用する国内基準行については2024年3月、内部モデルを使用しない国内基準行については2025年3月から適用。従前の市場リスクアセット計測のルールから多くの変更が行われており、対応には時間がかかるといわれている。なお、FRTBの実施に伴い、バーゼル2.5は廃止される。

第2節 制度・規制の変化 33

従前のルールでは、トレーディング勘定に限定した条件であったが、FRTBではトレーディング勘定以外（つまり、バンキング勘定）でも外国為替リスクを保有していると、市場リスク相当額を分母に加算する必要が出てくる。たとえばバンキング勘定で外国債券を1,000億円以上保有している場合、従前は不算入の特例が適用されて市場リスクを加算しなくてすんでいたが、FRTBでは市場リスクの加算が求められる。もし市場リスクへの加算を回避したい場合は、為替に係るポジションの低減など、ポートフォリオ自体の見直しが必要になる。

(2)　トレーディング勘定とバンキング勘定の境界の明確化

　従前のルールでは、「トレーディング勘定」「バンキング勘定」の区分は曖昧な点があった。しかしFRTBの検討では、この曖昧さがグローバル金融危機を拡大させた一因であると問題視され、積極的なトレーディングに用いる資産と満期まで保有されることが予想される資産（貸出金や満期保有目的の債券）とをどのように区別するかが議論の焦点となった。

　結果的にFRTBでは、銀行は保有する金融商品を「トレーディング勘定」「バンキング勘定」のどちらかに、明確に分類することが求められている。なお、上述(1)で不算入特例を適用した銀行は、保有する全商品をバンキング勘定に分類する必要がある。従前のルールでは求められていなかったため、FRTBによってバンキング勘定に分類される商品が増加すると、信用リスクアセットが増加する可能性がある。

　なお、一定の商品は原則としてトレーディング勘定に分類することになっているが、トレーディング目的でなければ、金融庁長官に届け出ることでバンキング勘定に分類することが認められている。また、両勘定の間で商品の移替え（勘定間の振替）を行ってはならないが、取締役等の承認、内部監査の実施、開示、金融庁長官への届け出などの要件が満たされれば認められる。

　これまで市場リスクを自己資本比率に参入していなかった金融機関にとっては、市場リスクの加算は自己資本比率の数値が上昇することはもちろん、

システム対応、人員計画なども大きな負担になる可能性がある。不算入の特例の適用や、バンキング勘定への分類のために、明確な要件の根拠付けが求められることになる。

(3)　市場リスク相当額の算出手法の見直し

市場リスク相当額は、図表1－10の三つの方式から選択することができる。

内部モデル方式における大きな見直しとしては、従前のVaRから期待ショートフォール（ES：Expected Shortfall）[37]の計算が求められることになっ

図表1－10　市場リスク相当額の算出方法

方式	概要
標準的方式	・所定の方式で算出 ・トレーディングデスクの設置 ・市場リスク相当額＝リスク感応度方式による市場リスク＋デフォルトリスク＋残余リスク
内部モデル方式	・金融庁長官の承認が必要（人員、ストレステスト実施、モデル検証、内部監査・外部監査によるシステム検証など） ・トレーディングデスクの設置。トレーディングデスク単位でモデル承認 ・期待ショートフォール（ES）の採用 ・ポジション解消のための流動性ホライズンはリスクファクターごとに設定 ・証券化エクスポージャーやファンドへの出資でルックスルーできないものは、標準的方式を使用
簡易的方式	・トレーディング勘定の資産・負債の合計額が、1,000億円未満かつ外国為替リスクカテゴリの全体のネット・ポジションの額が1,000億円未満の場合に使用可能 ・従前の標準的方式による各リスクカテゴリの市場リスク相当額に掛け目を掛けた合計値（金利1.3、株式3.5、為替1.2など）

37　期待ショートフォール（ES）の詳細は第2章第2節4(4)e参照。

第2節　制度・規制の変化　35

たことであろう。VaRでは、価値の確率分布においてあるパーセンタイル点（99％など）をVaR値として把握していたが、ESではパーセンタイル点（99％など）を超える損失の期待値をとらえることになる。グローバル金融危機では、VaRを超える大きな損失が多く発生したことから、このテール部分のリスクをとらえるESは有効だと考えられた。しかし、VaRによるリスクモニタリング、資本配賦が標準となっている現在、このESはやや特殊な手法ともいえる。規制対応のためにESを導入することは、金融機関のシステムや人員の面からも負担が大きいという声もある。

　ところで、ここではトレーディング勘定の見直しを中心にみてきたが、バンキング勘定の金利リスクに関する議論も並行して進められている。トレーディング勘定とバンキング勘定の間で、レギュラトリー・アービトラージが行われるのを防ぐため、銀行勘定の金利リスクも「第1の柱」として資本賦課するという考え方である。現在は、バンキング勘定の金利リスクは「第2の柱」の対象となっている[38]。特に日本の銀行の金利リスク量は大きいとされ、もしこれが「第1の柱」に位置付けられると、資本政策上大きな影響を受けるのは避けられない。一方で、バンキング勘定の多様性（預金の顧客特性は国ごとに大きく異なるなど）を理由に、従前どおり「第2の柱」での管理が適切だとする意見も多いのは事実である。

　しかし、2023年3月に起こったシリコンバレー銀行（SVB）の破綻が、まさにバンキング勘定の金利リスク管理の失敗に起因するものであったことから、あらためてこの金利リスクの取扱いが大きなテーマになっているのも事実である[39]。

5　バーゼル規制以外の国際金融規制

　これまでは、銀行における国際金融規制の中心である「バーゼル規制」に

---

[38] IRRBB（Interest Rate Risk in the Banking Book）と呼ばれ、当局報告・開示が求められている。

[39] IRRBBについては、第5章でも解説を行う。

36　第1章　市場リスク管理の変遷と現状

ついて概要をみてきた。しかし、金融機関に対する国際的な規制はバーゼル規制だけではない。ここでは、その他の重要な国際規制の動向について概要を解説する。

(1) 大口エクスポージャー規制

自己資本比率規制を補完するために、単一の債務者グループへの信用集中を防ぎ、銀行の健全性を確保することを目的とした規制で、国際的に活動する銀行を対象に2019年から適用されている[40]。日本でも、この国際ルールに平仄を合わせて、「大口信用供与等規制[41]」が2020年から施行されている。

$$\frac{銀行が保有する特定の債務者グループに対するエクスポージャー}{基準自己資本（Tier 1）} \leqq 25\%^{(注)}$$

(注) G-SIB間の取引は15%

(2) 再建・破綻処理計画 (RRP)

RRP (Recovery and Resolution Plan) は、グローバルなシステム上重要な金融機関 (G-SIFIs[42]) に対して作成が義務付けられているものである[43]。金融機関の経営が悪化した場合でも事業継続性を確保し、万一破綻する場合でも迅速で効果的な破綻処理を実現するための計画である。再建計画 (Recovery Plan) は金融機関自身が作成するもので、賞与・配当の抑制、

---

40 バーゼル銀行監督委員会では、銀行の大口エクスポージャーに対して制限を課すべき必要性をかねて認識しており、1991年に「大口エクスポージャーの計測と管理」を公表している。それから30年以上の年月を経て、ようやく規制化された。

41 従前、日本の法律に基づいて施行されていた規制だが、限度額が40%から25%に引き下げられた。また、国際統一基準行だけでなく、国内基準行にも適用されている。国内基準行の場合は、分母は総自己資本額となっている。

42 Global Systemically Important Financial Institutions。このうち、グローバルなシステム上重要な銀行をG-SIBs（Global Systemically Important Banks）と呼ぶ。

43 Living will（生前遺言）と呼ばれることもある。

第2節　制度・規制の変化　37

増資、事業再編などが含まれる。一方の破綻処理計画（Resolution Plan）は、中核業務以外の売却や業務承継などが含まれ、金融当局が主導で作成することになっている。これらの計画作成によって、金融システミックリスクが顕在化する可能性を低下させ、公的資金の使用の抑制が期待されている。

(3) 総損失吸収力（TLAC）

RRPは作成したものの、大手の金融機関が破綻する際、実際に円滑な処理が行われるかどうかはわからない。TLAC（Total Loss Absorbing Capacity）とは、G-SIBsが破綻したときに備えた損失吸収を確保するために、金融安定理事会（FSB：Financial Stability Board）が求めた規制である[44]。グローバル金融危機後は、「大きすぎてつぶせない（Too-Big-To-Fail)」という問題が議論されていた。TLAC規制では、G-SIBsが破綻する際に、納税者負担を伴わずに処理を行うことができるように、元本削減や株式転換によって損失を吸収できる資本・負債（合わせてTLACと呼ぶ）を積み増すことが必要となる。

このTLAC規制に対応するために金融機関が発行するシニア債のことを、TLAC債と呼んでいる。

(4) デリバティブ取引関連の規制

グローバル金融危機以降、デリバティブ取引関連の規制も強化された。そのなかでも中心的なものが、「中央清算義務」と「中央清算されないデリバティブ取引に係る証拠金規制」の二つである（詳細は第3章でも記載する）。

デリバティブ取引の多くは、取引相手と直接取引を行っている（OTCデリバティブ、店頭デリバティブなどと呼ばれる[45]）。しかし、グローバル金融危機では、取引相手が破綻し契約が履行されないケースが相次ぎ、OTC

---

[44] 2014年前半までは、GLAC（Gone concern Loss Absorbing Capacity）と呼ばれていたこともあった。

[45] 日経225先物や国債先物など、取引所で取引される商品は上場デリバティブと呼ばれる。

デリバティブ市場は大混乱となった。そのため、金利スワップのようなプレーンな形の取引については、中央清算機関を作り、取引の精算を集中させることになった。

　しかし、OTCデリバティブ取引には多種多様な取引が存在し、すべての取引の精算を中央清算機関で行うことはむずかしい。よって、そのように中央清算されない取引については、取引の当事者同士が「証拠金[46]」を授受しなければならないという、証拠金規制ができたのである。

(5)　リスクアペタイト・フレームワークとリスクデータ集計

　国際的な規制の強化とともに、「リスクアペタイト」という概念が重要視されるようになってきた。ここでは、その経緯と概要について整理したい。

　まず、2010年12月、SSG[47]より「リスク許容度フレームワークとITインフラの構築状況」[48]が公表された。これは、2009年10月のSSG報告書「2008年グローバル金融危機からのリスク管理上の教訓」において、今後改善が期待されるとした項目のうち「リスク許容度の設定」「ITインフラの充実」の2点について、SSGメンバー間の議論についてまとめたものである。その後、2013年1月にBCBSが「実効的なリスクデータ集計とリスク報告に関する諸原則」[49]を、2013年11月にはFSBが「実効的なリスクアペタイト・フレームワークの諸原則」[50]を公表した。前者は銀行のリスクデータ集計能力や内部のリスク報告実務を強化することを企図したものであり、「ITインフラの充実」が主眼となっている。また後者は、金融機関におけるリスクアペタイト・フレームワークのコーポレートガバナンス上の重要性を強調するもので

46　当初証拠金（IM：Initial Margin）と変動証拠金（VM：Variation Margin）の2種類が存在する。
47　Senior Supervisors Group。各国の金融当局で構成されるグループであり、金融機関におけるリスク管理や情報開示実務に関し、監督当局の観点から意見交換を行っている。日本からは金融庁が参加している。
48　原題：Observations of Developments in Risk Appetite Frameworks and IT Infrastructure
49　原題：Principles for effective risk data aggregation and risk reporting
50　原題：Principles for An Effective Risk Appetite Framework

ある。2010年にSSGから公表された主要な2点の提言が規制化として進んだととらえることができる。以下、それぞれの諸原則の内容を少し詳細に確認する。

a 実効的なリスクデータ集計とリスク報告に関する諸原則

本諸原則は、金融機関によるリスクデータ集計やリスク報告に関する原則について提言している（一般に、BCBS239と呼ばれている）。金融機関がリスク関連情報を管理・報告するための強固な枠組みを確保し、リスク管理実務を強化することを目的としている。全14の原則で構成されており、その原則は以下四つのトピックに分類されている。

① Overarching governance and infrastructure（包括的なガバナンスとインフラ）

② Risk data aggregation capabilities（リスクデータ集計能力）

③ Risk reporting practices（リスク報告実務）

④ Supervisory review, tools, and cooperation（監督当局によるレビュー、ツール、協力）

本書原則の対象はG-SIBsである。なお、G-SIBsではないが、日本では国内のシステム上重要な銀行（D-SIBs[51]）に対しても、認定から3年後には諸原則を適用することを強く勧めている。

b 実効的なリスクアペタイト・フレームワークの諸原則

もともと、「リスクアペタイト」という用語は、1990年代から米国、英国辺りでは使用されていたようである。ただ、近年のように脚光を浴びるきっかけとなったのは、やはり2008年のグローバル金融危機だったといえよう。この危機において全世界の金融機関が守りに入りリスクをとらなくなってしまった結果、収益力が大きく低下してしまった。さすがにこれは好ましくないということで、収益性を向上させるために、どのリスクをどのようにとるべきかという議論のなかで「リスクアペタイト」という用語も次第に浸透してきた。そのようななか、本諸原則が公表され、金融機関のガバナンス上の

---

51 Domestic Systemically Important Banks

重要な課題として、リスクアペタイト・フレームワーク（RAF）の導入が明確に位置付けられた。諸原則は以下四つのトピックで構成される。

① An effective RAF（実効的なリスクアペタイト・フレームワーク）

② Risk appetite statement（リスクアペタイト・ステートメント）

③ Risk limits（リスク限度）

④ Roles and responsibilities（取締役会と上級経営者の役割と責任）

特に、トピック①「実効的なリスクアペタイト・フレームワーク」では「RAFは情報技術（IT）と経営情報システム（MIS）と密接に連携すべき」とも記載されている。これは、前述のBCBSが公表した「実効的なリスクデータ集計とリスク報告に関する諸原則」とも整合的であり、両諸原則は密接に連携していることがわかる。

(6) 各国の独自規制と逆グローバル化

銀行に対する国際統一的な規制は、バーゼル規制である。しかし、2008年のグローバル金融危機以降、欧米を中心として独自の国内金融規制の強化も行われた。ここでは、バーゼル規制以外で、特にグローバル金融危機以降に導入された各国の主な独自規制について概要を整理する（図表1-11）。

米国では、2010年にドッド・フランク法が成立した。ドッド・フランク法の対象はノンバンクなど広範囲にわたっているが、そのなかで銀行に焦点を当てたものが「ボルカー・ルール」と呼ばれ、銀行本体が自らの資金（自己

図表1-11　各国の独自規制（例）

国・地域	規制の名称	概要
米国	ドッド・フランク法	ボルカー・ルール 当局ストレステスト（CCAR） デリバティブ規制　等
英国	リングフェンス	投資銀行業務と商業銀行部門の分離
	PLAC	損失吸収力の強化（大手銀行対象）
欧州	CRDⅣ・CRR	バーゼルⅢの欧州版

勘定) でトレーディングを行うことを禁じた (2015年から全面施行)。ま た、当局による一斉ストレステストも導入された (CCAR[52])。米国の大手 銀行を対象に、当局が指定する共通のストレスシナリオを使って深刻な経済 ショックに対応できる十分な資本をもっているかどうかを検証し、十分でな いと判断された銀行には資本計画の提出を求めるものである。さらに、デリ バティブ規制では、リスクの高いデリバティブ取引を行う金融機関に対する 連邦支援を禁止し、実質的に銀行本体による高リスクのデリバティブ取引に 制限をかけた。

英国は、グローバル金融危機後に最も早く独自の改革案を打ち出した[53]。 「リングフェンス」は、金融危機によって投資銀行部門に影響が出ても商業 銀行部門 (特にリテール) を守ることを目的に、両部門の間に隔壁を設ける ものである。また、PLAC[54]とは、主要行に対して追加的な自己資本やベイ ルイン債券[55]によって、損失吸収力を強化しようとするもので、(3)で前述し たTLACの英国版といえる。また、英国金融サービス機構 (FSA) も金融危 機における対応の不備が指摘され、2013年4月に抜本的に組織が改編され た。改編後は、中央銀行 (イングランド銀行) の傘下に大手金融機関を監督 するPRA[56]、その他の金融機関 (投資会社なども含む) を監督するFCA[57]が 置かれることになった。

欧州では、CRDⅣ[58]、CRR[59]と呼ばれる規制が2014年から適用されてい る。もともと両者ともバーゼル規制に準拠したものであるが、欧州の銀行部

---

52 Comprehensive Capital Analysis and Review、包括的資本分析およびレビュー。

53 当時の英国金融サービス機構 (FSA) のターナー会長が、金融危機の原因について 2009年3月に提出した「ターナーレビュー」が有名である。

54 Primary Loss Absorbing Capacity

55 政府が金融機関を救済する「ベイルアウト (bail out)」ではなく、破綻に伴うコスト を株主や債権者に負担させることを「ベイルイン (bail in)」という。金融機関が政府 に実質破綻認定された場合に、元本を強制的に削減する取決めを定めたベイルイン条項 が付与された債券を、一般的にベイルイン債券と呼ぶ。

56 Prudential Regulation Authority

57 Financial Conduct Authority

58 Capital Requirements DirectiveⅣ、資本要求指令Ⅳ。

59 Capital Requirements Regulation、資本要求規則。

門の特性を考慮した緩和措置などが織り込まれている。

　そのほかにもさまざまな独自の規制が生まれ、特にグローバルでビジネスを展開している大手金融機関にとっては、それぞれの規制への対応に多くの経営リソースを割くことを余儀なくされた。

　このような独自規制の乱立は、金融危機時における公的資金注入などに対して、各国の国民（納税者）から厳しい指摘、批判が起こり、やむなく各国で規制強化せざるをえないという背景もあった。しかしこの動きは、バーゼル規制がグローバルな合意として尊重、推進されてきた流れとはまったく逆となっている。これは「規制の逆グローバル化[60]」と呼ばれることもあり、グローバル規制のあり方について、あらためて問われているといえるだろう。

60　米国の大手機関投資家であるPIMCOの創業者ビル・グロス氏が、2009年4月に"De-Globalization"（逆グローバル化）と表現した。

第2節　制度・規制の変化　43

第 **3** 節

本邦金融機関のリスク管理態勢の現状

　本節では、日本の金融機関、特に銀行におけるリスク管理態勢の現状について俯瞰する。

1　邦銀のリスク管理態勢の現状

　まずここでは、日本の銀行におけるリスク管理態勢の現状を、規模などを考慮して三つのグループに分けて図表1－12のように整理を行った（もちろん、例外は存在する）。なお、ここでは市場リスクだけではなく、信用リスク、統合リスクなどについても幅広く考慮している。

　経営意思決定にリスク管理が機能しているかという観点では、大手銀行と上位地方銀行との間には大きな差はないと思われる[61]。逆に、経営意思決定のスピード、機動力、柔軟性は上位地方銀行のほうが勝っているケースもみられる。一方、中小・地域金融機関は上位2グループに比べて組織・体制、技術・手法の両面で見劣りがするのが現実である。今後この格差はさらに広がり、二極化が進むことが予想される。

　もちろん中小・地域金融機関のなかにも、自身のリスク特性にあった適切なリスク管理を行っている銀行も存在する。ただその場合も、一部の役職員の力量に頼っていて、組織として確立しているとはいいがたいケースも散見される（その役職員が異動したら、リスク管理のレベルが大幅に低下してしまうことになる）。

　このように、中小・地域金融機関における大きな課題の一つは人材の育

---

[61]　もちろん主要行においては、業務・商品がますます多様化・複雑化しており、それらに対応するリスク管理高度化への意識、態勢整備、推進力は他のグループと比較しても突出している。組織面でも、多くの専門スタッフが配置されている場合が多い。

44　第1章　市場リスク管理の変遷と現状

図表1-12 リスク管理態勢の現状

グループ	組織・体制	技術・手法
大手銀行（メガバンクなど）	・リスク管理委員会などの運営ルールは確立されており、有意な意思決定プロセスが機能している。 ・RAFが導入され、組織文化として浸透しつつある。 ・高度な専門知識をもつ人材が豊富。 ・国際業務の比重が高まるなか、グローバルな観点でのガバナンス、内部監査、ITなどに関して改善の余地がみられる場合もある。	・高度な先端技術・手法によってリスク管理が行われている。 ・業務の拡大によって、それに伴うリスクの多様化、複雑化が進んでおり、特に非財務的なリスクへの対応の比重が高まっている。 ・リスク管理業務が細分化され、全体的視点（holistic view）の確保が困難となっているケースもみられる。
上位地方銀行	・リスク管理委員会などの運営ルールは確立されており、有意な意思決定プロセスが機能している。 ・RAFが導入され、その有効活用について検討を進めている。 ・専門知識を有する役職員が存在するが、業務の属人化により組織として十分機能しているとはいえないケースもある。	・一定水準の技術・手法によってリスク管理が行われている。銀行によっては高度化への意欲も高い。 ・一方で、人員が十分でない銀行では、高度化への余力がなく、ルーティン業務にとどまっているケースもみられる。
中小・地域金融機関	・リスク管理委員会などの運営ルールは、文書は存在するが実効的な運用には課題が多いケースがみられる。 ・ローテーション人事などによって、専門知識を有する役職員の育成、確保がむずかしい場合が多い。	・最低水準の技術・手法でリスク管理が行われているが、高度化への意欲は低い。 ・リスク管理業務がルーティン化しており、その内容の理解が十分でないケースがみられる。

成・確保だといえる。リスク管理部門はコストセンターであるという意識が強く、優秀な人材を戦略的に配置することがむずかしいこともあるようだ。しかしこれからは、リスク管理部門は銀行のリスクテイク戦略（リスクアペタイト）を担う、重要な部門の一つであることを再認識し、戦略的・計画的な人材育成を積極的に進めるべきであろう。

2　リスク管理のコンプライアンス化

　グローバル金融危機を経た現在、バーゼル規制や各国独自規制など、多くの規制に対応する必要があるが、金融機関にとって非常に重い負担となっているのが現実である。実際、リスク管理の現場では、「経営のためのリスク管理」ではなく「規制対応のためのリスク管理」となってしまっている側面が強く、「リスク管理のコンプライアンス化[62]」とも指摘されることがある。コンプライアンスとは「法令遵守」のことであり、法律や規制を守ることを求められるものである。一方、金融機関におけるリスク管理とは「どのリスクをとり、どのようにリターンをあげていくか（現在ではこれを「リスクアペタイト」と呼んでいる）」をマネジメントするものであり、決して外部から与えられた基準に沿って遵守する性格のものではないはずである。

　日本においては、1990年代半ば頃から、大手金融機関を中心にリスク管理部門が設置され、リスクの計測、モニタリングが開始された。当初は、自らの意思でリスク管理を行っていたはずである。状況が変わってきたのは、1996年のバーゼルⅠ修正における「マーケットリスクを自己資本合意の対象に含めるための改定」ではないだろうか。これまで金融機関が自ら計測してきたVaRが、市場リスクの自己資本賦課の内部モデルとして導入されることになったのである。金融機関と金融当局が、共通の尺度でリスクを把握するという意味では歓迎すべき動きだともとらえられたが、いまから考えるとこれがリスク管理のコンプライアンス化の転機だったように思われる。その

62　『金融機関のガバナンス』（天谷智子、金融財政事情研究会、2013年）

後、バーゼルⅡにおいて、その傾向が一気に顕在化した。当局の意向は、「バーゼルⅡを契機とした金融機関のリスク管理高度化」であったが、多くの金融機関側のとらえ方は逆になってしまった。特に地域・中小金融機関においては、「バーゼルⅡに対応したリスク管理」が主眼となってしまい、自らの経営のためのリスク管理ではなくなってしまった。もちろん大手銀行、上位地方銀行レベルでは、「規制対応」「経営のためのリスク管理」を相互補完的に、効果的に運用してきたところも多い。しかしグローバル金融危機以降、バーゼルⅢの導入や乱立した独自規制によって、多くの金融機関で人的リソースの大半を規制対応に充てざるをえず、本来行うべき「経営のためのリスク管理」が後回しになってしまったのは事実である。規制強化の動きは、その後穏やかに緩和の方向に向かっているとされているが、それでも金融機関は法域ごとの規制に対応する必要がある。レギュラトリー・アービトラージや、規制の分断化といった課題は依然として大きい。本来あるべきリスク管理の姿を考えると、憂慮すべき状況になっているともいえよう。

3　リスク管理からリスクマネジメントへ

　第1節2(1)でも記述したG30レポートにおいて、独立したリスク管理部門の設置が提言されたのが1993年であり、それから30年以上が経った。この間のリスク管理は、技術的には大変な進歩を遂げた一方で、2008年のグローバル金融危機を経て、リスク管理の有効性に疑問を投げかける意見があるのも事実である。

　リスク管理のノウハウの多くは当然、民間金融機関がもっており、たとえばバーゼルⅡの作成プロセスでは、官と民が非常にいい関係で相互連携しながら高度化を進めた経緯もある。ただ現在の規制強化は、特に欧米の当局が主導したのが現状だ。グローバル金融危機の混乱を早急に収束させるには、トップダウン方式での規制強化しか手がなかったという見方もできるが、今後は、より官民の連携強化、リスクマネジメントの位置付けの明確化、若手リスクマネジャーの育成が求められることになろう。

第3節　本邦金融機関のリスク管理態勢の現状　47

序章で記載したとおり、日本では1980〜90年代にリスク管理業務が開始された。本来のあるべきrisk management（＝リスク運営）を目指し、創生期から長くリスク管理に携わっているベテランのリスクマネジャーにとっては、現在の状況を忸怩たる思いでみているのではないだろうか。金融機関は「リスクをとってリターンをあげる」企業であり、「リスク管理は経営そのもの」であることを、再確認する必要があると思われる。

第2章

市場リスク管理の基本手法

本章では、市場リスク管理の最も基本的な手法について解説を行う。リスク管理業務に初めて従事する役職員でも、市場リスクをどのように評価して管理を行っているのか、概要を把握することができるだろう。もちろん、これ以外に多くの細かい論点や課題は存在するが、それらは第3章で別途解説を行うこととする。

第 1 節

市場リスクの定義とリスク要因の特定

1　市場リスクの定義

　市場リスクとは、金利・為替・株式などの市場要因が変動することで、保有する資産負債のポジションの価値が変動し、損失が発生するリスクと定義される。「市場要因」には、金利や為替、株式などのボラティリティや相関関係なども含まれる。さらに、エネルギーや農作物、畜産物などのコモディティ商品、天候や気温の先物などのポジションがある場合は、それらの原資産の動きも市場要因となる。市場リスクは、「経済価値ベース」「期間損益ベース」の２種類に分類して把握することが一般的である（図表２−１）[1]。

　ある一定期間（通期、半期等）に発生する損益を「期間損益」として認識

図表２−１　市場リスクの２種類の把握方法

種類	把握するリスク
経済価値ベース	金利、為替、株式などの市場要因の変化に対して、資産・負債ポートフォリオの経済価値が低下するリスク
期間損益ベース	金利、為替、株式などの市場要因の変化に対して、期間損益（最終的には会計上の財務損益）において損失が発生するリスク

1　2020年２月に廃止された「金融検査マニュアル」では、「市場リスクとは、金利、為替、株式等のさまざまな市場のリスク・ファクターの変動により、資産・負債（オフ・バランスを含む。）の価値が変動し損失を被るリスク、資産・負債から生み出される収益が変動し損失を被るリスクをいう」とされており、「価値変動」「収益変動」の２種類のリスクを対象としていた。また、"Principles for the Management and Supervision of Interest Rate Risk"（BCBS、2004年７月）では、「銀行の金利リスク・エクスポージャーを評価するための別々であるが互いに補完的な二つの視点」として「損益の視点」「経済価値の視点」をあげている。

50　第２章　市場リスク管理の基本手法

する方法は財務会計とも整合的であるため、伝統的に収益指標として使用されてきた。一方の「経済価値」は、将来発生するキャッシュフローをすべて現在価値で評価することによって期間損益だけではとらえきれない、企業そのものの価値の一部を把握する指標として使用されている。金融機関経営の観点からは双方とも重要な指標といえる。

2　リスク要因の特定

　市場リスク管理を行うためには、管理の対象とそれに影響を与えるリスク要因を特定することが第一歩となる。金融機関が保有する商品とリスク要因を網羅的に洗い出し、商品ごとに、どのリスク要因が影響を与えるのか特定する。

　図表2－2はその一例を示したものである。縦軸に「商品区分」、横軸に「リスク要因」（リスクファクター）をとっている。リスク要因の「一般市場リスク」は、代表的な要因である「金利」「為替」「株式」とし[2]、さらに「その他リスク」として「中途解約」「ボラティリティ」「信用リスク」を定義した[3]。

　それぞれの商品区分において、影響を受けると考えられるリスク要因に「○」印を付けている。たとえば「日本国債」という商品のリスク要因は「金利」のみとなる。「地方債」の場合、地方自治体のデフォルトリスクを考慮する場合は、「信用リスク」もリスク要因に加わることになる[4]。また、「貸出金」において、住宅ローンなどにおける期限前返済を考慮する場合は「中途解約」もリスク要因として追加される。このように、一つの商品であっても、複数のリスク要因が複合的に内在する場合が多く、このアプローチによってどのリスク要因を市場リスク管理の対象とするのか、明らかにする

2　「コモディティ」も重要なリスク要因の一つであるが、図表2－2では簡単のため割愛している。
3　ここでの信用リスクは、市場性商品に内在する「市場信用リスク」、貸出などに内在する「与信信用リスク」の両方を対象としている。
4　バーゼル規制上は、地方自治体の信用リスクはゼロとなっている。

第1節　市場リスクの定義とリスク要因の特定　51

図表2－2　商品区分とリスク要因の特定（例）

商品区分			リスク要因（例）					
			一般市場リスク			その他リスク		
			金利	為替	株式	中途解約	ボラティリティ	信用
市場性商品	通常商品	日本国債	○					
		地方債	○					○
		社債	○					○
		MBS	○			○		○
		日本株式			○			
		外国国債	○	○				
		外国社債	○	○				○
		外国株式		○	○			
		外国為替スポット		○				
		為替スポット		○				
		短期資金取引	○					
		債券レポ取引	○					
		投資信託	○	○	○	○	○	○
	デリバティブ	国債先物	○					
		国債先物オプション	○				○	
		円金利先物	○					
		円金利先物オプション	○				○	
		株価指数先物			○			
		株式オプション			○		○	
		金利スワップ	○					
		通貨スワップ	○	○				
		金利スワップション	○				○	
		通貨スワップション	○	○			○	
		為替先物	○	○				
		為替オプション	○	○			○	
		仕組債券	○	○	○	○	○	○
非市場性商品	通常商品	預金	○					
		貸出金	○			○		○
		預金（外貨建て）	○	○				
		貸出金（外貨建て）	○	○				○
	デリバティブ組込型	仕組預金（円）	○			○	○	
		仕組貸出金	○	○	○	○	○	○

図表2－3　その他リスクの例

リスク種類	概要
個別リスク	市場全体の動きで説明できる「一般市場リスク」とは別に、銘柄（発行体）ごとの信用度などを「個別リスク」として把握する。
ロールオーバーリスク	現在の金融取引の満期（期限）が到来した後も、同様の取引を継続することをロールオーバーという。ロールオーバー時点の市場環境や需給関係により、予想外の金利や価格での取引継続を余儀なくされ、損失を被るリスク。
ベーシスリスク	関連している複数商品（たとえば国債現物価格と国債先物価格、国債利回りとスワップ利回りなど）の市場価格の動きが異なることによって損失を被るリスク。
非線形リスク	オプション性をもつ金融商品は、損益変化が線形でないものが存在する。そのような商品のリスク管理には、非線形性を表す感応度指標などのモニタリングが必要となる。

ことが可能となる。

　なお、図表2－2で記載した「その他リスク」には、中途解約リスクや信用リスクだけではなく、図表2－3のようなリスクも考慮する必要がある[5]。

5　詳細は第2節8を参照。

第1節　市場リスクの定義とリスク要因の特定　53

第**2**節

市場リスクの評価・計測

1 市場リスク管理手法の概要

　既述のとおり、市場リスクは「経済価値ベース」「期間損益ベース」の二つの視点から管理されるべきである。本節では、この二つの視点から、主要なリスク要因（金利、為替、株式）に対する基本的なリスク管理手法の整理を行う。

　図表2－4のとおり、経済価値ベースにおけるリスク管理手法は、どのリスク要因についても「感応度分析」が基本となる。そして、その感応度を基本情報として、異なるリスク要因間の相関を考慮した統合的なリスク量（VaR：Value at Risk）を計測する構造となっている。

　期間損益ベースに関しては、「金利」の収支が発生する場合（特に預金、貸出金が対象の場合）に把握が重要となる。将来の市場金利や取引残高のシナリオを想定して、将来の期間損益を計算することを「シナリオ分析」という。このシナリオ分析によって将来の期間損益がどのように変動するかを把握することが主流となっている[6]。また資産・負債の残高と期間のミスマッ

図表2－4　リスク管理手法の分類

リスク要因	経済価値ベース	期間損益ベース
金利	感応度分析 （BPV、GPSなど） VaR	ギャップ分析 シナリオ分析 EaR
為替	感応度分析 VaR	シナリオ分析
株式	感応度分析 VaR	シナリオ分析

54　第2章　市場リスク管理の基本手法

図表2－5　経済価値ベースと期間損益ベースの視点

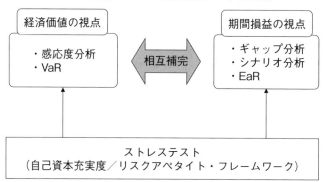

チ部分に対する金利リスクを把握するための「ギャップ分析」（マチュリティラダー分析とも呼ばれる）も行われている。ギャップ分析は以前から使用されている伝統的手法であるが、現在でも基礎情報として重視している金融機関は多い。また、シナリオ分析の発展形として「EaR：Earning at Risk」を使用している金融機関もある。EaRとは、将来の金利シナリオを金利期間構造モデル（タームストラクチャーモデル）によって数多く発生させ、期間損益の将来とりうる分布を把握し、その変動を分析するものである。

　また、「経済価値」「期間損益」のいずれの視点においても「ストレステスト」の実施が重要なポイントとなる（図表2－5）。従前、ストレステストはVaRの補完手法として位置付けられることが多かった。なぜなら、VaRは分布のある1点（99パーセンタイル点など）のリスク量は把握できるが、その1点を超える損失（分布のテール部分という）については計算できないからである。しかし近年では、VaRの補完のみにとどまらず、統合的なリスク管理の枠組みにおける自己資本充実度の検証、さらにリスクアペタイト・フレームワーク（RAF）の運営においても、ストレステストの重要性が高まっている。

　以降、上記であげた主なリスク管理手法について、概要を解説することと

6　債券・為替・株式などの売買損益などは、別途計算する必要がある。

する。

2 イールドカーブの作成

⑴ 金利の基本概念

　個別のリスク管理手法を解説する前に、まずリスク管理業務の基本ともいえる「イールドカーブ」についてみていこう。イールドカーブとは、各期間の金利水準を線でつないだもので、金利の期間構造を表したものである[7]。

　ここで、そもそも「金利」とは何かという基本的な概念を確認しておきたい。金利とは、将来のある時点のキャッシュフロー（将来価値：Future Value、FVと呼ぶ）と現時点の価値（現在価値：Present Value、PVと呼ぶ）との関係性を表現したものである。

　たとえば将来のある時点の100円という確定したキャッシュフロー（将来価値）があった場合、「その100円はいまいくらの価値をもっているか」が現在価値の考え方である。この現在価値は、「将来時点に返さなければならない100円を、いまいくらで借りたいか」「将来時点に戻ってくる100円を、いまいくらで貸したいか」といった金の借り手側、貸し手側の双方の需給によって、金融市場で決まるものである。

　たとえば「1年後の100円の現在価値は98円」「2年後の100円の現在価値は95円」だと金融市場が評価していたとする。この状況を、金融市場の参加者全員が把握、理解するためには、どのように表示すればよいだろうか。方法は二つある。

　一つ目は、単純にその比率を表示することである。「1年後0.98」「2年後0.95」といった具合である。この0.98、0.95のことをDF（ディスカウントファクター、割引率）と呼び、期間の関数として表現される（$DF(t)$ と一般的に表記される）。将来のキャッシュフローを現在価値に計算することだ

7　「利回り曲線」とも呼ばれる。

56　第2章　市場リスク管理の基本手法

けが目的であれば、この方法は直接的でわかりやすい。

　二つ目は、「金利」で表示する方法である。現在の98円がどのくらいの金利で運用されれば１年後に100円になるかを表すものである。実際、金融市場では一つ目のDFで表示するよりも、金利で表示する方法が一般的となっている。

　いま、二つの表示方法を説明したが、どちらの方法も将来価値（FV）と現在価値（PV）の関係性を表したものであり、お互いに表裏一体であることがわかるであろう。

(2)　市場金利から割引金利へ

　一口に「金利」といっても、さまざまな表現方法がある。たとえば上記と同じ例（１年後の100円の現在価値は98円）を考えてみよう。この１年間の金利（x）が年１回払いだとすれば、以下のような計算になる。

$$98円 \times (1 + x) = 100 \ \rightarrow \ x \fallingdotseq 2.04\%$$

　もし、この１年間の金利（x）が年２回払い（複利）だったとしたら、結果は以下のように変わってくる。

$$98円 \times \left(1 + \frac{x}{2}\right)^2 = 100 \ \rightarrow \ x \fallingdotseq 2.03\%$$

　年４回払い、年12回払いにすると、さらに結果が異なることが想像できるだろう。このように、金利の支払い回数や、単利・複利の違い（コンベンションの違いという）によって表示される金利の数値が異なってくるのである。金融市場では、顧客のニーズによってさまざまなコンベンションが使用されている。一方、リスク管理業務では、金利のコンベンションが色々存在すると混乱してしまうため、割引金利（スポットレート）に統一しているのである[8]。

8　ここではリスク管理業務に焦点を当てているが、市場取引を行っているフロント部門でも、金融商品の価値を計算する際は、割引金利（スポットレート）を使用している。割引金利は「ゼロレート」と呼ばれることもある。

第２節　市場リスクの評価・計測　57

図表2－6　割引金利の作成

期間(年)	市場金利(%)	DF	割引金利(%)
1	0.200	0.9980	0.200
2	0.400	0.9920	0.400
3	0.600	0.9822	0.602
4	0.800	0.9685	0.804
5	0.950	0.9535	0.957
6	1.100	0.9359	1.111
7	1.200	0.9190	1.214
8	1.300	0.9006	1.318
9	1.400	0.8806	1.423
10	1.490	0.8601	1.519
15	1.600	0.7846	1.631
20	1.670	0.7132	1.704
30	1.730	0.5913	1.767

　この割引金利は、将来のキャッシュフローを現在価値に引き直し、金融商品の価値を把握するために非常に重要なものである。

　図表2－6は、割引金利の作成方法の一例を表したものである。市場で観測されるのは、期間ごと（1年～30年）の市場金利[9]である（ここでは、年1回払いのOIS[10]金利を使用している）。

(3) 割引率（DF）の計算

　さてここから、市場金利（OIS金利）からどのように割引金利を作成するのか、図表2－6の数値を使って概要をみていくことにする。まず、1年のOIS取引（固定金利の受取、変動金利の支払）のキャッシュフロー図を書く

9　多くの金融機関で、市場金利は各種情報端末から取得している。
10　Overnight Index Swap。固定金利と変動金利の翌日物レートとを交換するスワップ取引。信用リスクを含まない「無リスク金利」の代表的な金利指標となっている。

図表2-7 1年のOIS取引のキャッシュフロー図

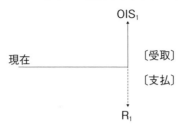

と、図表2-7のようになる。

受取側の1年のOIS_1からまずは1年の割引率DF_1を求める。1年の市場金利であるOIS_1（0.200％）を使用するだけなので、簡単な式となる[11]。

$$DF_1 = \frac{1}{(1+OIS_1)} = \frac{1}{(1+0.200\%)} = 0.9980$$

一方、支払側のR_1はまだ決定していない[12]が、期待値（理論値）はOIS_1と同じになる。なぜならば、現在価値が同じでないと、このOIS取引は成立しないからである。よって、R_1（期待値）については以下の式が成り立つことになる。結果的に当然であるが、R_1（期待値）はOIS_1と同じ0.200％となる。

$$R_1 \times DF_1 = 1 - DF_1$$

$$R_1 = \frac{1}{DF_1} - 1$$

$$R_1 = 0.200\%$$

---

[11] ここでのDF_1は、額面1円の1年割引債の価格であるともいえる。額面100円で考えれば、この割引債の価格は99.80円（0.9980×100）となる。
[12] OIS取引の変動金利側は、翌日物金利を複利運用し、金利支払時点で利息額が決定する「後決め方式」であるため、現時点では利息額は決定していない。

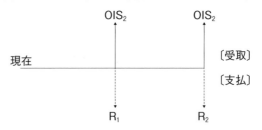

図表2-8 2年のOIS取引のキャッシュフロー図

さて次に、2年の割引率DF_2を求めるには、少し工夫が必要となる。1年と同様に2年のOIS取引のキャッシュフロー図を書くと、図表2-8のようになる。

この図で、受取側のOIS_2は0.400％で決定している（図表2-6）。一方の支払側のR_1、R_2は変動金利であり、現時点ではまだ決定していない。このRn（$n=1$、2、3、……）はフォワードレートと呼ばれる。ここで、R_1とR_2については、以下の関係が成り立つ。

$$\frac{1}{(1+R_1)} \times \frac{1}{(1+R_2)} = DF_2$$

左辺の第1項は現時点から1年までの1年間の割引率、第2項は1年後から2年までの1年間の割引率[13]である。この両者を掛け合わせると、2年間の割引率（DF_2）になることがわかるだろう。第1項はDF_1そのものなので、式展開をすると、以下のように表すことができる。

$$R_2 = \frac{DF_1}{DF_2} - 1$$

さて、図表2-8をもとに、受取側、支払側双方のキャッシュフローの現在価値を整理すると以下のようになる。

---

13 フォワードレートR_2に該当する割引率である。

受取／支払	1年後	2年後
受取側	$OIS_2 \times DF_1$	$OIS_2 \times DF_2$
支払側	$R_1 \times DF_1$	$R_2 \times DF_2$

支払側のR_1、R_2をDF_1、DF_2で表現し直すと、以下のようになる。

受取／支払	1年後	2年後
受取側	$OIS_2 \times DF_1$	$OIS_2 \times DF_2$
支払側	$1 - DF_1$	$DF_1 - DF_2$

ここで、この2年OIS取引が成立するためには、「受取側の現在価値＝支払側の現在価値」であることが必要となるため、以下の関係が成り立つ。

$$OIS_2 \times (DF_1 + DF_2) = 1 - DF_2$$

この式をDF_2について解き、すでにわかっている数値を代入すれば、以下のように計算される。

$$DF_2 = \frac{(1 - DF_1 \times OIS_2)}{(1 + OIS_2)} = \frac{(1 - 0.99800 \times 0.400\%)}{(1 - 0.400\%)} = 0.9920$$

数式に慣れていないと少しむずかしく感じるかもしれないが、時点 $t = 0$ から $t = 1$ までのDF_1を計算しておけば、新たにDF_2を計算することができると、初めのうちは大まかにイメージしておけばよいだろう[14]。

同様に、DF_3は以下のように計算される。DF_1とDF_2が計算できているので、DF_3も新たに計算できるととらえておけばよい。

$$DF_3 = \frac{(1 - (DF_1 + DF_2) \times OIS_3)}{(1 + OIS_3)}$$

---

14 ディスカウントファクター（DF）と割引金利（スポットレート）の詳細な計算方法は、金融工学などの専門書、各金融機関のリスク管理規程、リスク管理システム仕様書などを参照いただきたい。

$$= \frac{(1-(0.99800+0.99204)\times 0.600\%)}{(1+0.600\%)}=0.9822$$

以降、順次DF_4、DF_5、……DF_{30}まで計算することができる[15]。

(4) 割引率（DF）から割引金利（スポットレート）へ変換

さて、ここまでで1年から30年までの割引率（DF）を計算することができた。現在価値を計算するだけが目的であれば、DFがあれば十分である。しかし前述したとおり金融市場では金利で表示することが一般的となっている。よって、計算された割引率（DF）を、割引金利（スポットレート）に変換する。t時点のDF_tと割引金利r_tの関係は以下のとおりである。

$$DF_t = \frac{1}{(1+r_t)^t}$$

この式を用いて計算された期間tごとの割引金利r_tを線でつないだものが、「イールドカーブ」である（図表2－9）[16]。もともと市場で観測された市場金利（OIS金利、破線）と割引金利（実線）には、差異が発生していることがわかる。

日々の市場リスク管理業務は、評価基準時点[17]でさまざまな情報端末から市場金利の情報を取得し、割引金利のイールドカーブを作成することが、すべての出発点となる。

なお、ここまでの説明では、市場金利としてOIS金利を使用してきた。OIS金利は、信用リスクを含まない「無リスク金利」といわれている翌日物レート[18]をベースにした取引であるため、割引金利作成の代表的な市場金利

15　このように、最初の一つ目の値が決まると、その値を利用して二つ目の値が決まり、決まった二つの値を利用して三つ目が決まり、といった具合に順次値が決まるような計算アルゴリズムを、ブートストラップ法と呼ぶこともある。ブーツの紐を一つずつ穴に通していく様子に由来している。

16　図表2－9のように短期金利よりも長期金利が高い状態のことを、「順イールド」、反対に短期金利が長期金利よりも高い状態のことを「逆イールド」と呼ぶ。全期間の水準が同じである状態は「フラット」と呼ばれる。

17　毎営業日の17：00時点など、各金融機関のリスク管理規程に定められている。

62　第2章　市場リスク管理の基本手法

図表 2 – 9　イールドカーブ（例）

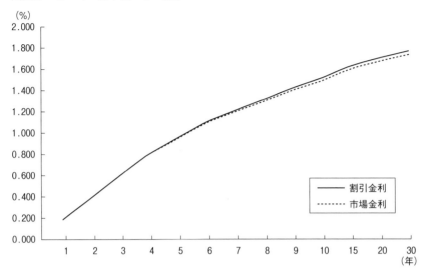

指標となっている。一方、市場にはほかにもさまざまな金利が存在し（国債利回り、TIBOR[19]、TORF[20]、TIBORベースのSWAP金利など）、これらの金利を使用したイールドカーブも多く使用されている。自社のイールドカーブがどの市場金利をベースにしているのか、確認しておくことが望まれる。

3　感応度分析

　感応度分析は、個別の金融商品やポートフォリオのリスク特性を分析する際の基礎的な手法である。リスク要因（ここでは主要な要因として金利、為替、株式を対象としている）が、微小に変化したときに、金融商品やポートフォリオの価値がどれだけ変化するかをとらえるものだ。それぞれのリスク要因に対する感応度を把握することによって、保有する金融商品やポートフォリオがどのようなリスクをとっているかの分析が可能となり、追加的なリ

18　日本円はTONA（Tokyo OverNight Average rate）が該当する。
19　Tokyo Interbank Offered Rate。東京銀行間取引金利。
20　Tokyo Term Risk Free Rate。東京ターム物リスク・フリー・レート。

スクテイクや必要となるヘッジの取引ボリュームを計算し、リスクをコント
ロールすることができる。

この感応度分析では、リスク要因間の相関は考慮されないことが多い（リ
スク要因はそれぞれ独立に動くという前提を置いている）。微小変化の変化
幅も特に決まったものはないが、金利の場合は1bpや10bpの変化幅が一般
的である。

以下、金利、為替、株式のそれぞれの要因について詳細にみることにす
る。

(1) 金利感応度分析

金利リスク要因をもつ商品（債券、貸出金、預金など）については、その
取引データから将来発生するキャッシュフローを生成し、イールドカーブの
変化による価値変化を計測する。代表的な手法としては以下のようなものが
ある。

a BPV手法（ベーシス・ポイント・バリュー手法）

BPVとは、金利のイールドカーブを一律平行移動（パラレルシフト）さ
せたときのポートフォリオの価値変化を表すものである（図表2-10参照）。
後述のGPSの合計とほぼ一致する[21]ため、GPSと同時に計測、モニタリング
されることが多い。またイールドカーブは上方にシフトさせることが近年で
は一般的となっている（図表2-10では10bp上方に変化させている）[22]。自
社のポートフォリオが全体として金利上昇に強いか弱いか直感的に把握する
ことができるため、伝統的に使用されている。

このBPVは、債券投資分析で一般的に使用される「デュレーション」に
近い性格をもっている。デュレーションは、債券の加重平均回収期間である

---

21 イールドカーブの形状の変化によって価値が変動する商品が存在する場合（たとえば
住宅ローンの期限前返済モデルでイールドカーブの形状がリスクファクターとなってい
る場合など）は、合計は一致しない場合もある。
22 下方にシフトさせる事例もある。この場合、BPVの計測結果は、ロングポジション
がプラス、ショートポジションがマイナス表示になり、感覚的にわかりやすいという意
見もある。しかし、近年長らく低金利状態が続いていたため、下方への変化幅の余地が
限られてしまい、上方シフトが一般的となった。

64 第2章 市場リスク管理の基本手法

図表 2 −10 イールドカーブのパラレルシフト（10bp変化）

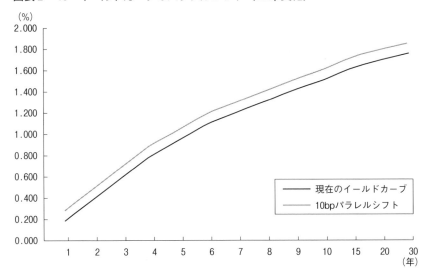

と同時に、債券価格の金利変化に関する感応度を表す指標である[23]。その際の金利変化は、期間構造をもたない期間一定の利回り（IRR[24]）の微小変化である。

b GPS手法（グリッド・ポイント・センシティビティー手法）

GPSとは、期間（グリッド・ポイント）ごとの金利をリスク要因と位置付け、それぞれのグリッドを独立に変化させた場合のポートフォリオ価値の変化をとらえるものである。それぞれのグリッド・ポイントの市場金利が、微小幅（1bp、10bpなど）変化したときのポートフォリオの価値変化を計測する。実際のグリッドごとの金利変化は、図表 2 −11のように上方にシフトさせることが一般的である。

この事例では 5 年GPS（10bp変化）の例を示しているが、シフト後のイールドカーブは 5 年金利の両隣のグリッド・ポイント[25]である 4 年金利と 6 年

---

[23] デュレーションにはさまざまな種類があるが、利回り 1 ％の変化に対して債券価格の変化率を表す修正デュレーション（modified duration）が代表的である。（例）修正デュレーション 5 年の場合、利回りが 1 ％下落すると、債券価格は 5 ％上昇する。
[24] Internal Rate of Return（内部収益率）。投資によって将来的に得ることができるキャッシュフローと投資額、それぞれの現在価値が等しくなる割引率のこと。

図表2-11 グリッド・ポイント・センシティビティー(10bp変化)

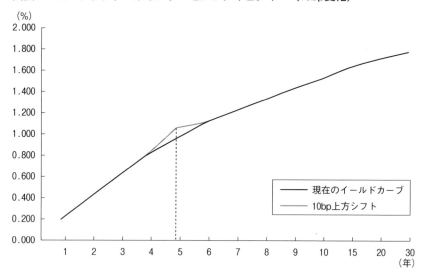

金利を結んでいる。つまり、形状が変化したのは「4年から6年」のイールドカーブということになる。5年のGPSに影響を受けるのは、4年から6年の期間に発生するキャッシュフローであり、それ以外のキャッシュフローは5年GPSには影響を与えない。

　GPS状況は、図表2-12、図表2-13のようにグラフで表示するとわかりやすい。図表2-12の例は、資産、負債別にGPSを表示したものである。10bp上方にシフトさせているので、感応度がマイナスのものが資産側、プラスのものが負債側である。金利が上昇すると割引率が高くなり、将来のプラスのキャッシュフロー(つまり資産側)の現在価値が低下すると考えればわかりやすいだろう。負債の感応度は1Y～5Y(1～5年)と、7Y～10Y(7～10年)辺りに多く存在している。資産は30年まで長期にわたってリスクを取得していることがわかる。また、図表2-13は、資産、負債をネットしたGPSを示している。短期調達、長期運用というポートフォリオ全体の構造が直感的に把握できる。

25　この例ではグリッド・ポイントは1年ごとだが、金融機関によっては半年ごとなどに細分化している場合もある。

このGPSをみることによって、自社のポートフォリオがどの期間の金利変化に影響を受けるのか把握することができる。

図表2－12　資産・負債別GPSの状況（例）

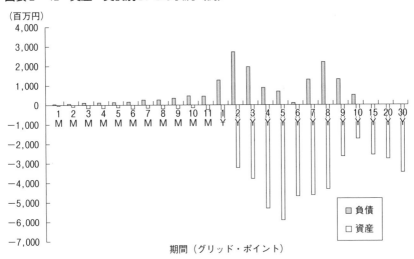

図表2－13　全体GPSの状況（例）

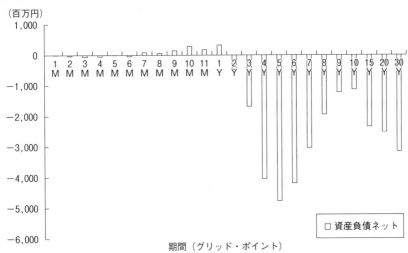

第2節　市場リスクの評価・計測　67

(2) 為替感応度分析

外貨建ての資産・負債については、その外貨金利変動のリスク以外に、為替レートもリスク要因となる。現在の為替レートが一定割合（1％など）円高（あるいは円安）に変化した場合の、ポートフォリオの価値の変化額を計測する方法がよく用いられている。たとえば米ドル建ての債券1,000,000ドルがあるとする。現在のドル円の為替レート（直物レート、スポットレートと呼ばれる）が「1ドル＝150円」とした場合、為替レートの1％変化（円高ドル安）は1ドル当り1.50円減少となり、為替リスク要因による貸出金の価値の減少は「1,000,000ドル×1.50円＝1,500,000円」となる。

この例は、外貨建ての資産・負債のスポット日（2営業日後）において円換算評価を行うというシンプルな方法であるが、商品によっては他の要因にも留意する必要がある。たとえば「先物為替取引」は将来の期日（1カ月後、3カ月後など）の為替レートを売買するものである。銀行の顧客の為替リスクのヘッジ手段として取引されることが多い。直物と先物の価格の差額（「直先スプレッド」と呼ばれる）は、通貨間の金利差（ドル円為替の場合はドル金利と円金利との差）に影響を受けるため、ドル、円の金利もリスク要因として考慮することが必要である。また「通貨スワップ」「通貨オプション」などの商品も、為替レート以外に金利やボラティリティがリスク要因となる。

(3) 株式感応度分析

株式リスク要因をもつ株式商品（投資信託、ファンドなども対象とする場合が多い）は、微小な価格変動による価値変化を把握する株式感応度分析が使用される。この価格変動リスクは、「一般市場リスク」「個別リスク[26]」の2種類の要因に分けて考えることが多い。

---

26 個別リスクについては、第2章第2節8(1)参照。

68 第2章 市場リスク管理の基本手法

株式の価格変動リスク＝一般市場リスク＋個別リスク

　一般市場リスクとは、市場全体の動きから生じる価格の変動であり、市場の株式インデックス（TOPIXなど）が使用される。この部分は、株式の発行体の個別要因には影響されない。一方、個別リスクとは市場の動きに関係なく発行体の個別要因に起因する価格変動を表す。上記の式は、以下のように書き直すことができる。

$$\Delta_i = \beta_i \times \Delta_m + \varepsilon_i$$

　ここで、Δ_iは株式 i の価格変動、Δ_mは市場インデックスの変動、β_iは株式 i の市場インデックスに対する連動性を表すパラメータ、ε_iは株式 i の個別要因による変動を表す。

　Δ_mにはTOPIXや業種別インデックスなどが使用されることが多く、β_iは過去の株式データを使用した回帰分析によって求められる[27]。

4　バリュー・アット・リスク（VaR)

　市場リスク管理において、VaRはすでにデファクトスタンダードともいえる指標となっている。VaRは1980年代後半から、欧米の先進的な金融機関を中心に拡大した。金融商品や業務が複雑化し、商品・業務ラインごとのリスク計測・報告のみでは、全社の正確なリスク把握が困難になっていたことが背景にあったといえる。

　また金融当局サイドにも、監督・検査の効率性を上げるために、金融機関

27　各種情報端末でも β 値の情報が提供されている。

第2節　市場リスクの評価・計測　69

が抱えるリスクを表す標準的な指標を確立する必要が生じていた[28]。このように金融機関側と当局側の思惑が一致したことが推進力となり、VaR計測の技術が大きく発展した。また、VaRの有効性が示された、1993年公表のG30（Group of 30）レポートの影響も大きかった[29]。これらを背景として、日本においても大手金融機関を中心にVaRを採用する動きが活発化し、2000年代にかけては中小金融機関にも拡大した。

　当初は、市場性商品の取引を頻繁に行う市場部門のリスク計量に使用されていたが[30]、金融機関全体の統合的なリスク管理の観点から、預金や貸出金なども含めた全ポートフォリオを対象にVaR計測を行うことが、最近では一般的になっている。またVaRの考え方は市場リスクだけにとどまらず、信用リスクやオペレーショナルリスクなど、他のリスク計測にも適用されるようになった。

(1)　VaR計測の本質

　「起こりうるすべての状況を想定し、その状況がどのような確率で分布するのか」を把握するのが、VaR計測の最大の目的であり、リスク把握の本質といえる。人間は将来の状況（金利、為替、株式など）を正確に予測することは不可能である。そのため、何らかの確率分布を想定し、統計的手法を用いてリスク（起こりうる損失額）を見積もろうというのが根本的な考え方である。

　VaR計測は大きく以下の二つの要素に分類できる。

　　①　将来起こりうる状況の可能性をシナリオとして設定すること
　　②　設定したすべてのシナリオにおいてポートフォリオの再評価を行うこと

　まず①では、将来の金利や為替、株式などのリスク要因がどのような値を

28　最終的には、自己資本比率規制（バーゼルⅠ）における市場リスク量の算出でVaRを用いた内部モデル方式が導入された。詳細は第1章第2節1参照。

29　第1章第1節2(1)参照。

30　自己資本比率規制の市場リスク量算出の対象がトレーディング勘定であったことも影響していたと思われる。

70　第2章　市場リスク管理の基本手法

とるか、確率分布でモデル化を行う。その後、②でその分布に含まれるすべてのシナリオ（将来の状況）についてポートフォリオの再評価を行うことになる。

　この①、②によって作成される将来のポートフォリオ価値の分布は、リスク管理を行ううえで重要な情報となる。VaR値は、その分布におけるある1点（99パーセンタイル点など）を特定した数値であるが、ポートフォリオのリスクを正確に把握するためには、VaR値の数値のみではなく、この分布の特性を理解する必要がある。

　図表2－14は将来のポートフォリオ価値の分布を表した例である。ここでは正規分布を使用しているが、それに限るわけではない。対象のポートフォリオの特性によって、対数正規分布や、ヒストリカルデータによる分布を使用することもある。重要なことは、リスク管理担当者から経営陣まで、自社のVaRがどのような分布を想定しているのかを十分に理解しておくことである。

　また、VaR値は「最悪状態における損失額」と説明されることが多いが、この「最悪状態」についてもきちんと定義をしておく必要がある。前述のとおり、VaR値は分布のテール部分のある1点を取り出した数値である。「めったには起こらないが、たまには起こる可能性がある」というのは、リスク

図表2－14　将来のポートフォリオ価値の分布（概念図）

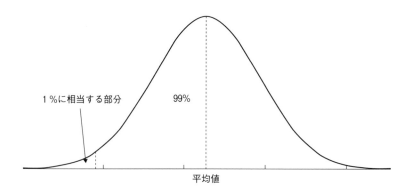

管理を行ううえで納得感の得られる考え方であろう。その観点から、「100回に1回程度」という水準が受け入れられ、信頼区間99%という設定が多く採用されるようになった[31]。

さらに、VaR計測には「保有期間」を設定する必要がある。将来発生する可能性のある損失は、どの程度の期間で発生するかという時間の概念である。商品特性によってその設定は異なる場合が多い（市場性商品は10日、預貸金は1年など）。

なお、バーゼルⅡの自己資本比率計算上における内部モデル手法では、信頼区間は99%、保有期間は10日での計測が求められていた[32]。

(2) VaR計測手法

VaR計測にはさまざまな手法が存在するが、「ポートフォリオ価値の分布を作成し、そのなかの1点をVaR値とする」という基本的な考え方は同じである。

VaR計測手法は一般的に「分散共分散法」「ヒストリカル法」「モンテカルロ法」の3種類に分類されることが多い。そのなかでも、主に前二つの方法がよく使用されているようである。どの方法が最も優れているかということではなく、それぞれの手法の長所短所を十分理解し、自社のポートフォリオ特性と業務体制を考慮して、適切な手法を選択することが求められる。3種類の手法についての概要は図表2-15のとおりである。

②、③の手法は、多くのシナリオを生成して（1万シナリオ、10万シナリオなど）、ポートフォリオの価値をその数だけ再評価するため、システムの計算負荷が大きいといわれてきた。実際、計算負荷の軽減やロジックの簡便さから、①の分散共分散法を採用する金融機関が多かった。しかし、近年のCIT技術の急速な発展に伴い、計算処理上の問題は一般的な金融機関のポートフォリオであれば、ほとんど問題はなくなっている。最近の金融商品の複

---

31 信用リスクでは、信頼区間は99.9%が採用されることが多い。
32 バーゼルⅢのFRTBでは新たに期待ショートフォール（ES）が採用されることになった。詳細は第1章第2節4参照。

72 第2章 市場リスク管理の基本手法

図表 2 −15　3 種類のVaR計測手法概要

手法	特徴・性質
①　分散共分散法	・リスク要因（金利、為替、株式など）の変動率（ボラティリティ）と相関係数を使用する。ポートフォリオの損益分布は正規分布であり、リスク要因の変化によるそれぞれの商品の価値の変化は線形であると仮定している。 ・計算方法が簡易で理解しやすい利点をもつ半面、テール部分（分布の裾野部分）のリスクが過小評価される傾向がある。またオプション性をもつ商品の非線形特性もとらえられないため、非線形リスク^(注)は別途把握することが求められる。
②　ヒストリカル法	・リスク要因（金利、為替、株式など）の過去の変動（たとえば過去 3 年、 5 年など）をシナリオとして、現在のポートフォリオに適用したときの価値の分布をとらえる方法。 ・実際に起こった大きな市場変動も反映されるため、現実感のある価値変動の分布が得られる場合が多く、テール部分（分布の裾野部分）のリスク把握も可能とされる。大きな変動による価値変化を実際に計算するため、オプション性をもつ商品の非線形特性も把握できる。一方で、過去の動きをそのまま使用するので、それ以上のシナリオは想定できないという課題もある。
③　モンテカルロ法	・リスク要因の将来のシナリオを自動的に多数発生させることによってポートフォリオの価値の分布をとらえる方法。オプションの非線形性に対応が可能である。

注：非線形リスクについては、第 2 章第 2 節 8 (5)参照。

雑化や、テール部分のリスク把握の精緻化などから、特に大手金融機関を中心にヒストリカル法の採用がふえてきているように思われる。

(3)　VaR計測のプロセス

VaR値は、図表 2 −16で示したように、 5 段階のプロセスによって計測される。

第 2 節　市場リスクの評価・計測　73

図表2-16 VaR計測のプロセス

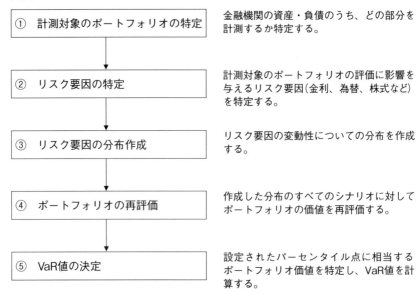

a 計測対象のポートフォリオの特定

リスク管理の実務では、金融機関全体だけでなく、業務部門ごと、商品ごとなど複数のVaRを計測する場合が多い。どのポートフォリオをVaR計測の対象とするのか、まずはじめに特定する必要がある。たとえば銀行の場合は、「預貸金ポートフォリオ」「有価証券ポートフォリオ」に分けてVaRを計測することが多い。また、有価証券ポートフォリオの内訳として、商品ごとやデスクごと、トレーダーごとなどで計測される場合もある[33]。

b リスク要因の特定

第2章第2節3で記載した感応度分析では、主要なリスク要因として「金利」「為替」「株式」をあげたが、VaR計測のリスク要因も感応度分析のリスク要因と整合的であることが望ましい。

実務上は、これら三つのリスク要因に加えて、どの程度まで他のリスク要

---

[33] 金融機関によっては商品ごと、デスクごと、トレーダーごとにVaRのリスク限度額が設定されることがある。

因を考慮するべきかを検討する必要がある。VaRをできるだけ精緻に計測するためには、ポートフォリオに影響を与えるすべての要因をVaR計測モデルに取り込む必要がある。ただし、あまり多くのリスク要因を取り込んでも複雑になりすぎ、業務が非効率になる場合もある。ポジションのボリュームやポートフォリオ全体への影響度合いを考慮して、取り込むリスク要因について決定することが重要である。

図表2-17に、リスク要因の定義の際によく検討される内容の例をあげる。

たとえば仕組預金や仕組ローンなどを積極的に組成、販売していたり、仕組債を多く購入している場合には、デリバティブ関連のボラティリティなどの要因も取り込む必要が出てくるであろう。また貸出金全体に対する住宅

図表2-17 リスク要因の検討例

リスク要因		検討の内容
外貨金利	通貨の数	主要通貨（ドル、ユーロなど）以外にどの程度まで外国通貨を取り込むか。
為替	通貨の数	主要通貨（ドル、ユーロなど）以外にどの程度まで外国通貨を取り込むか。
株式	個別株要因	株式指数（TOPIXなど）連動以外の個別株のリスクをどこまで取り込む必要があるか。
コモディティ	価格	コモディティ商品の価格をどこまで細かく取り込むか。
デリバティブ関連	ボラティリティ	オプション（キャップ・フロアー、スワップションなど）を組み込んだ商品を保有している場合、ボラティリティの変動を考慮する必要はないか。
	非線形性	オプション性商品を保有している場合、価格の非線形性をどこまで考慮するべきか。
顧客行動	住宅ローン期限前返済	住宅ローン債務者の期限前返済行動をどのように考慮するか。
	定期預金中途解約	預金者行動をどのように考慮するか。
	流動性預金	

第2節　市場リスクの評価・計測　75

ローンの割合が大きい金融機関は、期限前返済の要因は無視できない。リスク全体への影響度合いと業務効率の観点から判断することになる。もちろん、金融機関のポートフォリオは時々によって変化するため、定期的な検証も必要となる。

また、VaR計測モデル自体には取り込まない場合でも、ストレステストなどで、その要因の影響を別途把握しておくことも重要であろう。

c　リスク要因の分布作成

上記で特定したリスク要因それぞれについて、将来どのように変化する可能性があるのかを想定し、分布の作成を行う。想定における大きなポイントは以下2点である。

> ①　リスク要因が変動する「ボラティリティ」とリスク要因間の「相関」
>
> ②　分布形状をどのように仮定するか

VaR計測は、前述のとおり複数の手法が存在するが、その違いはこの①、②をどのように考えるかであることを理解しておく必要がある。

d　ポートフォリオの再評価

作成した分布に含まれるすべてのシナリオについて、ポートフォリオの再評価を行い、上記cで作成された分布のシナリオ数と同じ数のポートフォリオ価値分布が作成される。理想としては、ポートフォリオに含まれるすべての商品（預金、貸出金の明細1本1本や、すべての証券、デリバティブの取引単位など）に対して可能な限り精緻に評価をすべきであるが、実際の業務運用やシステムの計算処理負荷などの制約から、ある程度のみなしを置いて計算することも多い。

また、オプション性をもつ商品については非線形性に注意する必要がある。簡便法としてデルタ値[34]を使用する方法もあるが、リスク要因の変動幅が大きい場合は、ガンマ値[35]による調整を行う必要もあろう。さらに、住宅ローンの期限前返済や預金者行動などのモデルのなかに、VaRに取り込んだ

34　市場金利（価格）の変化に対する線形（1次）の感応度。詳細は第3章第3節3(2)を参照。

76　第2章　市場リスク管理の基本手法

リスク要因が組み込まれている場合は、そのモデルによる価値の再評価も行う必要がある。

e　VaR値の決定

VaR値は、上記 d で作成されたポートフォリオ価値分布のなかの 1 点を抜き出して表示したものである。たとえば信頼区間99％をVaRと定義した場合は、分布のシナリオが10,000個あれば、100番目（10,000× 1 ％）に大きい損失の額がVaR値ということになる。なお、分散共分散法の場合にはシナリオ数が明示されていないので、正規分布上の99パーセンタイル点に相当する値をVaR値としている（図表 2 –14の「 1 ％に相当する部分」の横軸の値がVaR値となる）。

⑷　VaR計測における留意点

ここでは、VaR計測においてよく議論される点について、列挙しておきたい。

a　保有期間の問題

VaR計測には「将来発生する可能性のある損失は、どの程度の期間で発生するか」という保有期間を定義する必要がある。これは商品ごとの特性によってとらえ方が変わってくる。

たとえば市場で売買可能な「債券」や「株式」であれば、 1 日あれば保有しているものをすべて売却できるかもしれない（つまり、損失発生は 1 日ですべて完了できるかもしれない）。一方、市場のない預金や貸出金のポジションを解消するには、相当な時間がかかることが予想される。そのような観点から、保有期間は対象となる金融商品の特性に応じて設定することが一般的となっている。

ただし、この保有期間に対してはさまざまな議論があるのは事実である。保有期間は、「保有するポジションを解消するために必要な時間」ともいえるが、現実的にはこの時間を正確に決めるのは困難である。一般的には図表

35　市場金利（価格）の変化に対する非線形（ 2 次）のリスクを表す感応度。詳細は第 3 章第 3 節 3 ⑵を参照。

第 2 節　市場リスクの評価・計測　77

図表2－18　保有期間設定の例

金融商品	保有期間（例）
市場取引（債券・為替・株式など）	10日、20日
預金・貸出金	3カ月、6カ月、1年
政策保有目的株式	1年

2－18のような設定がなされるが、明確な根拠に基づいたものではないことに留意する必要がある。

b　信頼区間の問題

市場リスクのVaRでは、信頼区間を99％に設定することが多い。これは、バーゼルⅡの自己資本比率計算上における内部モデル手法で99％が求められていたことが大きな理由だと思われる[36]。

そもそも信頼区間とは何であろうか。信頼区間を99.9％に広げると当然ながら99％のVaRよりもリスク量は大きくなる。信頼区間の設定によってリスク量が大きく変わってしまうのである。では、信頼区間は本来どのように設定すべきなのであろうか。

ここでは、資本配賦[37]との関係の観点から考えたい。金融機関では、最悪状態の損失（VaR）を資本でカバーするために、各リスクカテゴリに資本を配賦し、その配賦額をリスク限度額としてリスク管理を行っている。極端であるが、信頼区間99.99％のVaRをカバーできる資本配賦を行っていれば、金融機関が破綻する可能性は非常に小さくなる（金融機関のデフォルト率は0.01％と考えることができる）。一方で、必要となる配賦資本が非常に大きな額となり、資本の効率性は悪化してしまう。これらを総合的に考慮しながら金融機関の戦略として目指すべき信用力水準を決定し、VaRはそれに応じた信頼区間を設定することが考えられる。信用力水準としては、外部格付機関の格付[38]を使用するのがわかりやすいだろう。たとえばA格（デフォルト率0.1％とする）水準の信用力を目指すのであれば、信頼区間99.9％に相当

36　第2章第2節4(1)参照。
37　資本配賦については、第4章第2節2参照。

78　第2章　市場リスク管理の基本手法

する資本配賦を行っていれば、自社のデフォルト率は0.1%以下に抑えられるといった考え方である。

これは、信頼区間の設定根拠を明らかにする一つのアプローチであるが、実務上はむずかしいのが現実であろう。各格付機関から格付ごとのデフォルト率が公表されているが、年間デフォルト率はほとんどの格付で0％に近い。累積デフォルト率（2～10年）の使用も考えられるが、何年間の累積デフォルト率を使用すべきか、さらに検討が必要になる。背景に上述のような考え方があることを認識しながら、標準的な信頼区間（市場リスクでは99％）を使用するというのが現実的であろう。

c　過去データの観測期間の問題

VaRは、過去の市場データの変動性が計測の基礎情報となるため、過去どれだけの期間を遡るかがポイントとなる。一般的には、観測期間が長いほど、VaR値は安定する傾向がある。

観測期間を決定する際には、図表2－19のような点に留意する必要がある。

図表2－19　観測期間についての留意点

観測期間	留意点
長期間（3～5年程度）	・サンプル数が多いため、統計上の誤差は小さくなる（分散共分散法の場合、ボラティリティや相関係数の値は安定しやすい）。 ・古い期間のデータも取り込まれるため、現在の市場環境と乖離している場合もある。
短期間（1年程度）	・サンプル数が少ないため、統計上の誤差が大きくなり、モデルの不確実性が高くなる（分散共分散法の場合は、ボラティリティや相関係数が大きく変動する可能性がある）。 ・古い期間のデータは使用せず、最近の市場環境のみを反映させている。

38　ただし、格付機関の格付はリスク量と資本との関係のみで決定されるわけではないことには注意する必要がある。

第2節　市場リスクの評価・計測　79

多くの金融機関において、トレーディング部門[39]のみならず、バンキング部門も含めた全体のVaR値が経営指標として活用されている。実務としては、VaR値が頻繁に大きく変動するとリスク指標として扱いづらいのは事実である。たとえば長期金利が例外的に急騰した期間が観測期間に入る（あるいは観測期間から外れる）ときに、VaR値は大きくぶれる可能性がある[40]。もちろんリスク管理業務として、そのぶれた要因を分析することは自社のリスク特性を把握するために非常に有効である。一方で、VaR値を経営指標として継続的にモニタリングしていく観点からは、ある程度安定しているほうが望ましいという意見もある。

また、足もとの市場が大きく変動したときには、VaR値にその変動をより感度よく反映させたいという要望もある。その場合には、観測期間を短めにしたり、最近のデータに重み付けをしたりするなどのデータ調整を行う方法もある。

d　過去データの変化把握方法の問題

過去の市場データからその変化を把握する際には、大きく2種類の方法がある（図表2-20）。

②のかわりに対数変化率log（Y／X）を使用することもある（変化率と対数変化率は近似的に等しいことが知られている）。どの方法が正解というものはないが、自社がどの方法でVaR計測を行っているのか、把握しておく

図表2-20　市場の変化把握方法

変化把握方法	計算方法
①　変化幅	Y－X
②　変化率	（Y－X）／X

注：Xは基準市場価格、Yは変化後の市場価格。

---

[39] 自己資本比率規制の市場リスク計量に内部モデル手法を採用する場合は、観測期間1年とすることが求められている。

[40] 2014年頃、観測期間を5年としていた金融機関では、2008年のグローバル金融危機時の相場変動が観測期間から外れたため、VaR値が大きく減少し、実務上混乱を招いたことがあった。

必要がある。たとえば金利が非常に低い状態のときに少しでも金利が変動すると、②変化率は大きな値になることがある。市場が大きく動いていないにもかかわらずVaR値が大きく変動するようなこともあるが、この変化率の大幅な変化が原因であることも多い。

e　テール部分のリスク把握に関する問題

VaR計測には「分散共分散法」「ヒストリカル法」が多くの金融機関で採用されている。ヒストリカル法の利点の一つとして、テール部分の把握に優れていることがあげられる。

実際の金利や為替、株式の市場においては、正規分布で想定するよりも大きな変動が頻繁に起こっていることが観察されており、このような現象を「ファットテール」と呼ぶこともある。つまり、市場の変動性を正規分布で仮定している分散共分散法を採用している場合は、リスクを過小評価している可能性があることに注意する必要がある。

図表2−21は、同一のポートフォリオデータを使用して、分散共分散法とヒストリカル法でVaR分布を比較したものである[41]。ヒストリカル法においては、平均部分（あまり価値が変動しない［A］部分）の発生頻度が多い半

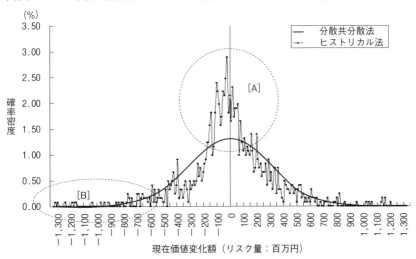

図表2−21　分散共分散法、ヒストリカル法によるVaR分布比較

面、動くときには大きく変化する（[B]部分）傾向があることがわかる。これは実際の市場の動きとも合致しており、感覚的にも受け入れやすい分布といえよう。

　なお、このテール部分のリスク把握の方法として、期待ショートフォール（ES：Expected Shortfall）[42]と呼ばれる手法が注目されている（図表2－22）。これは、バーゼルⅢの「トレーディング勘定の抜本的見直し（FRTB）」のなかでも求められているものである[43]。

　VaRには、信頼区間外のリスクが把握できないこと、また劣加法性[44]を満たさないなどの理論的な課題が指摘されてきた。2008年の金融危機でもVaRを大幅に超える損失が発生したのは事実である。これらの弱点を補う手法がESであり、一定の信頼水準を超えた損失額の期待値をとる手法である。たとえばヒストリカル法で10,000シナリオを行った場合、パーセンタイル点を99％とすればテール部分は100シナリオ（10,000×1％）となり、この100シ

図表2－22　期待ショートフォールの概念図

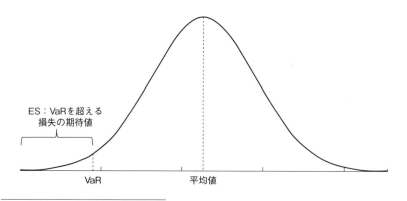

41　観測期間5年の日次ベース（変化幅は月次）で計測したもの。
42　CVaR（Conditional Value at Risk）、TVaR（Tail Value at Risk）などと呼ばれることもある。
43　第1章第2節4参照。
44　全体のリスク量は、個別ポジションのリスク量の単純合計を下回ることを劣加法性と呼ぶ。リスク計測ではリスク分散効果があることが知られているが、VaR計測手法では必ずしもそうならない場合があることが指摘されている。

ナリオの損失額の平均値をとることになる。

しかし、VaRによるリスクモニタリング、資本配賦が標準となっている現在、このESはやや特殊な手法ともいえる。VaRと平仄を合わせながらESを導入するのは、金融機関のシステムや人員の面からも負担が大きいという指摘もある。

(5) 将来取引分の取扱いの問題

VaRは、「計測時点で保有しているポジション」を対象に計測することが一般的である。将来予想される取引は対象としていない点がVaRの特徴ともいえる。これは、VaR計測においては、将来の取引はすべてその将来時点の市場価格で取引可能であるという前提を置いているからである。しかし預金、貸出金のように市場価格のない取引も多く存在するのが事実であり、市場価格と預貸金の価格（対顧客価格ともいえる）との差である「ベーシス[45]」を無視した形になっていることに留意する必要がある。

VaRはもともと市場取引を中心としたトレーディング部門が抱えるリスクを対象に開発された手法であったが、預金、貸出金が中心のバンキング部門にも適用範囲が拡大したことにより、このような課題が認識されるようになってきた。一方で近年では、フォワードルッキングなリスク管理の重要性が増しており、「将来VaR」といわれる将来時点でのVaRをシミュレーションすることも多くなっている。バンキング部門の商品の特性（取引の継続性、中途解約性など）をどのようにVaRに反映させていくかは、バンキング勘定の金利リスク計測の大きなテーマだといえよう。

5 ストレステスト

ストレステストは一般的に、「例外的だが蓋然性のある金融市場の大きな変化が、保有する資産・負債の損益、価値、またリスク量に与える影響を把

---

45 第2章第2節8(3)参照。

握する方法」とされ、市場リスク管理手法の一つとして従前より使用されてきた[46]。特に2008年のグローバル金融危機では、多くの金融機関が想定以上の損失を出したこともあり、ストレステストはより重要視されるようになっている。

(1) ストレステストとVaRとの違い

ストレステストは、従前よりVaRを補完する位置付けとして使用されることが多かった。VaRはあくまでもある前提条件（たとえば正規分布を想定、信頼区間は99％など）のもとでの最大損失額を計測するものであって、その前提条件が異なった場合（正規分布の前提が崩れた場合や、99パーセンタイル点を大幅に超えて損失が発生するケース）の損失額は把握できない。このように、VaRでとらえきれない損失額を把握する方法としてストレステストが活用されてきた。

VaRとの違いという観点から、ストレステストには以下の役割がある。

a テールリスクの把握

VaRで想定する分布のテール（裾野）部分の把握を行う。たとえば正規分布を仮定したVaRは、実際の市場動向を鑑みるとリスクを過小評価する傾向があり[47]、その部分を別途捕捉することが重要となる。

b ストレス状態の把握

市場の流動性枯渇など、大きな市場変化による市場価格の急激な変化は、ストレスシナリオ発生時のリスクとしてとらえる必要がある。VaRはこのような個別のストレス状態を考慮することがむずかしく、別途ストレステストで捕捉する必要がある。

c アクションプランの作成

市場環境や経営環境が急激に変化した場合、金融機関の業務継続のために

---

[46] 旧金融検査マニュアルでは「定期的にまたは必要に応じて随時、市場等のストレス時における資産・負債（オフバランスを含む）の現在価値の変動額等について計測」することが求められていた。

[47] 第2章第2節4(4)e参照。

84　第2章　市場リスク管理の基本手法

迅速なアクションが求められる。VaRのみでこれに対応するのはむずかしく、ストレステストを活用することによって、そのシミュレーションとアクションプランの作成が可能となる。

VaR計測では「信頼区間」や「保有期間」といった前提を置く必要があったが、ストレステストにはそのような概念はない。そのため、自由なシナリオの設定が可能であり、VaRでは把握がむずかしいとされるポートフォリオのリスク偏在性を把握することができる。このように、VaRとストレステストは、その役割が異なっており、それぞれの手法を併用することによって、より効果的なリスク管理が可能になる。

(2) ストレステストの目的

ストレステストは多くの金融機関で実施されている。その目的は、大きく図表2−23のように分類することができる。

まず、図表2−23の【1】は、多くの金融機関でこれまでも実施されてきたものである。ストレス状態になった場合にどの程度自己資本が毀損する可能性があるか、財務の健全性評価を最大の目的としている。統合リスク管理の枠組みでは、リスクテイク上限額として各業務部門へ資本配賦が行われて

図表2−23 ストレステストの目的

目的	【1】自己資本充実度の検証	【2】RRPの作成	【3】事業計画（リスクアペタイト）
シナリオの蓋然性	めったに起こらないシナリオ（蓋然性は低い）	ほぼ起こる可能性のないと考えられるシナリオ（蓋然性はかなり低い）	ある程度起こりうるシナリオ（蓋然性はある程度高い）
関係部門（例）	リスク管理部門	企画部門 財務部門 リスク管理部門	企画部門 財務部門 営業推進部門 市場部門 リスク管理部門

第2節　市場リスクの評価・計測　85

いるが、万一の場合に備えて配賦せずに経営が一定の資本をバッファとして確保しておくことが一般的である[48]。このバッファとしての資本額の適正水準はどの程度かという検討を行う際に実施されるものである。

図表2－23の【2】においては、「再建・破綻処理計画（RRP：Recovery and Resolution Plan）」の作成の際に、ストレステストが必要になる。RRPの作成はG-SIFIsが対象となっている[49]。再建計画は金融機関自身で作成することになるが「自社が経営危機に陥ったケース」を前提としているもので、「リバースストレステスト」（後述）の位置付けに近いテストだといえる。これは規制対応でもあるため、関係部門は企画部門や財務部門も対象となるであろう。

図表2－23の【3】は、収益を極大化するためにどのリスクをどの程度とっていくかというリスクアペタイトの考え方である。近年では、事業計画はリスクアペタイトを考慮しながら作成することが多くなっている。そのリスクアペタイト、事業計画に潜在的なリスクが存在しないかどうか、ストレステストによる検証が求められる。事業計画に関するため、営業推進部門や市場部門といった業務部門も関係部門に含まれよう。まさに全社をあげてストレステストを行うことになる。

一方、これら3種類のストレステストを別々に実施すると、ストレスシナリオが何通りもできてしまうことになり、金融機関の経営陣は混乱してしまうだろう。活用目的は明確にしながらも、できるだけ有機的に統合しながら、整合的なシナリオを作成することも重要な検討事項になる。

(3) ストレステストの手法

ストレステストにはさまざまな手法が存在するが、図表2－24のとおり、大きく「感応度（センシティビティ）ストレステスト」「シナリオストレステスト」「リバースストレステスト」の3種類に分類することができる。

---

[48] 詳細は第4章第2節2参照。
[49] 第1章第2節5(2)参照。

図表2−24 ストレステストの類型

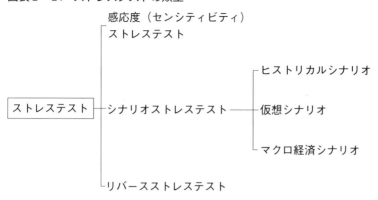

a 感応度（センシティビティ）ストレステスト

　感応度（センシティビティ）ストレステストはストレスに対するポートフォリオの影響を定期的に計測し、ポートフォリオのストレス耐性状況を定点観測的に把握することを目的としている。特定のリスク要因を大きく変動させたときのポートフォリオの価値の変化をとらえる方法であり、金利を一律に1％上昇させるなど、単純なストレス状態を想定する場合が多い。その際、リスク要因間の相関は考慮されない。

　たとえばストレスの与え方は以下のようになる。

　① 金利イールドカーブの上方100bpパラレルシフト
　② 為替レートの一律20％円安（円高）方向シフト
　③ 株式インデックス（TOPIXなど）の一律20％下落
　④ 市場ボラティリティの一律20％上昇

　この例のように、特定のリスク要因について一定のストレスを定型的に与えるものであり、現時点での市場環境や経済環境と直接的な因果関係はないことに注意する必要がある[50]。

50　バーゼル規制第2の柱の「銀行勘定の金利リスク（IRRBB）」では、金利のイールドカーブの上下100bp平行移動等（日本円の場合）が求められている。これは感応度ストレステストの一種といえる。

b　シナリオストレステスト

シナリオストレステストは実際に起こりうる市場環境を想定し、多くのリスク要因（金利、為替、株式など）がそれぞれ関連し合いながらどのように動くのか、シナリオを作成してポートフォリオの価値変化を把握する方法である。感応度（センシティビティ）ストレステストが単純化されたテストであるのに対して、ここではある程度の蓋然性をもったシナリオを想定する。実務的には「ヒストリカルシナリオ」「仮想シナリオ」の2種類が使用されることが多い。

(a)　ヒストリカルシナリオ

過去に実際に起こった市場の変化をもとにシナリオを設定する。よく採用される過去のイベントとしては、たとえば以下のようなものがあげられる。

① 　ブラックマンデー時（1987年）の株式急落
② 　資金運用部ショック時（1998年）の国債利回りの急上昇
③ 　グローバル金融危機（2008年）時の株式下落、信用スプレッドの拡大
④ 　欧州債務問題（2012年）時のソブリンの信用力低下
⑤ 　コロナ禍（2020年）時の株式下落、金融緩和

これ以外にもさまざまな過去のイベントが採用されているが、同じイベントであってもストレスの与え方は金融機関によって異なる場合がある。たとえば上記①のブラックマンデー時のTOPIXの下落は、当日（10月19日）1日当りの変化は▲14.6%（2101.17ポイント→1793.90ポイント）であるが、1カ月（20日）当りの変化は▲11.1%（2101.17ポイント→1867.02ポイント）となるように、変化の観測期間によって変化率は当然変わってくる。つまり、過去の同一のイベントであっても、リスクの発現期間をどのように考えるかによって、ストレスシナリオも異なったものになる。

(b)　仮想シナリオ

過去には起こっていなくても、現在の市場環境や経済環境を考慮して、例外的ではあるが蓋然性のあるシナリオとして設定するものである（「フォワードルッキングなシナリオ」とも呼ばれる）。リスク管理部門だけでな

88　第2章　市場リスク管理の基本手法

く、調査部門、市場部門のエコノミストやトレーダーなども含めた専門チームによって、さまざまな可能性を検討し、シナリオ構築していくことが多いと思われる。この場合のストレスの与え方（金利変動幅、株式下落率など）については、過去に起こったイベントにおけるストレス状態も考慮し、経営陣や関係者が納得感をもてるような水準に設定することが重要になる。

(c) マクロ経済シナリオ

以前から、マクロ経済シナリオを使用したマクロストレステストは、各国の金融監督当局や中央銀行によって、金融システムの健全性検証のために実施されてきた。現在では、「一斉ストレステスト[51]」としてもこのマクロトレステストが行われている。個別金融機関においては、フォワードルッキングなリスク管理、経営陣とのコミュニケーションを目的に、マクロ経済指標（GDP、TOPIXなど）が変動した際の金融機関のリスク、収益、流動性などへの影響を検証するツールとして用いられることも多くなっている。

図表2-25は、マクロストレステストの全体像のイメージを表したものである。外性的なショックとしてストレスシナリオを生成する、「マクロ経済モデル」の構築が大きなポイントになる。複数のマクロ経済指標がどのよう

図表2-25　マクロストレステストのイメージ

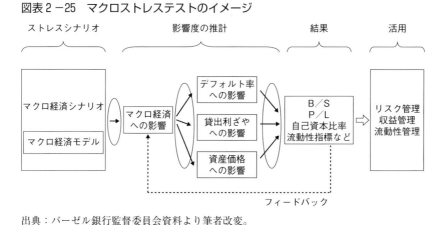

出典：バーゼル銀行監督委員会資料より筆者改変。

51　第2章第2節5(5)を参照。

な連関性をもって変動するかを推定するものである。モデルにはさまざまな種類があるが、日本銀行が「金融システムレポート」で使用していたVAR（Vector Autoregression：多変量自己回帰）[52]モデルを参考にすることが多いようである。

c　リバースストレステスト

近年注目されている手法の一つにリバースストレステストがある。これは以下3ステップによって、自社のポートフォリオの弱点を突くようなストレスシナリオを逆算的に生成しようとするものである。

　　①　変動させるリスク要因を特定する（一つあるいは複数）。

　　②　経営として看過できない損失額の水準を決定する。

　　③　その損失が実現するときのリスク要因の変動幅（ストレスシナリオ）を求める。

たとえば「自己資本比率が4％を下回って経営危機に陥る」場合の損失額をもとに、株式下落のストレスシナリオを、逆算して求めにいくものである。現実に起こりうる経営危機に直結するリスク要因の変動幅を認識する手法として使用されている。

この手法は、金融機関が「経営危機に陥る」ケースを出発とするため、経営危機に陥るとはどのようなケースか、またその際の対応方法はどのようにすべきかを、経営陣自らが能動的に考える機会を作れることが利点といえる。たとえば金融機関には、経営危機とはいえないまでも「最低限、この程度の収益を確保したい」という水準があるはずだ。その水準に抵触するような市場シナリオを逆算的に知りたいという経営ニーズは大きいであろう。ストレステストを市場の極端なシナリオをベースに行うと、「そんな極端なシナリオは現実的ではない」と経営陣の関心が低くなることもありうる。そのような場合は、このリバースストレステストを有効活用することによって、経営陣の関心を引き付ける工夫も必要になってくる。

52　リスク量の計測指標であるVaR（バリュー・アット・リスク）とは異なるものである。

⑷　ストレステストの活用

　ストレステストの結果は経営陣に報告される。ストレステストの目的（⑵で前述）や対象となるポートフォリオの特性によって、月次、四半期次、半期次などの報告頻度が決められている。

　ストレステストは、ストレス時の損失額の把握だけではなく、アクションプランの作成が重要となる。ストレス状態に陥ってから対応策を検討していては、その間にも損失がどんどん拡大してしまうおそれがある。想定するストレス状態になったときに、すぐに行動をとって損失拡大を防ぐようなアクションプラン、あるいはコンティンジェンシープランの作成と経営陣の承認を、事前に行っておく必要がある。

　また、ストレステストは経営陣が十分に関与することが重要であり、経営陣との密なコミュニケーションが求められる。ストレスシナリオ作成作業に経営陣から少人数でも参加することも有効な方法であろう。ストレスシナリオは「例外的」なものを想定する必要があるが、そのシナリオを正確に予測することは不可能である。「経営陣が恐れているリスクは何か」「ストレスシナリオの根拠や前提をどう置くか」「アクションプランはどうあるべきか」といったことについて、経営陣との議論を活性化させることを通じて、金融機関全体のリスク管理の意識がさらに向上することが期待される。

　ストレステストでは、経営陣の関心を引くシナリオをどう作るか、また経営陣とのコミュニケーションをどのようにとるかが大きなポイントであり、リスク管理担当者の腕のみせどころだといってもよいだろう。

⑸　当局による一斉ストレステスト

　グローバル金融危機以降、各国の金融監督当局が個別金融機関の健全性と金融システム全体の安定性の確認のため「一斉ストレステスト」の導入が進んだ。このテストは一般的に、以下の枠組みで行われている。

　　①　金融当局がストレスシナリオを策定

　　②　その共通シナリオのもとで大手金融機関がストレステストを一斉に

第2節　市場リスクの評価・計測　91

実施

　当局は、その結果をミクロプルーデンス、マクロプルーデンスの両面から、規制・監督上のツールとして活用している。欧米で先行して導入[53]され、日本でも日本銀行と金融庁が合同で、以下３点を目的として2019年から大手金融機関を対象に導入されている。

① 当局が、金融機関のビジネスモデルに内包されるリスクプロファイルをより深く理解し、財務健全性に関する包括的な評価目線を構築すること

② 金融機関との間で、経営課題に関して深度ある対話を行い、リスク管理態勢の整備を促すこと

③ 当局と金融機関それぞれが、一斉ストレステストの結果を海外当局との「共通言語」として、実効的なコミュニケーションを図っていくこと

　当局による一斉ストレステストは、実務としての負担は大きくなるが、自社で行っているストレステストと併せて経営の意思決定に資するものにする工夫が求められる。

6　シナリオ分析

　シナリオ分析は、複数の市場シナリオ・資金シナリオを想定し、将来の期間損益や経済価値の変動を分析・評価する手法である。前述のストレステストは「ストレス時のシナリオ」を作成する手法であり、このシナリオ分析の一部と位置付けることもできる。

　前述の感応度分析やVaR分析は、ある「一時点」のポジションを対象としたリスク評価方法だが、シナリオ分析は「中長期的な観点」に主眼を置いた分析手法ともいえる。

---

[53] 欧州では欧州中央銀行（ECB）と欧州銀行監督機構（EBA）によって実施。米国では連邦準備制度理事会（FRB）によって実施され、CCAR（Comprehensive Capital Analysis and Review）と呼ばれている。

(1) 期間損益・経済価値両面からのシナリオ分析

シナリオ分析は、従来「期間損益ベース」でのリスク管理に使用されることが多かった。特に預金・貸出金がポートフォリオの大部分を占める銀行にとっては財務会計に直結する資金収支のシミュレーションは事業計画やALM戦略を作成するのに有効な手法であった。

一方「経済価値ベース」の観点でもシナリオ分析手法が活用される。現時点におけるポジションをベースに市場シナリオを想定して経済価値の変動を把握する方法に加え、将来発生するキャッシュフローを資金シナリオとして想定し、将来時点の経済価値変動も把握することが可能である。詳細は第5章で解説する。

(2) アーニング・アット・リスク（Earning at Risk）

アーニング・アット・リスク（EaR：Earning at Risk）は、将来の一定期間の期間損益がとりうる分布を作成し、期間損益が期待値からどの程度ぶれる可能性があるのかを計測する手法である。主に銀行の預金・貸出金を中心としたバンキング勘定の金利変動リスクを把握するために使用される。

将来の市場金利分布を作成するには、金融工学の分野で開発されている金利期間構造モデル（タームストラクチャーモデル）が使用される。分布を作成するためのシナリオ数は、1,000～10,000本、多いときは100,000本程度作成することがある。

作成した金利分布とあらかじめ作成された資金シナリオとを掛け合わせて、期間損益の分布が作成される。詳細は第5章で解説する。

7 預金・貸出金の市場リスク

ここでは、銀行のバランスシートの大部分を占める預金、貸出金のリスク特性について記述する。簡単に売却することができないこと、財務会計で時価評価されないことが市場性商品と大きく異なる点である。また、多くの取

図表 2 −26　金融商品の概要と検討ポイント

金融商品	概要・検討のポイント
流動性預金	・明確な満期がなく、いつでも出し入れ自由な預金（普通預金、当座預金等）。 ・明確な満期がないため、将来のキャッシュフローをいつ発生させればよいのか、推計する必要がある。
定期性預金	・満期が明確に決まっている預金（定期預金）。 ・中途解約、自動継続が可能であり、キャッシュフローが実際に発生するタイミングを推計する必要がある。
住宅ローン	・期間が長い契約になることが一般的。 ・しかし、多くの取引で期限前返済が行われるため、キャッシュフローが実際に発生するタイミングを推計する必要がある。

引先がリテール（個人）であり、経済合理的でない行動がとられる場合が多く、将来のB／Sの推計がむずかしいという特性もある。

　預金・貸出金の市場リスク把握には、金融商品の将来キャッシュフローを発生させることが必要となる。その際、よく議論になる代表的な金融商品を図表2−26にあげた。また、これらはバーゼル規制の第2の柱「銀行勘定の金利リスク（IRRBB[54]）」と密接に関連している。詳細については、第5章で取り扱うこととする。

8　その他の市場リスク

(1)　個別リスク

　近年では、一般的な市場要因（金利、為替、株式など）だけではなく、その他のリスク要因（信用リスクなど）を包含した商品も増加している（証券化商品、仕組商品など）。3(3)の株式感応度分析でも前述したが、そのよう

---

[54]　Interest Rate Risk in the Banking Book

図表 2 -27　一般市場リスクと個別リスク

リスク種類	概要
一般市場リスク	市場全体の変動を要因とするリスク
個別リスク	①　個別銘柄の特性から生じる変動を要因とするリスク
	②　デフォルトリスクおよび格付遷移リスク

　な商品のリスク認識方法として、市場全体の動きで説明できる「一般市場リスク」と、銘柄（発行体）ごとの信用度などを把握する「個別リスク」とに分類することが一般的となっている。

　たとえばある債務者が発行する社債の場合、その発行者固有の信用事象などをきっかけに価格が下落し、損失を被ることがある。こうした損失を「個別リスク」として認識し、「一般市場リスク」とは分けて把握することになる。

社債・株式などの市場リスク＝一般市場リスク＋個別リスク

　図表 2 -27のように、個別リスクはさらに①、②に区分されることがある[55]。①は季節要因など、個別の債券・株式がもつ特性や市場での需給などによる日常的な価格変動リスクとしてとらえられ、イディオシンクラティックリスク（idiosyncratic risk）と呼ばれることもある。②は、発行体のデフォルトや信用度の低下（格付低下）に伴う信用リスクに該当するものである。

　①のイディオシンクラティックリスクは、債券・株式の個別銘柄の価格変動から一般市場リスク分を差し引いた変動部分と位置付けることが多い。よって、通常のリスク管理業務で行われる統計手法によってリスク計量モデルの構築は可能である。

　一方、②については信用リスクの管理手法で計測される場合が多い。この場合は、計測方法や使用データについて、信用リスク管理との整合性を確保

55　バーゼルⅢにおけるFRTBの内部モデル方式では、個別リスク②のことを「追加的リスク」と呼び、①、②それぞれのリスクごとに資本賦課額を計算する必要がある。

第 2 節　市場リスクの評価・計測　95

する必要がある。

(2) ロールオーバーリスク

ロールオーバーとは、保有する金融取引の満期（期限）が到来した後も、同様の取引を継続することをいう。たとえばヘッジのために行っている先物取引の限月の乗換えや、借入資金の継続などが該当する。ロールオーバー時点の市場環境や需給関係によって、予想外の金利や価格で取引を継続することになり、損失を被ることをロールオーバーリスクと呼ぶ。また、資金の借換えに関しては、金利だけではなく借入期間の短縮などもリスク要因の一つとなる。

ロールオーバーリスクの把握は簡単ではない。通常、ロールオーバーは同一日付で行われるため、発生した損失がロールオーバー取引で生じたものか、通常取引で生じたものかが区別がむずかしい場合も多い。ロールオーバーリスクを明確に把握するためには、取引ごとの明細データに取引目的のフラグを付与し、ロールオーバー取引を特定するなどの対応が必要となる。

ロールオーバーリスクの軽減策としては、以下のようなものがあげられる。

① 借換えや乗換えの期間を長くし（借入期間や先物限月の長期化）、ロール機会を減少させる。
② 特に市場取引の場合はロール時の取引回数を分散化して1回当りの取引量を少なくし、市場へのインパクトを減少させてコストを抑える。

自社のポートフォリオのなかでロールオーバー性をもつ商品を洗い出し、その特性を把握しておくことが、予期せぬロールオーバーリスクの顕在化を防ぐ有効な手段となる。

(3) ベーシスリスク

関連している複数の市場価格の動きが異なることによって損失を被ることを、ベーシスリスクという。関連している商品を買いサイド、売りサイド両

方で保有している場合がある。たとえば国債現物を購入した後、価格低下リスクを軽減（ヘッジ）するために国債先物を売るということがよく行われる。国債現物と国債先物との価格が同じように動けば、市場がどのように変動しても損益に影響することはない。しかし、双方の価格変動が完全に一致しないことによって損失が発生する可能性がある。金利、為替、株式、デリバティブ、コモディティ商品まで含めて、ベーシスリスクは幅広く存在する。

ベーシスリスクは以下のように大きく2種類に分類することができる。

a 関連しているが異なる市場価格の差による要因

市場金利（OIS、TIBORなど）と指標金利（預金金利、短期プライムレートなど）の関係が代表例である。リスク計測では市場金利の変動をベースにすることが多いが、市場金利と指標金利はある程度連動して動くものの、まったく同一には動かない。よって、預金や貸出金には市場金利と指標金利の差異によるベーシスリスクが内包され、別途把握する必要がある[56]。

また、国債現物の購入とスワップの固定払いとを組み合わせたポジションも多くみられるが、ここにも国債利回りとスワップ金利の市場価格差であるベーシスリスクが内在している。

b 現物価格と先物価格の差による要因

多くの金融商品で先物市場が存在している。しかし、現物、先物の価格変動はまったく同じではない。前述の国債先物以外でも短期金利と金利先物、外国為替と通貨先物などについてもベーシスリスクが存在する。先物でヘッジをするということは現物の価格変動リスクをベーシスリスクに変換することと言い換えることもできる。

ベーシスリスクのコントロールでは、対象となる複数（市場リスクと指標金利、現物価格と先物価格など）のスプレッドを管理する方法や双方の相関性（回帰分析などで検証する）を考慮した掛け目を置く方法などが行われて

---

56 市場金利と指標金利との差異によるベーシスは、間接金融機関である銀行にとっては自らコントロール（プライシング）できるものであり、大きな収益源という位置付けでもある。

いる[57]。特に現物を先物でヘッジしている場合では、ベーシスの拡大、縮小の変動をモニタリングすることにより、現物、先物の相関性を考慮した最適なヘッジ比率を定期的に見直す必要がある。

(4) コモディティリスク

コモディティとは、貴金属や鉱産物、農産物などのうち取引のために標準化されて取引所などで取引が行われる商品のことを指すのが一般的である。代表的な例として銅、アルミ、原油、天然ガス、大豆、トウモロコシなどがあげられる。これらは取引銘柄や取引単位が標準化され、商品先物取引の対象として取引所に上場されている。これらコモディティの価格の変化によって損失を被るリスクをコモディティリスクという。

コモディティリスクの管理手法は他の市場リスクと同様である。特に取引所で価格が形成されるという観点では、株式リスクと同様な扱いをすることが多いようである。ただ、コモディティ特有のリスクも存在する。特に需給状況は他の金融商品よりも大きく影響を受ける。そのほかにも天候や災害、季節要因や地政学的な状況など、需給に影響する要因は多様である。状況によっては非常に大きな値動きとなり投機的となる可能性もあるため、リスク管理は十分に注意する必要がある。

また、先物だけではなく、コモディティを原資産としたコモディティスワップやコモディティオプションの取引も行われている。これらについても、他の金融商品と同様のリスク管理手法が用いられる。

(5) 非線形リスク

第2章第2節3で解説した感応度は、リスク要因の変化に対して損益も線形的に変化することを前提にした指標であった。しかし、金融商品によっては損益変化が線形的ではないものも存在し、そのような商品に対しては非線形性を表す感応度指標の把握が必要になる。

---

57 ヘッジ会計を適用している場合は、ヘッジ有効性の判定を行う必要がある。ヘッジ対象とヘッジ手段の価格変動額の比率が80~125％であることを確認しなければならない。

a　コンベクシティ

　金利変化に対する債券価格の変化の非線形性を表す指標である。債券の価格と利回りは1対1の関係であり、金利が決まると価格も一意に決まる。第2章第2節3(1)aで記載したデュレーションは、その金利変化に対する債券価格の変化を表すものであったが、この金利と価格の関係は非線形性をもつことが知られている[58]。このことをコンベクシティと呼ぶ。

　図表2-28は債券の価格と利回りとの関係を表した一例である。債券価格は利回りの変化に対して下に凸の形状で変化する。デュレーションは現在の利回り（図中では1.0％近辺）における接線を表すもので、金利が大きく変化した場合には乖離が大きくなる。

　図表をみてもわかるように、利回りの微小な変化（たとえば1bp、10bp程度）であれば、コンベクシティの影響はほとんどないといえる。よって通常の債券の場合、実務上は感応度分析ではコンベクシティは考慮されないことが多い。ただし、市場の大きな変動を想定するストレステスト（たとえば

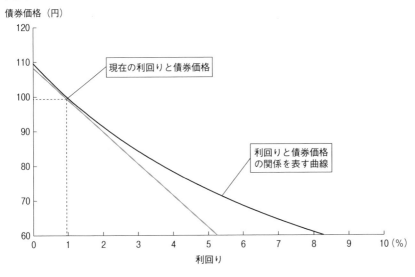

図表2-28　債券価格と利回り

58　コンベクシティは修正デュレーションについて利回りで微分したものである。

100bp、200bpなど）では、コンベクシティの影響も無視できない水準となり、考慮される場合もある。

b　オプション性をもつ商品

オプション性をもつ商品を保有している場合は、オプション特有のリスクを把握する必要がある。オプション性商品は、以下のように2種類に分けて整理することができる。

(a)　オプション性が明確なもの

キャップ（Cap）やフロアー（Floor）、スワップション（Swaption）のように、デリバティブ市場で取引されている商品の場合は、その取引の条件（オプションの権利行使期日、権利行使価格など）が契約上明確になっている。オプション評価のための感応度の計測も方法論が確立されている[59]。また、仕組債券や仕組ローン、仕組預金などの商品も、その裏付けとなるデリバティブ商品を分解して、そのオプション部分の評価が行われる。

(b)　オプション性が不明確なもの

住宅ローンの期限前返済、定期預金の中途解約などは、顧客側にその判断の権利がある。これは「顧客側が権利（オプション）を買っている」と考えることができ、広義の意味でオプション性商品と考えることができる。ただ、(a)のような条件（権利行使期日、権利行使価格など）が明確に決まっているわけではない。また、非市場性商品が中心であるため、経済合理的な行動がとられない場合も多い。このような商品に対しては、顧客行動を評価するモデル（住宅ローン期限前返済モデル、預金者行動モデルなど）が必要となる[60]。

オプション性をもつ商品を特性によって分類、整理したものが図表2－29である。

59　第3章第3節3(2)で詳述する。
60　第5章第6節で詳述する。

図表 2 −29　オプション性の商品分類による対応

分類	商品の例	オプションリスクの把握方法
オプション性が明確な商品	Cap、Floor Swaption 仕組債券 仕組ローン・預金　など	・ブラック・ショールズ式などによる解析手法 ・モンテカルロ・シミュレーションによるリスク感応度の計測
オプション性が不明確な商品	住宅ローンの期限前返済 定期預金の中途解約　など	・期限前返済モデル ・預金者行動モデル

第 **3** 章

市場リスク管理の発展手法

第2章で、市場リスク管理の基本手法を解説したが、市場リスクはその他のさまざまなリスクと複雑に関連している。また、近年の商品の多様化、複雑化によって内在するリスク特性の把握もむずかしくなってきている。本章では、それらのリスクに対する発展的な管理手法について解説を行っていく。

第 **1** 節

市場性信用リスク

1　2種類の信用リスク

　信用リスクは、金融取引の与信先や金融商品の発行体が倒産する、あるいは信用状態が悪化するなどの事由により、損失を被る可能性のことを指す。信用リスクのある代表的な金融取引として、法人や個人向けの貸出金（与信取引）があげられる。

　一方、市場取引に付随する信用リスクも存在する。たとえば債券を市場で購入して保有している場合、債券の発行体の信用状態が悪化すると、債券価格が低下してしまうリスクを抱えている。

　前者のリスクを「与信信用リスク」、後者のリスクを「市場性信用リスク」と呼び、リスク管理上区分して管理している金融機関も多い。本節では、後者の「市場性信用リスク」に焦点を当て、評価、管理の概要をみていくこととする。

2　市場性信用リスクの計量化

　市場リスクと同様、市場性信用リスクも計量化することが一般的となっている。計量化にはさまざまな方法が存在する（図表3－1）。自社がどのような方法を採用しているか、理解しておくことが重要である。

　多くの金融機関で採用しているのは、図表3－1における「②デフォルト・信用度変化のモデル化」で「格付推移行列」を、「③計算方法」で「シミュレーション法」を選択したモデルである。これは「一般化されたマートンモデル[1]」と呼ばれている。

　この方法では、債務者の信用度変化の確率変動を表現するために、モデル

104　第3章　市場リスク管理の発展手法

図表３－１　市場性信用リスクの計量化の種類

① リスク要因の対象範囲	債務者のデフォルト 債務者の信用度変化 市場スプレッドの変化 回収率の変化
② デフォルト・信用度変化のモデル化	格付推移行列 構造型モデル
③ 計算方法	シミュレーション法 解析的手法

上は「資産収益率」という概念を導入している。各債務者の資産収益率が正規分布に従うと仮定し、シミュレーションによってこの資産収益率がとった値をもとに、格付推移（あるいはデフォルト）が決定される。格付推移行列では、推移前の格付から、推移後の格付があるレベル以下となる確率（たとえばAaaの格付が一定期間後にAa2以下になる確率、Ba1以下になる確率など）が設定されている。この確率が標準正規分布の累積確率であると考えると、図表３－２のように、累積確率に対応する確率変数の値（x軸の値）を閾値として設定することによって、シミュレーションで資産収益率がとった値によって、推移後の格付がどの格付に該当するのかを求めることができる。

　たとえば現時点で格付Baa2の債務者に対してシミュレーションを行い、一定期間後の資産収益率が1.45であった場合、この債務者の一定期間後における格付はBaa1にランクアップする。逆に、値が－3.02以下となった場合、この債務者は一定期間後にデフォルトしていることになる。

　対象となる債務者に対して多数（10万回など）のモンテカルロ・シミュレーションを行うことによって、多数（10万回など）の格付推移が得られる。その結果、ポートフォリオ全体のMTM（Mark to Market：時価）変動

1　債務者の信用度変化の確率変動を表現するために「資産収益率」の確率変動という概念を導入しているモデル。各債務者の「資産収益率」が正規分布に従うと仮定し、この「資産収益率」の実現値によって格付推移あるいはデフォルトが決定されると考える。

図表3-2　一般化されたマートンモデルの概念図

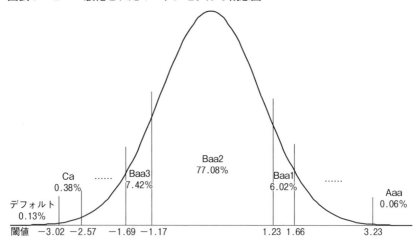

図表3-3　ポートフォリオのMTM分布

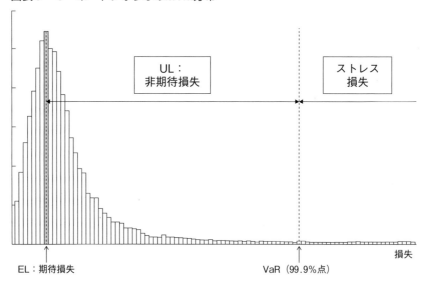

の確率分布が求まることになる（図表3-3）。

　リスク管理の実務では、以下の指標をモニタリングすることが一般的である。

指標	内容
EL（Expected Loss：期待損失）	貸倒引当金でカバーすべきもの
UL（Unexpected Loss：非期待損失）	VaR（例：99.9％点）－EL 自己資本でカバーすべきもの

3　市場リスクと信用リスクとの統合

　市場リスクと信用リスクとの相互依存関係を把握し、両リスクを統合する方法については、従前よりさまざまな研究が行われている。しかし、標準的な手法は確立されておらず、金融機関の実務でも試行錯誤が行われているのが現実である[2]。しかし、あまり複雑なモデルを導入してもリスク管理実務上、効果的な運用はむずかしくなる可能性が高い。両リスクの統合は、現実感、納得感のある方法を使用することが重要である。

　以下、今後の検討に向けた課題、留意点を列挙する。

① 　市場シナリオとデフォルト率の連携：市場シナリオ（金利シナリオなど）によって、動態的なデフォルト率の変動をモデル化することが考えられる。たとえば金利が上昇すると貸出金における債務者の返済負担が大きくなり、デフォルト率が上昇することが予想される。

② 　市場シナリオと共通ファクターの連携：信用リスク量計測には、デフォルト相関を共通ファクターとして設定する。この共通ファクターと市場シナリオ（金利シナリオなど）の動態的なモデル化が考えられる。

③ 　市場シナリオとLGD[3]の連携：市場変動時には、担保（特に国債、株式など）の価値変動が伴うため、上記①、②と同様に市場シナリオ

2 　近年では、コピュラ（copula）を用いたリスクの合算方法が研究されている。コピュラとは、統計学において多変数の累積分布関数とその周辺分布関数の関係を示す関数を指す。コピュラは変量間の依存関係を数値ではなく関数で表現できるため、柔軟な依存関係を記述できるとされている。

3 　Loss Given Default（デフォルト時損失率）。債務者がデフォルトしたときの貸出金額に対する、実際の損失額の割合。担保や保証の設定によって、LGDは変化する。

（金利シナリオなど）によってLGDが動態的に連動するモデルが考えられる。

第 **2** 節

市場流動性リスク

---

1 金融機関における流動性リスク

　金融機関における流動性リスクは、一般的に以下のとおり定義される[4]。

　　① 資金流動性リスク：金融機関が日常業務や財務内容に悪影響を及ぼ
　　　すことなしには、現在または将来の期待・非期待キャッシュフローを
　　　履行したり所要担保を調達したりすることができなくなるリスク。

　　② 市場流動性リスク：市場の厚みが不足していたり市場が正常に機能
　　　しなくなったりした結果、金融機関が市場価格でポジションを相殺し
　　　たり解消したりすることを容易に行えなくなるリスク。

　これをわかりやすく概念図で表したものが、図表3－4である。

　上半分の「資金流動性リスク」は一般的に「資金繰りリスク」とも呼ばれ
るものである。2008年のグローバル金融危機では、個別の金融機関の信用不
安（信用リスク）が発端となったが、最終的には連鎖的に資金繰りに行き詰
まり、多くの金融機関が破綻に追い込まれた。資金流動性リスクは各金融機
関の信用不安といった「内生的」な要因から発現することが多く、また、そ
れは金融機関の破綻に直結する可能性が高いことを経験した。特にグローバ
ル金融危機以降は、金融システムの安定化のために資金流動性リスク管理の
強化に重点が置かれた[5]。この資金流動性リスクは非常に複雑なリスク特性
を包含しており、市場リスクとの関連のみでは網羅的な把握はむずかしいの
が現実である。そのため、資金流動性リスクについては本書の対象外とし

　4　「健全な流動性リスク管理及びその監督のための諸原則」（バーゼル銀行監督委員会、
　　2008年9月）より。

　5　バーゼルⅢにおける流動性規制である流動性カバレッジ比率（LCR：Liquidity Cov-
　　erage Ratio）、安定調達比率（NSFR：Net Stable Funding Ratio）はこの資金流動性リ
　　スクを対象としたものである。第1章第2節2(3)参照。

第2節　市場流動性リスク　109

図表3-4　金融機関の流動性リスク（概念図）

【資金流動性リスク】

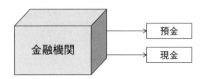

金融機関の信用力低下により、預金、現金などが流出し、再調達が困難となるリスク

【市場流動性リスク】

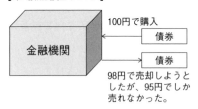

市場の混乱などにより、売りたい価格で売れないリスク

た。詳細は他の専門書などを参照していただきたい。

　一方、「市場流動性リスク」は、市場の混乱など、金融機関の外の世界、つまり「外生的」な要因によって主に発現するものと考えられ、市場リスクと関連が深いリスク要因ととらえることができる。本節ではこの市場流動性リスクに焦点を当てて、以下概説する。

2　市場流動性リスク

　図表3-4の下半分の図では、「98円で売却しようとしたが、95円でしか売れなかった」といった事例をあげている。この3円（＝98円－95円）の損失は、当該商品に十分な流動性（流通量）がないか、市場が混乱して通常の価格が付けられないといった外生的な要因に起因するため、市場流動性リスクととらえられる。

　日本国債（JGB）のように、発行量が多く流動性も潤沢であれば、この市場流動性リスクは小さくなるだろう。一方、発行量の少ない社債の場合、流動性は十分とはいえず、リスクは大きくなると考えられる。特に近年では、

110　第3章　市場リスク管理の発展手法

図表3－5 外生的要因の事例

外生的要因の事例	・商品の市場流動性の著しい低下 ・株式暴落、金利急騰などの市場の混乱 ・世界的な信用収縮による金融機能の低下 ・テロ・戦争などによる市場の混乱・停止 ・規制・制度変更

オルタナティブ投資など流動性の低い金融商品へ投資する金融機関も増加しており、この市場流動性リスクへの関心が高まっている。

市場流動性リスクの主な外生的要因としては、たとえば図表3－5のような事例があげられる。

2001年の米国多発テロや、2007年のサブプライム問題を発端とするグローバル金融危機などは、外生的要因と位置付けられよう[6]。一方で、外生的要因と内生的要因とは強い関係性があるケースも多い。たとえば2007年に取付け騒ぎの起こった英国の商業銀行（ノーザン・ロック銀行）のケースは、外生的要因であるサブプライム問題が発端となり、さまざまな要因が連鎖的に絡み合って当該銀行の内生的要因である信用不安につながっていった。このように、相互に関係しながら複合的に顕在化するリスクについても注意が必要である。

3 市場流動性リスクのモニタリング・シナリオ分析

過去、市場流動性リスクを何らかの形で計量化しようという検討は行われているが[7]、実務として定着しているケースは多くないであろう。現在は、計量化ではなく、リスクが顕在化する際の影響を把握するシナリオ分析が主

---

6 サブプライム問題は、サブプライムローンを裏付けとした証券化商品の価値が低下したことを発端として証券化商品全般に対する過剰な不信感が拡大したことが大きな要因であった。

7 たとえば「流動性リスクの評価方法について：理論サーベイと実用化に向けた課題」（小田信之ほか、日本銀行金融研究所、2000年3月）では、①マーケット・インパクトの定式化、②最適執行戦略の導出、③最適執行戦略をもとに、市場流動性リスクを勘案した「修正VaR」の計測方法の検討を行っている。

流となっている。

(1) モニタリング

自社のポートフォリオに大きな影響を与える金融商品や、市場流動性リスクが大きいと予想される流動性の低い金融商品などに対して日常的にリスクの変化の予兆をとらえる指標をモニタリングすることが重要である。図表3－6はその事例である。

なお、日本銀行は、国債市場の流動性指標を四半期に1回公表している[8]。国債以外の金融商品は、市場から取得できるデータに限界があるかもしれない。ただ、何らかの形で時系列にモニタリングを行い、異変を予兆的に把握することは、リスク管理上有効だと考えられる。

(2) シナリオ分析

外生的要因によるシナリオは、さまざまな要因を考慮することが必要になる。特に危機的状況を想定したシナリオの作成は、たとえば金利や為替の大

図表3－6　予兆指標のモニタリング（事例）

指標	概要
出来高	対象の金融商品の出来高が減少してくると、売却したいときに希望する価格で売却できずに損失を被るリスクが大きくなる可能性がある。
ビッド・アスク・スプレッド	スプレッドが広がると、希望する価格から大きく乖離して取引せざるをえず、損失を被るリスクが大きくなると考えられる。
時価総額	自社のポジション規模に対して、時価総額が大きくなると、当該金融商品に内在する市場流動性リスクが、自社全体に及ぼす影響度が大きくなる可能性がある。

8　出来高（volume）、値幅の狭さ（tightness）、市場の厚み（depth）、弾力性（resiliency）の四つの切り口による指標を公表している。

112　第3章　市場リスク管理の発展手法

きな変化、株式の大きな下落、信用スプレッドの大幅な拡大、流動性の低い金融商品の取引不成立などさまざまな要因の関連性も含めて考えなければならないだろう。また、危機的状況においては金融市場では質への逃避（Fly to quality）が発生し、信用力の低い資産が売られて信用力の高い債券（主に国債）が買われる傾向もある。これらを想定する際は以下の点などに留意すべきである。

- ○　特に信用力の低い資産や株式などの大幅な価格の下落
- ○　貸出先からの元利金返済の遅延などの発生
- ○　流動性の低い資産の売却は困難
- ○　売却におけるコスト（ビッド・アスク・スプレッド）の急拡大

さらに、外生的要因と内生的要因の複合的な発生も現実的に起こりうる。たとえば市場の混乱によって銀行が保有する資産価値が大きく減少し、その結果として銀行の信用力の低下が引き起こされるようなケースである。サブプライム問題やリーマンショックを発端としたグローバル金融危機のなかで、一部金融機関で起こった流動性問題はまさにこのような状況であったと考えられる。このように、市場流動性リスクは他のリスクとも密接に関連していることも認識し、リスクの波及経路も考慮したシナリオ作成が必要になってくる。

なお、近年では市場流動性リスク見合いの取引コストを金融機関内部の管理会計に組み込む動きもみられる。金融機関では、金融商品を購入する際に内部資金調達レートとして1カ月、3カ月などの仕切りレート（TP[9]）を設定することが一般的である。通常の流動性をもつ金融商品の場合は、TPには市場金利（OIS、TIBORなど）が設定されるが、低流動性の金融商品の場合は、購入・売却時のコストとして「市場流動性コストのTP」が追加的に設定されるケースもある。過去の取引実績や現状の市場環境を考慮して設定されるが、客観的な根拠付けがむずかしく、実務的には多くの課題があるのも現実である。

9　Transfer Pricing、移転価格。

第2節　市場流動性リスク　113

第3節

デリバティブ関連

1　デリバティブ取引とは何か

　デリバティブとは、伝統的な金融取引（債券、為替、株式、預金、貸出金など）から派生した金融商品のことである。もともとの伝統的な金融取引のことを原資産と呼ぶ。デリバティブ取引は主に以下二つの目的で利用される。

①　リスクヘッジ：保有する原資産の将来の価格変動を回避するために使用される。デリバティブは、原資産の将来のキャッシュフローと反対のキャッシュフローを作ることができるため、原資産の価格変動リスクの全部、あるいは一部を削減することが可能となる。

②　投機：投資家は、デリバティブ市場で価格変動に対する見通しを立て、リターンを獲得するためにデリバティブを使用する。多くのデリバティブ取引は「想定元本」という架空の元本をベースに行われるため、原資産の取引に比べて少額の資金で同等の経済効果を得ることができる（レバレッジ[10]効果と呼ばれる）。

　図表3－7は、金利スワップをリスクヘッジに使用した例である。金利スワップとは、固定金利と変動金利とを交換する取引である。X社はA銀行から融資を受けて固定金利を支払っている。しかしX社は今後金利が低下すると考えており、この固定金利を変動金利に変換したいという希望があったとする。その場合、X社はB銀行と「固定金利受け・変動金利払い」の金利スワップを組むことによって、A銀行への固定金利払いを実質的に変動金利に変換することができる。固定金利のままだと金利が低下したときでも高い金

10　「てこの原理」を意味する。

114　第3章　市場リスク管理の発展手法

図表3－7　金利スワップ取引の例

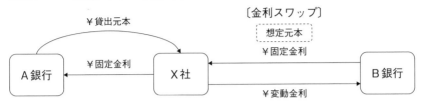

利を支払い続けなければならないが、変動金利に変換することによって金利低下の恩恵を受けることができる。X社は金利低下時に被る損失を金利スワップによってヘッジしたことになる。

　B銀行からみると、この金利スワップ取引は「固定金利払い・変動金利受け」となる。B銀行としては、X社とは逆に金利低下時に損失を被る、金利低下リスクを保有していることになる。このリスクは、B銀行の将来の金利見通しに基づいて、インターバンク市場などでコントロールすることになる。

　図上はA銀行とB銀行を区別しているが、実務では同じA銀行が金利スワップを組むこともある。

　図表3－8は、キャップ取引によって金利上昇リスクをヘッジする例である。X社はA銀行から変動金利で融資を受けている。X社は今後金利が上昇すると予想しているため、支払金利に一定の上限を付けたいという要望があったとする。その場合、X社はB銀行とキャップ取引を締結する。たとえば上限金利が1％のキャップ取引だとすると、変動金利が1％未満のときは、B銀行はX社に金利を支払う必要がない。しかし、変動金利が1％超えると、上限金利との差額（たとえば変動金利が1.2％に上昇したら0.2％（1.2％－1.0％））を、B銀行はX社に支払うことになる。実質的に、X社としては融資の支払金利の上限が1.0％になり、キャップ取引によって金利上昇リスクをヘッジできたことになる。そのかわり、X社はキャップを組む対価としてのプレミアムを当初に支払うことになる[11]。

　この例でもA銀行、B銀行を区別しているが、実務では同じA銀行が融資と同時にキャップ取引を行い「上限金利付き融資」という商品として顧客に

図表 3 - 8　キャップ取引の例

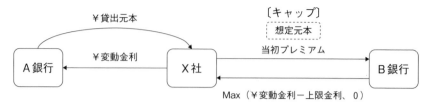

図表 3 - 9　金利スワップによる投機取引

提供することも多い。

　図表 3 - 9 は、金利スワップ単体で取引を行う投機取引の例である。Y 社は今後金利が上昇すると予想している。そのため、B 銀行と「固定金利払い・変動金利受け」の金利スワップ取引を行っている。予想どおり金利が上昇すると、受け取る変動金利の額が大きくなり、リターンがふえる構造となっている。金利スワップは、「想定元本」という仮の元本を設定するが、実際に元本の受渡しは行わない[12]。想定元本が 1 億円の場合、実際に元本の受渡しは不要にもかかわらず[13]、1 億円分の取引を行ってリターンを追求できることになる。つまり、レバレッジ効果が非常に高い取引ということがいえる。

11　このプレミアムは、キャップというコールオプションを購入する際のオプション料（オプション価値）である（詳細は第 3 節 3(2)参照）。プレミアムは当初一括で支払うこともあるが、金利支払いのタイミングで分割して支払う場合もある。
12　通貨スワップなど、実際に元本の受渡しを行うデリバティブ取引も存在する。
13　実務上は証拠金があるので資金の受渡しがゼロというわけではない。

2 デリバティブ取引の種類

デリバティブ取引の特徴は、原資産の価値変動に連動した将来のキャッシュフローを自由に作れることである。つまり、顧客のニーズによって、ある程度自由に商品を設計することが可能といえる（極論すれば、制限なく無限に作ることができる）。

そのなかでも、金融市場で多く取引されているデリバティブ取引の種類を図表3−10に記載した。もちろん、数多く存在する種類の一部であり、ほかにもさまざまなデリバティブが取引されている。最近ではビットコインのような暗号資産の先物やオプションといったデリバティブも活発に取引されている。なお、デリバティブには取引所で取引される上場デリバティブ、当事者間で取引される店頭デリバティブ[14]の2種類に区分する場合もあるが、図

図表3−10　デリバティブの種類（事例）

原資産		取引の種類（事例）
市場系	金利	金利先物・金利先物オプション・金利スワップ・キャップ・フロア・スワップション・イールドカーブスワップ　など
	通貨	為替フォワード・NDF（Non Deliverable Forward）・通貨スワップ・通貨オプション・クーポンスワップ・ベーシススワップ　など
	株式	株価指数先物・株価指数オプション・個別株オプション・エクイティスワップ　など
商品系		原油先物・原油オプション・原油スワップ・各種金属先物・各種金属オプション・各種貴金属先物・各種貴金属オプション・各種農産物先物・各種農産物オプション　など
信用系		CDS（クレジット・デフォルト・スワップ）・クレジットデフォルトオプション　など
事業系		天候デリバティブ・地震デリバティブ　など

14　相対取引、OTC（Over The Counter）取引とも呼ばれる。

表 3 −10ではその区分は考慮していない。

3　デリバティブ取引のリスク

　ここでは市場系のデリバティブに焦点を当てて、取引に内包されるリスクの概要をみていきたい。

(1)　市場リスク

　デリバティブ取引が内包する市場リスクは、第 2 章における基本的なリスクの概念と同じである。将来発生するキャッシュフローを想定し、原資産（金利、為替、株式など）の変動による現在価値変化をとらえる。感応度やVaRも原資産と同様に計算され、統合的に管理することが一般的である。

(2)　オプション取引に係るリスク

　デリバティブ取引の大きな特徴の一つとして、「オプション」の特性をもつ取引があることがあげられよう。オプションとは、特定の資産（金利、為替、株式など）を将来のある時点で一定の価格で「買う権利（コールオプション）」または「売る権利（プットオプション）」のことで、この権利（オプション）が金融市場で売買されている（図表 3 −11）。

　ここで「将来のある時点」のことを「権利行使期日（満期日）」といい、「一定の価格」のことを「権利行使価格（ストライク価格）」という。また、売買されるオプションの値段（価値）のことを「オプション料（プレミアム）」と呼ぶ。

図表 3 −11　オプションの種類

種類	概要
コールオプション	原資産を将来のある時点で一定の価格で買う権利
プットオプション	原資産を将来のある時点で一定の価格で売る権利

118　第 3 章　市場リスク管理の発展手法

簡単な例として、以下のオプション取引を考えよう。

原資産	A社株式
権利行使期日	3カ月後
権利行使価格	110円
オプションの種類	コールオプション
オプションの売買	買い

図表3-12は、このオプション取引の価値の状況を表したものである。点線が権利行使期日時点での価値で、実線が取引時点（権利行使期日の3カ月前）の価値である。たとえば権利行使期日時点でA社株式の価格が120円だったとしよう。権利行使価格110円のコールオプション（買う権利）を買っているので、権利を行使して110円でA社株を購入し、すぐに株式市場において120円で売却すれば10円の利益が出る。一方、もしA社株式が110円以下だったとしたら権利は行使されない。なぜなら、権利を行使して110円で買ったとしても株式市場では110円以下でしか売れないため、利益が出ないからである。

図表3-12　株式コールオプションの価値

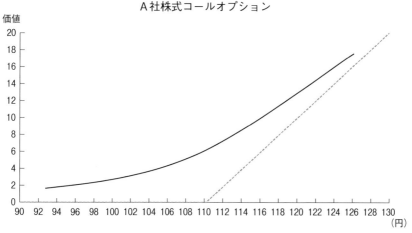

第3節　デリバティブ関連　119

さて、いまが権利行使期日の３カ月前だとしよう。権利行使期日までの３カ月間に、Ａ社株式の価格はどのように変動するかわからない。たとえば現在のＡ社株式が106円だったとしても、３カ月間の間に値上りして110円を超えているかもしれないし、さらに下落して100円以下になっているかもしれない。そのような将来の不確実性も考慮して、オプションの価値が金融市場で決まるのである（図表３−12の実線）。この実線をみればわかるように、価値の動き（感応度）は原資産（Ａ社株価）の動きに対して直線的でなく、曲線を描いている。つまり、Ａ社の株価によって、感応度が変化するのである（Ａ社株式の価格によって、曲線の接線の傾きが変化するともいえる）。これが価値の「非線形性」と呼ばれるもので、オプション取引の大きな特徴となっている[15]。

　このように、オプション取引の感応度は通常の金融商品における感応度より複雑な構造をもっている。そのため、図表３−13のようなオプション特有のリスク指標を計測し、モニタリングすることが多い[16]。

図表３−13　オプション取引のリスク指標

指標	概要
デルタ	オプションの原資産（たとえば金利、為替、株式）の微小変化によるオプション価値の変化。
ガンマ	デルタの原資産（たとえば金利、為替、株式）に対する感応度。オプション価値の非線形性（２次的なリスク）を表す指標。コンベクシティと同じ意味で使われることが多い。
ベガ	インプライド・ボラティリティの変動に対する感応度。市場のボラティリティが上昇すれば、オプションはその不確実性が高まり、オプション価値は上昇する。
セータ	時間経過に対する感応度。時間が経過してオプション行使日に近づくほど、オプション価値は減少する。

15　第２章第２節8(5)参照。
16　これらの指標はギリシャ文字で表されることから、オプショングリークスと呼ばれることがある。

120　第３章　市場リスク管理の発展手法

オプション取引の非線形性はガンマに表れてくる。特にオプションを売却している場合はガンマショートポジションとなり、原資産価格の大きな変化によって、大きな損失を被る可能性があるので注意が必要となる。一定以上の価格変化が起こることを想定したストレスシナリオなどを使用して、潜在的に抱えるリスクを把握しておくことが重要である。

(3) インプライド・ボラティリティリスク

オプションリスクの一つであるベガ（図表3-13）はインプライド・ボラティリティの変動性のリスクなので「インプライド・ボラティリティリスク」と呼ばれることもある。インプライド・ボラティリティとは原資産の将来の変動率（ボラティリティ）を予測したものであり、予想変動率ともいう。市場で取引されている実際のオプション価格から逆算して導き出される[17]。

たとえば円金利のコールオプションを保有している場合、円金利市場のインプライド・ボラティリティが下落すると保有するオプションの価値も減少し、損失が生じる。インプライド・ボラティリティリスクのコントロールは逆向きのインプライド・ボラティリティリスクで相殺することによって可能となる。ただし、インプライド・ボラティリティにはオプション期間や行使価格などによって複雑な性質がある（スマイル特性、スキュー特性などと呼ばれる）。インプライド・ボラティリティリスクのヘッジやコントロールは慎重に行う必要がある。

図表3-14はボラティリティ構造の一例である。ATM（アット・ザ・マネー）[18]付近のインプライド・ボラティリティは低く、ATMから離れる[19]に従って高くなる性質がある。同じオプション商品でも、行使価格によってボラティリティが異なることがわかる。このような傾向は、人が笑った形にみ

17　過去のデータから統計的に算出されるものは「ヒストリカル・ボラティリティ」と呼ばれる。

18　ATMとは、原資産の価格とその権利行使価格が同じ状態であることを指す。

19　オプションの権利所有者が権利行使した場合に利益が出る状態のことをITM（イン・ザ・マネー）、逆に損失が出る状態のことをOTM（アウト・オブ・ザ・マネー）という。

第3節　デリバティブ関連　121

図表3−14 インプライド・ボラティリティの構造例（スマイル特性）

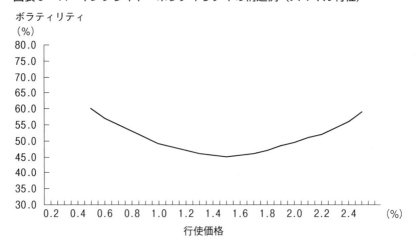

えることからスマイル特性と呼ばれる。

また、インプライド・ボラティリティはオプション満期に近づくにつれて徐々に低下していくが、大きな市場変化が起こった場合は急騰し、しばらく高止まりする傾向もみられる。

なお、インプライド・ボラティリティはオプション取引のみに存在するものではない。CMS（コンスタント・マチュリティ・スワップ）型[20]の商品などにも同様のリスクが内包される場合がある。

(4) 信用リスク

信用リスクとは、債務者において債務不履行が発生し、損失を被るリスクを指す。市場系デリバティブ市場では、デリバティブ取引の相手（カウンターパーティ）が債務不履行（デフォルト）となるリスクのことであり、カウンターパーティクレジットリスク（CCR：Counterparty Credit Risk）と呼ばれる。CCRは、図表3−15のような指標を計測してモニタリングされる。

---

20 Constant Maturity Swap。変動金利に長期のスワップレート（2年スワップ金利、5年スワップ金利など）が用いられる金利スワップのこと。

図表3－15　CCRの管理

指標	概要
カレント・エクスポージャー（CE：Current Exposure）	カウンターパーティが債務を履行しなかった場合に生じる損失。たとえばカウンターパーティとの間のデリバティブ取引を時価評価し、プラス100万円の価値が出ていた場合、カウンターパーティがデフォルトすると100万円のリターンを失うことになる。つまり、100万円のカウンターパーティリスクをとっていることになる。この100万円は取引の時価であり、現在のポジションを再構築するために必要なコストだともとらえることができるため「再構築コスト」と呼ばれることもある。
ポテンシャル・フューチャー・エクスポージャー（PFE：Potencial Future Exposure）	デリバティブ取引は、その取引満期まで価格が変動する。よって、将来の価格変動も考慮した最大のエクスポージャーを推計する必要がある。推計には将来時点のエクスポージャーの分布における一定の信頼水準（99％など）が用いられる。バーゼル規制では標準的手法（SA-CCR[注1]）と期待エクスポージャー方式（IMM[注2]）の2種類が用意されている。
信用評価調整（CVA：Credit Valuation Adjustment）	デリバティブ取引においてカウンターパーティが契約期間中にデフォルトしたときに被る期待損失を推計し、取引の評価額に反映させる価格調整のこと。

注1：Standardised Approach for Counterparty Credit Risk
注2：Internal Model Method

　グローバル金融危機以前からCEやPFEを使用してCCRの管理は行われていたが、取引価格にカウンターパーティリスクを考慮することまでは行っていなかった。しかし、グローバル金融危機でカウンターパーティリスクが顕在化し、そのリスク管理の高度化が進められるなか、カウンターパーティの信用力を取引の評価額そのものに反映させる価格調整が行われるようになってきた。それを信用評価調整（CVA：Credit Valuation Adjustment）[21]という。バーゼル規制では、バーゼルⅡでCCRに対する所要自己資本の枠組みがあったものの、CVAの時価変動リスクに対する枠組みは存在しなかった。

第3節　デリバティブ関連　123

バーゼルⅢでは従来のCCRに加えてCVAの時価変動リスクに対する資本賦課が導入された。具体的には標準的手法（SA-CVA[22]）、基礎的手法（BA-CVA[23]）、簡便法の３種類が用意されている。バーゼル規制としては、CCRとCVAの時価変動との両方でカウンターパーティリスクを捕捉する枠組みが構築されたことになる。

⑸　その他のリスク

デリバティブ取引はその複雑性により、前述のリスクのほかにもさまざまなリスクが内在している（図表３-16）。

図表３-16　デリバティブ取引にかかるその他のリスク

リスクの種類	概要
流動性リスク	デリバティブ取引にも「資金流動性リスク」「市場流動性リスク」が存在する(注)。運用と調達の期間のミスマッチによって資金繰りが困難になったり、市場の混乱などによって希望する価格で売買・貸借できずに損失を被ったりするリスクである。
モデルリスク	モデルリスクの詳細は第６節で解説する。特にデリバティブ取引はその複雑性から、プライシングやリスク管理に多くのモデルが使用されている。他の伝統的な原資産よりも、モデルリスクへの意識を高くもつことが重要となる。
その他非財務的リスク	オペレーショナルリスク（事務ミス・システムリスク・リーガルリスク）、市場コンダクトリスク（倫理的規範、行動規範から逸脱するリスク）、サードパーティリスク（業務の外部委託などにより、第三者が引き起こす事象が原因で損失が発生するリスク）などがあげられる。

注：詳細は第２節参照。

21　CVAのほかに、債務評価調整（DVA：Debt Valuation Adjustment）、ファンディング評価調整（FVA：Funding Valuation Adjustment）、流動性評価調整（LVA：Liquidity Valuation Adjustment）などの概念があるが、日本ではまだ定着しているとはいえない。

22　Standardised Approach for CVA

23　Basic Approach for CVA

特に流動性リスクは、デリバティブ取引は複雑なキャッシュフロー構造をもつことが多いため注意が必要となる。取引のスキームによっては、通常の資金管理システムでは把握できないケースもあり、専用の仕組みを整備することが求められる。

また、何らかの要因によって資金決済ができなくなる「決済リスク」も存在する。決済リスクの顕在化は、カウンターパーティのデフォルトによる不履行、事務ミスなどによるオペレーショナルリスク、市場の流動性が枯渇するといった市場流動性リスクなどが原因となる場合が多いため、リスク管理の実務上は、原因となる各リスクカテゴリで管理されることが多いようである。

4　デリバティブ取引を取り巻く状況

1980〜90年代の金融工学およびICT技術の発展により、デリバティブ取引は急速に拡大した[24]。この拡大には、取引ルールの標準化を担った国際スワップ・デリバティブ協会（ISDA[25]）の貢献も大きかった。

しかし、2008年のグローバル金融危機以降、デリバティブ取引にかかわる環境は大きく変わった。グローバル金融危機は、証券化商品の価格下落が引き金になったといわれているが、証券化商品はデリバティブの一種であるCDS（クレジット・デフォルト・スワップ）が活用されていたため、各国当局を中心にデリバティブ取引のリスクを低減し、リスクの高い取引を規制しようという流れが加速した。

具体的には、2009年のG20（ピッツバーグ・サミット）において、店頭デリバティブ取引に伴うシステミックリスクを低減するための改革プログラムが開始された[26]。改革プログラムは、以下四つの要素から構成された（FSB

24　第1章第1節参照。
25　International Swaps and Derivatives Association。現在、店頭デリバティブ取引では、ISDAが定めた基本契約書（Master Agreement）を使用することが標準となっている。

資料より抜粋）。

① 店頭デリバティブ契約は、取引所または電子取引基盤を通じて取引されるべき。

② 標準化された店頭デリバティブ取引は、中央清算機関（CCP：Central Counterparty）を通じて決済されるべき。

③ 店頭デリバティブ契約は、取引情報蓄積機関に報告されるべき。

④ 中央清算機関を通じて決済されないデリバティブ契約は、より高い所要自己資本賦課の対象とされるべき。

このG20の改革プログラムの方針を背景として、デリバティブ市場ではさまざまな改革が行われてきた。以下、その改革の大きな柱となった「中央清算機関」「証拠金規制」「金利指標改革（LIBOR停止）」について概説する。

(1) 中央清算機関（CCP）

従来、店頭デリバティブは二者間での契約であり、当事者同士の自由な約束により履行されるのが一般的であった。しかし、その取引相手がデフォルトして資金を受け取れないカウンターパーティリスクが、グローバル金融危機のなかで顕在化した。そのリスクを可能な限り低減するために、中央清算機関（CCP）を活用することがG20で方針としてあげられた。

CCPとは、デリバティブ取引の相対取引の間に入り、カウンターパーティリスクを引き受ける機関のことである。

図表3－17の左図のように、従前は中央清算が行われていなかったため、ある取引当事者（D社）がデフォルトすると、デリバティブの勝ちポジションであるA社がすべて損失を被る。つまり、A社はD社のカウンターパーティリスクをすべてとっていることになる。そうなると、A社に対する勝ちポジションをもっているC社にも影響が及ぶ可能性があり、連鎖的にリスクが波及してしまう構造になっている。一方、右図のようにCCPを活用した中央清算を行うとそれぞれの取引当事者のカウンターパーティはCCPとなり、万

---

26 当初は、各国独自で店頭デリバティブの取引の改革が行われた。その代表的なものが、米国のドッド・フランク（Dodd-Frank）法である。

図表3−17　中央清算の概要

[集中清算されない取引]　　　　　　　　　[集中清算される取引]

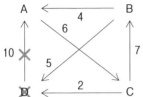
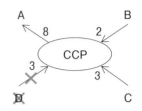

D社が破綻した場合、デリバティブの勝ちポジションであるA社は受け取れるはずの10をもらえず、損失を被ることになる。

D社が破綻した場合でも、他の取引者（A、B、C）は損失を被ることはなく、取引を継続できる。CCPが受け取れるはずの3をもらえず、損失を被る。

出典：金融庁資料より筆者作成。

一D社がデフォルトしたとしても他の取引当事者（A社、B社、C社）にその影響が及ぶことはない。つまり、CCPがすべてのカウンターパーティリスクを引き受けていることになる。さらに、取引当事者からすると取引相手がCCPに一本化されることになるので、資金決済や担保授受などの事務が軽減されるメリットもある。

日本においては、2011年から日本証券クリアリング機構[27]において清算業務が開始され、順次対象商品が拡張されている。

(2) 証拠金規制

店頭デリバティブ取引は当事者同士の契約であるため個別性が強く、標準化できない取引も多く存在する。また、標準化された取引でもすべてが中央清算されるわけではないため、CCPに持ち込まれない取引も多く存在するのが現実である。これらへの対応として、2013年9月にバーゼル銀行監督委員会（BCBS）と証券監督者国際機構（IOSCO）から、「中央清算されないデ

27　JSCC（Japan Securities Clearing Corporation）。海外では、LCH（London Clearing House）、CME（Chicago Mercantile Exchange）などがある。

リバティブ取引に係る証拠金規制」の最終報告書が公表された。これは、前述のG20改革プログラムの4番目に該当するもので、中央清算されない取引に対して高いリスクを反映させることで、中央清算の利用を促す効果も期待されている。

　証拠金とは、中央清算されないデリバティブ取引に係る債務について、債務不履行による損失発生リスクに備えるため受け渡す担保のことである。「変動証拠金」「当初証拠金」の2種類があり、規制対象となる金融機関はデリバティブ取引の規模によって決められている（図表3-18）。ただし、金融庁が定める監督指針では、想定元本が3,000億円未満の金融機関でも、規模などに応じた変動証拠金の授受態勢の整備を求めている。

　当初証拠金は、取引開始時にあらかじめ受け渡す必要があるため、何らかの方法で証拠金の額を計算しなければならない。この計算方法には「標準的手法」「内部モデル」の2種類がある。標準的手法は、デリバティブ取引の想定元本に「掛け目」を掛けるという簡易的な方法だが、内部モデルでの計算よりも証拠金額が大きくなる傾向があるため、多くの金融機関が内部モデルを使用している。内部モデルでは、保有期間10日間の99％ヒストリカルVaR（Value at Risk）を計算することが求められている。実務では、SIMM[28]と呼ばれるモデルが使用されることが多い。SIMMが使用されてい

図表3-18　2種類の証拠金

証拠金	概要	規制対象
変動証拠金	債務発生時点から決済が完了するまでの間、債務の価値の再評価（値洗い）を日々行い、その変動分を受け渡すもの。	デリバティブ取引の想定元本が3,000億円以上の金融機関
当初証拠金	債務不履行発生時に変動証拠金によってカバーできない損失を回避するために、担保としてあらかじめ預託するもの。取引相手の破綻時にその担保が返ってこなくなることを防ぐため、信託やカストディアンに分別管理することが求められている。	デリバティブ取引の想定元本が1兆1,000億円以上の金融機関

る主な理由として、以下があげられる。

○　各金融機関が異なる計算方法を用いた場合、受け渡す証拠金に差異が発生する可能性がある。SIMMという業界統一のモデルを使用することで、差異の発生を防ぐことが可能。

○　大量のデリバティブ取引に関するヒストリカルVaRの計算は、事務負担が大きくなる。SIMMを使用することで、簡易的にヒストリカルVaR相当額を計算することが可能。

(3)　金利指標改革（LIBOR停止）

金融市場における金利の水準を表す金利指標は、さまざまな金融取引で金利を決定する際に参照されるもので、大変重要な役割を担っている。LIBOR（London Interbank Offered Rate：ロンドン銀行間取引金利）とは、ロンドン市場における銀行の短期資金取引をもとにしたものであり、長らく[29]金融市場において重要な金利指標の一つであった。LIBORは、複数の通貨および異なる期間[30]にわたって提示され、融資、債券、デリバティブなどの金利の基準として幅広く採用されていた。

a　LIBOR不正操作事件

重要な金融指標であるLIBORだったが、2008年に不正操作事件が起こった。LIBORは、ロンドン時間11時時点でレファレンス・バンク（パネル行）と呼ばれる複数[31]の大手銀行が提示した無担保貸出金利（オファー・レート）をもとに算出されていた[32]。このパネル行の一部のトレーダーが自社のポジションに有利になるように、提示金利を不正操作していたことが発覚し

28　Standard Initial Margin Model。ISDAが開発、更新を行っている業界統一のモデル。
29　LIBORの起源は、1960年代にロンドン市場で組成されたシンジケート・ローンだといわれている。
30　LIBOR停止直前までは、米ドル、ユーロ、円、ポンド、スイスフランの5通貨に対して、翌日、1週間、1カ月、2カ月、3カ月、6カ月、12カ月の七つの期間が提示されていた。
31　米ドルの場合は18金融機関。
32　具体的には、パネル行が提示したレートの上下25％を除いた残りの提示レートの平均値を計算。

たのである。その後、不正操作に関与したトレーダーが逮捕され、大手銀行が当局に対して制裁金を支払う[33]など、大きなスキャンダルとなった。

b LIBORの停止

LIBORスキャンダルを機に、国際的に金利指標の改革（金利指標の信頼性・透明性・頑健性などを高める取組み）の議論が進んだ。従前、LIBORは「無リスク金利」（信用リスクを含まない金利）であるとみなされていた。しかし、LIBORは銀行間の資金取引に係る金利であるため、厳密には無リスクではなく、銀行の信用リスクを反映していると考えられる。たとえばある銀行に資金をLIBORで6カ月間貸した場合、貸したほうは相手銀行の6カ月間の信用リスクを抱えることになる。以前は、銀行が倒産することはないと考えられていたが、グローバル金融危機以降、大手金融機関でも破綻することがあることを経験し、LIBORを無リスク金利だと位置付けることはできなくなっていた。

そのような議論のなかで、LIBORは金融市場における指標金利としては適切ではないという結論に至り、2021年12月末（米ドルは2023年6月末）に停止することが決定したのである[34]。

c 代替指標の導入

LIBORが停止されることが決まった後、LIBORにかわる代替的な金利指標は何か、つまり、無リスク金利とは何かを模索する作業が本格化した。資金貸借の取引で、取引相手がいる限り、信用リスクが完全にゼロである金利指標は存在しない。議論を進めるなかで無リスク金利とみなせるのは1日満期の金利しかないという見方が強まった。もちろん、1日満期であっても1日分の信用リスクは存在するが、実務上ではほとんど無リスクに近いと考えられる。結果的に、翌日物金利（O／N金利）が、無リスク金利として最も適切であるとの認識が定着し、図表3－19のように各通貨の翌日物金利が代

---

33 バークレイズ銀行4.5億ドル、ドイツ銀行25億ドルなど。
34 2017年7月、英国の金融行為規制機構（FCA）の長官が、LIBORのパネル行に対し、2021年末以降は当該レート提示を強制しない意向を表明した。この時点で、LIBORが停止することはほぼ確実になったといえるが、正式に停止が決定したのは2021年3月である。

130　第3章　市場リスク管理の発展手法

図表 3 −19　LIBORの代替指標

通貨	代替指標
米ドル	SOFR（Secured Overnight Financing Rate）
日本円	TONA（Tokyo Overnight Average rate）
英ポンド	SONIA（Reformed Sterling Overnight Index Average）
ユーロ	€STR（Euro Short-Term Rate）
スイスフラン	SARON（Swiss Average Rate Overnight）

替指標に決定した。

d　金融市場への影響

LIBORを参照していた金融取引は莫大であり（正確な統計はないが、数百兆ドル規模ともいわれた）、そのLIBORの停止が金融市場に与えた影響は甚大であった。金融機関や企業は既存の契約を新しい代替指標に移行させる必要があり、契約の見直し、システム改定など、課題が山積していた。特にLIBOR停止が確実になった2017年から停止までの約5年間は、大手金融機関による移行作業は相当な負担[35]となった。

e　TIBORの状況

LIBORの東京版といえるのがTIBOR（Tokyo Interbank Offered Rate）である。TIBORの通貨は日本円だけだが、多くの金融取引で参照されている。このTIBORには「日本円TIBOR」「ユーロ円TIBOR」の2種類があり、全国銀行協会が日々公表している。前者は主に日本国内での金融取引、後者は主にオフショア市場（日本国外における日本円取引市場）で参照されている。

全国銀行協会では、従前より両者の統合に関して検討を行ってきたが、2024年12月末で「ユーロ円TIBOR」を恒久的に公表停止することを決定し

---

[35]　まず、LIBORを参照する金融取引を1件残らず洗い出す作業から始まった。大手金融機関は海外現地法人も多数存在しているため、この作業自体に大きな労力が費やされた。

た[36]。

f　リスク管理の実務への影響

　上記のように、さまざまな金利指標の改革が進められているなか、リスク管理の実務に直接的に影響するのは、市場金利のイールドカーブの作成であろう。市場金利のイールドカーブは、金融商品の時価の計算、リスク量の計算のベースになるものである。

　イールドカーブの作成は、市場で観測される金利を使用して作成される[37]。

　図表3－20は、金融機関でイールドカーブを作成する際に、一般的に使用されている市場金利の例である。LIBORはすでに停止しているので、図表3－20のNo.1の方法は使用できない。多くの金融機関は図表3－20のNo.2～4を使用していると思われる。OIS（Overnight Index Swap）とは、一定期間の翌日物金利と固定金利を交換する取引で、金利スワップの一種である。LIBOR停止後の代替金利が各通貨とも翌日物金利になったことから、これまでイールドカーブ作成にLIBORを使用していた金融機関もOIS金利へ変更するところが多かったようである。自社のイールドカーブがどのような金利で作成されているのか、あらためて確認しておくことが重要であろう。

図表3－20　イールドカーブの作成（例）

No	短期（1年以下）	長期（1年超）
1	LIBOR	SWAP金利（対LIBOR）
2	TIBOR	SWAP金利（対TIBOR）
3	OIS金利	OIS金利
4	国債利回り	国債利回り

36　2024年3月に決定。
37　イールドカーブの作成方法については、第2章第2節2参照。

132　第3章　市場リスク管理の発展手法

5　仕組商品

　仕組商品とは、通常の金融商品（債券、預金、貸出金など）にデリバティブ（スワップやオプション、CDSなど）を組み込んで、顧客や投資家のニーズに対応して組成された複合商品のことである。一般的には金融商品の金利に仕組みが付いたもの、たとえば変動金利が「3.0%－TIBOR」となっているようなものを指す。この商品からは、TIBORが低いとき（たとえば0.3%）では、2.7%（3.0%－0.3%）という高金利を受け取ることができる。逆にTIBORが上昇したとき（たとえば2.5%）には、0.5%（3.0%－2.5%）の金利しか受け取れない。この金利式はリバースフローター型と呼ばれる。

　仕組商品の長所はこの金利部分を自由に設計できることであり、顧客や投資家のニーズに合わせたキャッシュフローをもつ商品を作ることが可能である。たとえば前述のリバースフローター型において、金利がステップアップするような仕組みを作ることもできる[38]。ほかにも、日経平均に連動した金利式や為替レートに連動した金利式などもよくみられる（たとえば「日経平均が40,000円以上ならば3.0%、40,000円を下回ると0.1%」や「ドル円為替レートが150円以上ならば3.0%、150円を下回ると0.1%」など）。しかし、長く続いた低金利環境によって、デリバティブを組み込んでも高利回りの商品を作り上げることがむずかしくなっていたのも事実である。

　図表3－21に代表的な商品を列挙した。もちろんこれらは一部であり、市場にはさまざまな仕組商品が存在する。

　仕組商品は、一つの商品のなかにさまざまなリスク要因が内包されている。たとえばマルチコーラブル債券は、金利水準によって満期より前に期限前償還が行われる可能性があるが、これには金利オプションのリスクが内在している。また、パワー・リバース・デュアル・カレンシー債券は、元本が円でクーポンは外貨金利にレバレッジをかけたものである。このため、円金

38　たとえば1年目は「固定金利2.5%」、2年目は「3.0%－TIBOR」、3年目は「3.2%－TIBOR」、4年目は「3.4%－TIBOR」、5年目は「3.6%－TIBOR」とするなど。

図表3-21　代表的な仕組商品（例）

リスク種類	概要
仕組債券	コーラブル債券 マルチコーラブル債券 リバースフローター債券 パワー・リバース・デュアル・カレンシー債券 株価指数リンク債券 クレジットリンク債券　　など
仕組ローン	コーラブルローン リバースフローターローン クレジットリンクローン リパックローン　　など
仕組預金	コーラブル預金 エクステンダブル預金　　など

利だけでなく外貨金利や為替レートのリスク要因も混在した商品といえる。

　仕組商品のリスク管理は、その商品がどのようなスキームで組成されているか、一つひとつ分解することから始める。そして、その一つひとつがどのリスク要因をもつのか網羅的に把握し、そのリスク要因ごとの感応度を計測してモニタリングを行う。多くの仕組商品はオプション性を保有するために、市場変動に対して非線形的に価格変化する場合が多い。このため、通常の感応度分析やVaR計測に加えて、シナリオ分析やストレステストも併せて行い、リスクの所在を明らかにしておく必要がある。

　仕組商品は、高い利回りが提示されることが多く、表面上は魅力的にみえる商品が多い。しかし、そのリスク特性を十分に把握せずに保有していると、市場の大きな変化や信用度の悪化などで大きな損失を被ることがある。リスク管理委員会などで商品の仕組みを詳細に検討し、経営陣も含めてそのリスク特性を十分理解し、リスクのモニタリング、マネジメントが可能だと判断された場合に購入するという、リスク管理態勢の整備が必要である。

　以下、仕組商品の代表的なスキームを紹介するが、自社で保有している仕組商品についてもその内容は定期的に検証し、リスクの所在を確認しておく

ことが重要である。

(1) コーラブル債券

普通の金利スワップに将来のある一時点にその金利スワップを終了させる解約権（オプション）を付けたものをコーラブルスワップという。そして、通常の固定利付債券にコーラブルスワップを組み込んだものが、将来のある一時点で発行体が期限前償還を行うことができる解約権の付いたコーラブル債券である。

図表3-22は、そのスキームの事例を表している。債券の発行体であるX社は、債券発行と同時に発行金額と同額のコーラブルスワップの取引をA銀行と行う。A銀行は、解約権というオプションをもっているため（コールオプションを購入していることになる）、そのオプション料の分だけ通常のスワップよりも高い固定金利を払うことになる。X社としては、高い固定金利を受け取ることができるため、その分だけ通常の債券よりも高い固定金利のコーラブル債券を発行することができる。たとえば将来、市場金利が低下したとしよう。A銀行は受け取る利息が減りコーラブルスワップの価値が低下するので、解約権を行使してこのスワップを終了するであろう。同時に、X社も解約権を行使して期限前償還を行う。投資家であるY社からみると、通常の債券より高い固定金利を受け取ることができる一方で、途中で期限前償還が行われるリスクを保有していることになる。

図表3-22 コーラブル債券

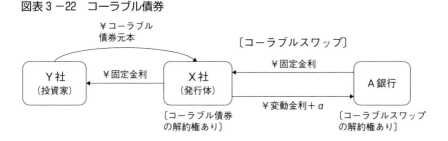

(2) リバースフローター債券

　通常の債券にリバースフロータースワップを付与したものを、リバースフローター債券という（図表3−23）。この場合でも、発行体であるX社が債券発行と同時に発行金額と同額のリバースフロータースワップの取引をA銀行と行うことによって、リバースフローター型のクーポンをもつ債券を組成している。投資家であるY社からみると、将来の市場金利が低下すると利益を享受できるが、逆に市場金利が上昇するとクーポンが低下するリスクをもっていることになる。

　この仕組みに加えて、金利がステップアップしたり解約権を付けたりすることで、さらに債券のクーポンを高めようとする工夫も多くみられる。

(3) クレジットリンク債券

　通常の債券に、クレジット・デフォルト・スワップ（CDS）を付与したものをクレジットリンク債券という。CDSとは、保険のようなものだと考えればよい。CDSの買い手（プロテクションの買い手ともいう）は、売り手（プロテクションの売り手ともいう）に一定の手数料を支払う一方、参照エンティティ（デフォルトの判定対象となる企業など）がデフォルトした場合、売り手が損失を肩代わりし、保険金を支払うものである。

　図表3−24では、SPC（Special Purpose Company：特定目的会社）を活用した事例をあげている。債券の発行体であるX社は、まず社債をSPCに譲渡する。A銀行は固定金利を変動金利に変換するための金利スワップをSPC

図表3−23　リバースフローター債券

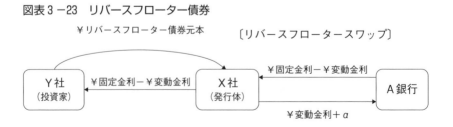

図表3-24 クレジットリンク債券

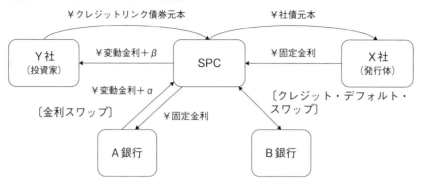

と締結する。さらに、B銀行はCDSをSPCと締結する。このCDSは、B銀行がプロテクションの買い手、SPCがプロテクションの売り手である。つまり、SPCがB銀行から手数料を受け取ることになり、その分だけクレジットリンク債券のクーポンを高くすることができる（$\alpha < \beta$）。投資家であるY社からみると、高いクーポンを享受できる一方で、参照エンティティのデフォルトリスクを保有することになる。もし参照エンティティがデフォルトしたら、SPCはB銀行に多額の保険金を払わなければならないので、クレジットリンク債券の償還元本は大幅に減額されることになる。

(4) コーラブル預金

仕組商品は、債券だけでなく銀行の貸出金や預金をベースに組成されることもある。図表3-25は中途解約が付いたコーラブル預金の例である。預金者であるX社は、A銀行に預金を預け入れているが、一方でB銀行とコーラブルスワップを締結している。解約権であるオプションをもっているのはB銀行なので、そのオプション料の分だけ金利が上乗せされる。図表ではA銀行、B銀行と区別して表記しているが、実際は同じ銀行がこれらの仕組みを総合的に組成し、コーラブル預金として販売することが多い。金利が想定よりも低下すれば、銀行側は損失が発生するのでコーラブルスワップを解約すると同時に、預金取引も解約する。預金者側としては、預金が中途解約され

図表3-25 コーラブル預金

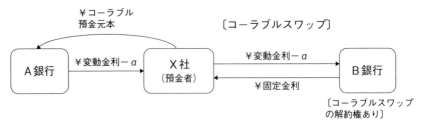

るリスクを負っていることになる。

6 リパッケージ商品

　リパッケージ商品とは、既発の有価証券などを担保として、その有価証券などのキャッシュフローを組み替えて新たに組成された商品のことである。仕組商品の一種ともいえ、主にユーロ市場で多くみられる。キャッシュフローの組替えにおいては、投資家の多様なニーズ（キャッシュフロー、期間、金利、通貨、償還方法など）に対応するため、金利スワップ、通貨スワップなどのデリバティブが活用される。一般的には、担保となる有価証券をSPC（特定目的会社）に移し、それを裏付けとして新たに債券が発行されるスキームが多い。オーダーメイド商品として組成される場合が多く、たとえばドル建て債券の元利金を通貨スワップを用いて円建て債券にリパッケージ化するようなこともある。

　既発債券を新規債券に組み替えるものとして「社債担保証券（CBO）」があるが、CBOは複数銘柄の担保債券による複数のキャッシュフローをもとに、優先劣後構造が組み込まれるのに対し、リパッケージ商品は担保債券のキャッシュフローと新規商品のキャッシュフローは1対1で対応している。その観点では、CBOはリパッケージ債券を高度化したものと考えることもできる。

　図表3-26は、リパッケージ商品を組成する簡単な事例である。既発の債券（国債や社債など）を担保債券としてSPCに移管する。そして、A銀行が

図表3－26　リパッケージ商品の例

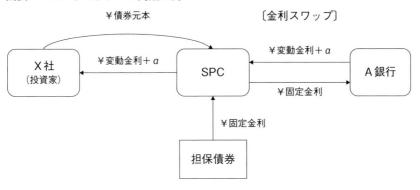

SPCと金利スワップを組むことによって、固定金利が変動金利化された新たな債券が組成されることになる。

第 **4** 節

投資信託

多くの金融機関は資産運用の一環として投資信託を保有している。従前は資金運用の中心的な存在は日本国債だったが、長期間の金融緩和局面で利回りが低下し、十分な収益があげられなくなってきた。過去に発行された高い利率の国債が償還されるなか、その資金の多くが投資信託に向かい、その投資残高が近年急速に増加してきている。金融機関が保有する投資信託の大部分は、機関投資家である「プロ」向けに、柔軟に商品を設計できる「私募投資信託[39]」である。

1　投資信託の分類

金融機関はさまざまな投資信託を保有している。図表3－27は、投資信託の種類を分類した事例である。ここでは、投資信託に組み込まれる資産によって分類しているが、他の切り口での分類方法もある（運用手法、運用規模など）。なお、投資信託によっては複数の分類にまたがるものも存在する。たとえば「米国債ラダー型」は、金利リスクを保有するので金利系である一方、ドル円為替リスクも存在するため為替系に分類することもできる。

また、近年では株式系、金利系、為替系など、幅広い資産を包括的に投資対象とする「マルチアセット型」の投資信託も増加している。

2　投資信託のリスク管理

投資信託のリスク管理は「購入時」「モニタリング」「パフォーマンス分

39　個人投資家が主に投資する株式投信や公社債投信は「公募投資信託」と呼ばれる。

140　第3章　市場リスク管理の発展手法

図表3−27　投資信託の種類（事例）

分類		投資信託の例	特徴
①	株式系	株式インデックス連動型	日経平均、TOPIXなどに連動
		高配当型	インカムゲイン重視
		集中投資型	ハイリスクハイリターン
		カバードコール	オプションリスクあり
		ロングショート	相場観による機動的な運用
		中小型	割安銘柄重視
②	金利系	米国債ラダー型	米国イールドカーブリスク
		仏国債ラダー型	仏国イールドカーブリスク
		国際機関	金利リスク＋ソブリンなどの信用リスク
		日系企業	金利リスク＋日系企業の信用リスク
		円金利ベア型	金利上昇狙い（金利低下リスク）
③	為替系	米国債ラダー型	ドル円為替リスク
		英国債ラダー型	ポンド円為替リスク
		先進国株式	外国為替リスク
④	その他	東証REIT指数連動	不動産収益性重視

析」の各フェーズで行われる。

(1)　購入時のリスク検証

　投資信託を購入する際には、その投資信託に内在するリスクをすべて洗い出し、自社でそのリスクを管理することが可能かどうか検証を行うことが必要である。この検証を網羅的に行わないと自社でコントロール不能なリスクを保有してしまうことになる。

　図表3−28は、検証項目の事例である。販売会社である証券会社から取得した商品設計書、目論見書などをもとに、投資信託の特性を十分調査する必要がある。文書で不明な点がある場合は、証券会社へヒヤリングを行うこと

図表 3 −28　購入時の検証項目（事例）

検証項目	概要
予想利回り	過去実績値なども考慮して検証。
想定リスク量	過去実績や投資信託が想定するリスク（標準偏差）などを考慮して検証。
市場リスク	どのリスク要因を保有しているか（金利、為替、株式）。
信用リスク	信用リスクは保有しているか。
カウンターパーティリスク	為替ヘッジ取引などにおけるスワップのカウンターパーティリスクは保有しているか。
流動性リスク	解約したいときにスムーズに解約できるか。
非線形リスク	オプションが組み込まれていて、想定外の損失が発生するリスクはないか。
オペレーショナルリスク	販売会社、委託会社、受託会社にオペレーショナルリスクはないか。
コスト	購入手数料、信託報酬、解約手数料などは適正か。

もある。

　これらの検証結果はリスク管理委員会などの経営会議に報告されるのが一般的である。そこで、網羅的なリスク管理が可能であり、自社のリスクアペタイトとの整合性を考慮しリスク対比リターンの関係で十分なパフォーマンスが期待できることが確認されれば、購入のプロセスに進むことになる。

　長らく続いた日本の低金利状態を受けて、海外の高い利回りを享受しながら変動の大きい為替リスクはヘッジしたいというニーズは大きいと思われる。自社で外国債券を購入し為替リスクをヘッジしようとすると、ヘッジに伴うデリバティブ取引の事務フローやシステム、会計処理などの態勢を整備する必要があり、中小金融機関では困難な場合が多い。そのような背景から「為替ヘッジ付き投資信託」という、利回りの高い外国債券を組み入れ、為替リスクを通貨スワップでヘッジする商品が次々と組成された。実際、多くの金融機関がこの「為替ヘッジ付き投資信託」への投資残高を増やしてきた。しかし、為替ヘッジ付きといっても将来すべての為替リスクがゼロにな

っているわけではないことに留意すべきである。投資信託における通貨スワップは、3カ月あるいは6カ月程度でロールすることが一般的であるため、将来時点での外国金利と円金利（たとえば米ドルと円金利）の状況によってはヘッジコストが大きくなり、基準価格が低下する可能性がある。為替ヘッジ付きとなっていても、その実態については購入時に慎重に確認しておくことが重要である。

⑵　リスクモニタリング

　投資信託のリスクは、そのなかに内在するリスクを一つひとつ分解してモニタリングする「ルックスルー方式」が一般的である。たとえば金利系の米国債ラダー型（2年と5年の米国債を保有）の投資信託の場合、リスク要因は米ドル2年金利と米ドル5年金利、そしてドル円為替レートの3種類となる。特にマルチアセット型の場合は株式や金利、為替、不動産、信用リスクなど、多数のリスク要因が内在している可能性があり、このルックスルー方式でリスク特性を網羅的に把握することが非常に重要である。

　投資信託を保有すると定期的（月次が一般的）に運用報告書が送られてくるため、投資信託の内部の状況を詳細に把握することができる。その情報をもとにルックスルーを行い、リスク要因ごとに集計してリスクモニタリングを行う。図表3－29は、ルックスルー方式でのリスクモニタリングの事例である。保有するすべての投資信託を「金利リスク」「為替リスク」「信用リスク」「株式リスク」「その他」といったリスク要因に分類、集計している。さらに、各リスク要因の市場VaRとすべてのリスク要因を統合した市場VaRを比較し、その分散効果について分析をしている。

　注意が必要なのはマルチアセット型の投資信託である。マルチアセット型は資産の入替えが頻繁に行われることが多くリスク変動も大きいことが想定される。リスクモニタリングとしては月次では不十分となる可能性がある。そのようなリスク特性のある投資信託に対しては、保有限度額などで制限するなど、別途の枠組みの検討が必要になる場合もあるだろう。

第4節　投資信託　143

図表 3－29 ルックスルー方式でのリスクモニタリング（事例）

投資信託運用状況
基準日：202X年8月31日
(1) 時価情報
(単位：百万円)

1．金利リスク

金利通貨	時価	10BPV
JPY	412	1
USD	15,429	81
EUR（独）	249	2
EUR（仏）	532	4
AUD	299	3
GBP	3,145	13
CAD	38	0
CHF	0	0
NOK	193	2
KRW	0	0
その他	181	0
合計	20,478	107

2．為替リスク

為替EXP	時価	10%円高
JPY	103	－
USD	9,112	911
EUR	163	16
－	－	－
AUD	387	39
GBP	3,015	302
CAD	99	10
CHF	0	0
NOK	236	24
KRW	7	1
その他	134	13
外貨合計	13,153	1,315

3．信用リスク（債券発行体）

発行体	時価
【ソブリン】	
日本	984
米国	9,743
ドイツ	306
フランス	532
オーストラリア	141
イギリス	2,911
カナダ	42
ノルウェー	244
【国内外政府機関】	
日本政策投資銀行	0
輸出信用銀行	10
【国内外地方自治体】	
東京都	386
地方金融公社	9
【国際機関】	
欧州投資銀行	608
国際金融公社	20
【国内法人】	
A社	232
B社	152
C社	159
【海外法人】	
D社	11
E社	0
：	
合計	19,076

4．株式・その他

タイプ・銘柄	時価
【株式インデックス】	
株式（日経225）	6,319
株式（TOPIX）	29
株式（JPX400）	3,998
株式（NYダウ）	0
株式（S&P500）	123
株式（DAX）	25
【株式投信】	
株式アクティブ	2,947
株式ロングショート	2,824
株式カバードコール	2,043
株式安定運用移行済	3,190
【個別銘柄（日本）】	
A社	7
B社	0
C社	0
【個別銘柄（海外）】	
D社（米国）	10
F社（米国）	10
G社（米国）	10
H社（メキシコ）	7
I社（独）	0
【その他】	
J-REIT（パッシブ）	12,638
J-REIT（アクティブ）	0
：	
合計	37,440

(2) リスク情報－カテゴリー別VaRと分散効果

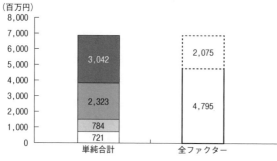
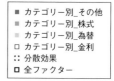

⑶　パフォーマンス分析

　投資信託のパフォーマンス分析は通常の金融商品と同様にリスク対比リターンで評価することが一般的である。一定期間（１年間など）における平均取得リスクと、総合損益（実現損益＋評価損益増減）を使用したリスク・リターン率によって、購入時に想定したリスクアペタイトと整合的かどうかの検証が行われることが多い。

第 5 節

オルタナティブ投資

1 オルタナティブ投資の種類

　オルタナティブ投資とは、伝統的な投資対象である上場株式や債券以外への代替的（オルタナティブ）な投資を指す。オルタナティブ投資は上場株式や債券などとは異なるリスク・リターンの特性をもつため、自社のポートフォリオに組み込むことによって、運用の効率性の向上およびリスク分散の効果が期待される。オルタナティブ投資にはさまざまな種類が存在するが、代表的な事例は図表3 –30のとおりである。

図表3 –30　オルタナティブ投資の種類（事例）

種類	概要
ヘッジファンド	ポートフォリオのリスク・リターンを最適化するために、さまざまな金融工学や非伝統的な戦略を駆使する投資集団。
プライベートエクイティ	一般に未上場企業の株式への投資。新規事業の支援のために資金を提供し、付加価値を生み出すことによって長期的に利益獲得を目指すもの。
ベンチャーキャピタル	創業間もないベンチャー企業に、資本持ち分と引き換えに資金を提供するもの。企業を育成し企業価値を高めた後、新規株式公開や合併による売却を通じて利益を獲得することを目的とする。
不動産ファンド	上場REITや私募の商業不動産ファンドなど、さまざまな種類が存在する。不動産は株式との相関が低いといわれ、インフレに対するヘッジ手段と位置付けられることもある。

146　第3章　市場リスク管理の発展手法

2 オルタナティブ投資のリスク管理

オルタナティブ投資には、伝統的な市場リスクの要因である「金利リスク」「為替リスク」「株式リスク」以外にもさまざまなリスクが複雑に混在していることが多い。主な特徴としては、以下のようなものがあげられる。

○ 株式や債券などの伝統的な投資との相関性が低い。

○ 複雑なリスク・リターン特性をもつ半面、期待リターンが高い。

○ 非流動的な資産が多い。

○ 一般的なリスク要因とは異なる、固有のリスク特性をもつ資産が多い。

オルタナティブ投資においては、これらの特徴を考慮したリスク管理態勢を構築することが求められる。本節では、オルタナティブ投資の代表格であるヘッジファンドを事例に、オルタナティブ投資特有のリスクについて概説する。

(1) 市場流動性リスク

市場流動性リスクとは「市場の厚みが不足していたり、市場が正常に機能しなくなったりした結果、金融機関が市場価格でポジションを相殺したり解消したりすることを容易に行えなくなるリスク」を指す[40]。ヘッジファンドにはさまざまな低流動性の資産が組み込まれている場合も多く、売りたいときに希望する価格で売却できるとは限らない。また、アービトラージ戦略をとっているファンドでは、そのポジションは大きく積み上がっているケースも多い。その場合は、ポジションをアンワインド（解消）する際に予想以上のコストが発生したり、またその取引自体が市場価格に大きな影響を与えてしまったりする可能性（市場インパクトという）もある[41]。

---

[40] 詳細は第2節参照。

[41] 1998年に破綻したLTCM（Long Term Capital Management）は、そのポジションが巨大になり過ぎ、アンワインド自体が困難となった。

第5節 オルタナティブ投資 147

(2)　レバレッジリスク

　ヘッジファンドでは、スワップやオプションなどのデリバティブを組み込み、大きなレバレッジをかけることも多い。想定元本を積み上げて大きな収益をあげることができれば、実際に拠出した少額の投資元本に対するリターン率が高まるからである。ヘッジファンドは絶対リターン（アルファと呼ばれる）を追求しているため、このようなレバレッジ自体はある程度必要なものと認識されている。しかし、一方で、過度なレバレッジは市場の混乱時に大きな損失につながりかねず、大きなリスクを抱えていることを認識する必要がある。

(3)　運用者リスク

　ヘッジファンドの運用成績は、運用者のスキルに相当部分を依存しているのが現実である。実際、投資の意思決定は1名ないし少数のキーマンに集中していることが多いといわれている。ヘッジファンドへの投資の際には、ファンドの内容について定性面、定量面から詳細かつ多角的に調査分析する手続をとることが重要となる。これを「デューデリジェンス」と呼ぶ。

　図表3－31はデューデリジェンスの項目例である。定性面においては、さまざまな観点から運用者のスキルの検証が行われる。特に投資哲学や投資戦略はファンドの存在意義そのものともいえるもので、十分な対話を通じて納得のいく説明を求めるべきである。また、契約上はキーマン条項（主要ファンドマネジャーが退職した場合にファンドを解約できる権利などを記載した

図表3－31　デューデリジェンスの項目例

定性面	・運用者（キーマン）のプロファイル ・投資哲学、投資戦略 ・リスク管理、内部管理態勢　など
定量面	・過去の投資成績 ・リスク許容度　など

条項）も重要なチェックポイントとなろう。取引執行を行うブローカーや資産管理を行うカストディアン、時価算定を行うアドミニストレーターなどの確認も必要である。

一方、定量面では、ファンドの時価総額推移（トラックレコード）やリスク（ボラティリティ）、シャープレシオなどを分析することで、定性面で確認した投資哲学、投資戦略と合致しているかどう検証することも重要である。

(4) ポートフォリオリスク

ヘッジファンドの投資戦略を把握、理解できたとしても、その投資戦略が自社のポートフォリオのリスクアペタイトと整合的でない可能性もある。たとえば伝統的な運用では金利ロングポジション（金利が低下するとリターンが得られるポジション）となっているにもかかわらず、金利ショートポジションのヘッジファンドを購入すると、全体としてのリスクアペタイトに不整合が生じる可能性がある。

ヘッジファンドへの投資の前にリスクアペタイトの整合性、リスク分散効果などのシミュレーションを行い、ポートフォリオ全体への影響を検討しておくことが求められる。

(5) 法的リスク

ヘッジファンドは日本国外に拠点が置かれている場合も多い。契約においてヘッジファンド側に有利な条件になっているケースもある。ヘッジファンドへの投資の前に目論見書、申込同意書、投資顧問契約書など、しっかりと法的チェックを実施する必要がある。

(6) 規制リスク

ヘッジファンドは従来「ノンバンク金融仲介機関（NBFI）[42]」と呼ばれ、

42　Non-Bank Financial Intermediation。以前は「Shadow Banking（影の銀行）」と呼ばれることもあったが、現在ではNBFIが定着している。

第5節　オルタナティブ投資　149

金融規制の対象外であった。しかし近年、ヘッジファンドを中心とするNBFIの存在感が増し、金融市場への影響も無視できないものとなっている。特に海外ではNBFIに対する規制強化の検討が進んでいる。今後、ヘッジファンドなども何らかの金融規制の対象となる可能性もあるため、その動向には常に留意しておくべきである。

第 6 節

モデルリスク

金融業界は、ICT技術の進化とともに発展してきたといっても過言ではない。「モデル」というのは、ICT技術における一つの要因と位置付けられる。金融機関では、リスク管理業務だけでなく金融商品のプライシングやアルゴリズム取引、マネーロンダリング対策や不正検知など、さまざまな分野でモデルが使用されている。

これらのモデルに「唯一絶対」といったものは存在しない。モデルはその性質上、多くの前提や仮定が置かれているため、その前提や仮定が変われば、当然そのアウトプットも異なってくる。本節では、モデルを使用する際に内在するリスクについて解説を行う。

1 モデルリスクの定義と特徴

「モデル」とは「定量的な手法であって、理論や仮定に基づきインプットデータを処理し、アウトプットを出力するもの」、そして「モデルリスク」は「モデルの誤りまたは不適切な使用に基づく意思決定によって悪影響が生じるリスク」と定義される[43]。過去、モデルリスクが顕在化した例として、高度な金融モデルを駆使したLTCM[44]が1997年のアジア通貨危機、1998年のロシア危機で破綻したケースや、2008年のグローバル金融危機においてVaRでテールリスクを把握できずに多くの金融機関が経営危機に陥ったケースなどがあげられる。

近年、市場リスクや信用リスクの分野では「積極的なリスクテイクによるリターンの向上」というリスクアペタイト（RA）の概念が定着している。

---

43 「モデル・リスク管理に関する原則」（金融庁、2021年1月）参照。
44 Long Term Capital Management

一方、モデルリスクについてはリスクテイクとリターンとの関係を明確化することはむずかしいと認識されている。その理由としてモデルリスク自体の計量化が困難であること[45]、他のリスクカテゴリ（市場、信用など）と同時に顕在化するケースが多いことがあげられる。そのため、モデルリスクはオペレーショナルリスクの一部として管理するという考え方もある。しかし近年、金融機関が使用するモデルの多様化・複雑化、また他のリスクカテゴリと同様の管理方法が困難であることから、モデルリスクという独立したリスクカテゴリとして管理、検証を行うべきという考え方が定着してきている。

2　モデルリスクの管理

以下、モデルリスクの管理方法のポイントを列挙する[46]。

(1)　三つの防衛線

モデルリスクの実効的な牽制を確保するためには、以下の三つの防衛線の位置付けを明確にすることが重要である。

① 　第1線：モデルの所管・開発・使用に直接関係する部門。モデルオーナーの位置付け。

② 　第2線：モデルリスクを管理する部門。第1線に対する牽制機能の位置付け。

③ 　第3線：内部監査部門。モデルリスク管理態勢全般の有効性の評価を実施する位置付け。

これは、リスク管理業務において従前から認識されていた「スリーラインディフェンス（三つの防衛線）」とまったく同じフレームワークである[47]。

---

[45] 以前は、モデルリスクの計量化の検討が行われたこともあった。たとえばモデルによる推定値と実績値の差異の推定誤差を把握し、その平均値や最大値をモデルリスク量とする考え方などがある。

[46] 「モデル・リスク管理に関する原則」（金融庁、2021年1月）では、三つの重要な概念と八つの原則が示されている。本書では、そのなかで特に重要だと思われる項目について取り上げている。

152　第3章　市場リスク管理の発展手法

(2) リスクベース・アプローチ

　個々のモデルのリスクを評価し、そのリスクの高低によって管理・統制の優先順位を付けるものである。たとえばリスクが高いと判断されたモデルについては検証頻度を多くするが、リスクが低いモデルに対しては検証頻度を下げるといった対応などである。通常のリスク管理業務や内部監査においても同様のアプローチがとられており、モデルについてもそれに準じた考え方を適用する。

(3) インベントリー管理

　インベントリーとは、商品や財産の目録といった意味合いがあるが、ここでは、自社で使用しているモデルのデータベースだと考えればよいだろう。金融機関は、管理すべきモデルを特定し、リスク評価（格付：1〜5、A〜E、大中小など）を行ってインベントリー（データベース）に記録することが重要である。このインベントリーに漏れがあると、認識されていないモデルが存在し、それに内在するリスクを把握できていないことになる。

(4) モデルの承認・検証

　一定のタイミングで、第2線が第1線に対してモデル使用の承認を行う態勢を確立する必要がある。一定のタイミングとは、モデルの使用開始時、重要なモデル変更時などが考えられる。また、検証についても、第2線における独立した検証態勢の確立が求められる。この検証は定期的に実施する必要がある。特に長く使用しているモデルについては、現在の市場環境に適合しているか、市場の発展に比べて陳腐化していないかなどの観点も重要になる。

47　内部監査人協会（IIA）は、このスリーラインディフェンス（三つの防衛線）を発展させたものとして、2020年にスリーラインモデルを提唱している。三つのラインに適切な役割をもたせることによって、組織のコントロールとリスク管理を十分に機能させ、企業価値の創造につなげようとする組織体制である。

⑸ 外部モデルに対する統制

　金融機関の業務が多様化、複雑化する現在、必要とするモデルをすべて自社で開発するのはむずかしくなってきている。外部の専門的な知見を活用した外部モデルの使用も増加しているのが現実である。そのような外部モデルに対しても、自社開発モデルと同水準の管理を行うことが求められる。特に、モデルのブラックボックス化（どのような仕様で処理され、アウトプットされているのか不明な状態）は避けなければならず、モデル調達先の外部ベンダーに対して可能な限りの情報提供を求め、自社でモデル検証を実施する必要がある。

⑹ 内部監査

　モデルリスク管理態勢全般の評価を行う、第3線としての内部監査は非常に重要となる。特に第1線、第2線は個々のモデル自体の評価、検証といった細かい点に目がいきがちとなり、その周辺に存在するリスクを見落としてしまう可能性がある。内部監査に求められるのは、管理態勢を全般的に俯瞰して検証する全体的視点（holistic view）だといえる。

3　AIの拡大

　近年、技術革新の発展により、AI（Artificial Intelligence）の活用が金融機関でも急速に増加している。AIもモデルの一種であるため、前述のモデルリスク管理の一環に組み込まなければならない。ただし、従前の「ロジック」が明確化できるモデルとは異なり、機械学習、深層学習によるAIモデルには、独自の留意点も存在する。特に「透明性」（モデルの挙動の説明）や「公正性」（学習データに存在する非公正な偏見や差別の排除）については、現在も検討が進められている。詳細は第6章でも取り扱うこととする。

第 7 節

予兆管理

金融機関における予兆管理とは「将来の資産・負債の価値の変動に影響を与えうる市場の兆候を検知・把握する」ことであり、想定外の資産・負債の価値変動による損失に迅速に対処する目的で行われている。

たとえば日本では長く超低金利局面が続いていたが、今後は上昇を伴って大きく金利が変動することが予想されている。これからは、その金利変動の「予兆」をいかにとらえるかがリスク管理上重要なポイントとなろう。最近では、国内外のマクロ経済指標や市場状況をモニタリングすることによって金利変動の予兆管理を行う金融機関が増加している。

1 予兆管理の手法

市場リスク管理の一環としての予兆管理は、以下のプロセスで行われることが一般的である。

① 資産・負債の価値に影響を与える市場（金利・株式・為替等）変動に先行すると考えられる予兆指標の特定

② 定期的な予兆指標のモニタリング

①については、過去のさまざまな市場データや周辺データから回帰分析を行い、予兆指標と相関性を決定していくことが考えられる。しかし実務的には、納得感のある分析結果を得るのはむずかしいのが現実である。また、今後の金利上昇局面を予想するのに、過去の金利低下局面のデータがどこまで有効に使えるのか疑問がある。この辺りは、ある程度の専門的判断（エキスパート・ジャッジメント）に依拠するところが多いと思われる。

②は、予兆指標を定期的にモニタリングし、その動きの変化を適時に把握することが求められる。時系列グラフなどで視覚的に動きをみることで感覚

図表 3 −32　予兆管理の段階的な検討（事例）

段階	検討事例
1	・長期金利の急騰は日本の財政問題顕在化が最も大きな要因と仮定する。日本の財政問題顕在化の波及経路を検討し、モデル化する。 ・たとえば一つの指標として「経常収支」を考える。貿易による資金流出が続き経常赤字が恒常化すると、財政問題が顕在化する可能性がある。 ・その際、経常収支の悪化の背景まで遡ることも考えられる。たとえば輸出関連であれば、米国の「自動車販売台数」や「中国の景気指数」などがあげられる。また輸入関連であれば「原油価格」なども考えられる。これらを予兆指標として定義する。
2	・市場金利と上記の予兆指標の過去のデータを使用して、長期金利との回帰分析を行う。それにより、どのマクロ経済指標がより長期金利への感応度が高いか把握することが可能となる。 ・ただし、過去のデータに基づくものであるため、あくまでも参考との位置付けとなる。実務上は、定期的な時系列把握によって、その動きをモニタリングすることにより、長期金利上昇に対する感度を高めていくこととする。

図表 3 −33　予兆管理のモニタリング指標（例）

カテゴリ	指標例
日本経済のマクロ指標	・実質GDP成長率 ・経常収支 ・消費者物価指数 ・民間貯蓄（家計、金融等） ・日本国のCDSスプレッド
海外の経済指標	・米国自動車販売台数 ・中国PMI ・原油価格 ・各国のCDSスプレッド
市場関連	・日本国債利回りのボラティリティ ・欧州各国の国債利回り ・外国為替レート

的な気づきが得られることも期待できる。

　日本においては、多くの金融機関において、予兆管理の対象を「金利上昇」にしているようである。特に、長期金利の急騰に対しては、市場リスクの顕在化に直接的に影響するため、警戒感が強い。図表3－32では、予兆管理を行うための段階的なアプローチの事例をあげた。ここでは、段階1として長期金利上昇の予兆を示す可能性のある変数の特定とモデル化、そして段階2として設定した変数の感応度の推計といった検討を行っている。

　図表3－33に、一般的にモニタリングされている代表的な指標例をあげる（もちろん、金融機関によってほかにも多様な指標がモニタリングされている）。

2　予兆管理における留意点

　リスク管理業務においては「経営陣に説明できない指標は報告しない」という判断がなされる場合が多くある。もちろん、根拠のない数値を経営陣に報告すると経営判断のミスリードを引き起こす可能性があるので、報告内容の正確性についてはしっかりと検証すべきである。

　しかし、この予兆指標については「説明できない」となると多くの指標が報告できなくなってしまう可能性もある。「よくわからないが、一応モニタリングしておこう」というレベル感の指標も存在するであろう。この点については、通常のリスク管理計数とは異なる性格のもので、別枠での運用が求められるだろう。

　なお、本節では「金利上昇」の予兆管理に焦点を当てて考察してきたが、もちろん予兆管理は金利上昇のみを対象とするものではない。当然、金利低下やその他の市場変動に対する予兆的な気づきを得るためにも、重要な手法だといえる。

第7節　予兆管理　157

第4章

市場リスク管理の運営態勢

序章で記載したとおり、リスク管理は「健全性の確保」「リターンの向上」の両面によって金融機関の「企業価値」を安定的に向上させていくための戦略的なプロセスとしてとらえるべきである。このような概念は、近年では「リスクアペタイト・フレームワーク（RAF）」と呼ばれ、注目されている。本章では、このRAFについてまず概要を紹介し、その後で具体的なリスク管理のサイクルについて考察する。

第 **1** 節

リスクアペタイト・フレームワーク

　グローバル金融危機以降、リスクアペタイト・フレームワーク（RAF）の重要性が国際的に強く認識されることになった[1]。RAFは国際的な金融機関では重要な経営ツールとしてすでに定着しており、日本においても大手金融機関を中心に導入が進んでいる。金融庁は、RAFを「自社のビジネスモデルの個別性を踏まえたうえで、事業計画達成のために進んで受け入れるべきリスクの種類と総量を「リスクアペタイト」として表現し、これを資本配分や収益最大化を含むリスクテイク方針全般に関する社内の共通言語として用いる経営管理の枠組み」[2]と定義している。

　定義中に記載されている「リスクテイク方針」という観点からは、すべてのリスク要因についてリスクテイクの理由が明確化されていることが求められる。金融機関がとっているすべてのリスクは目的と意思をもってとられているべきであり、明確な理由なく存在している、あるいは放置されているリスクがあってはならない。

　実務上、金融機関において発生するリスクは以下の2種類に区分して考えることができる。

　　○　リターンをあげるために、能動的にテイクしたリスク

　　○　リターンを獲得するためのビジネスにおいて、そのビジネスの主たるリスクではなく付随して発生するリスク

　前者の例として国債の運用があげられる。これは金利リスクを、目的をもって能動的にリスクテイクし、リターンを追求するものである。後者の例と

1　第1章第2節5(5)参照。
2　「金融行政方針」（金融庁、2015年9月）、「地域銀行モニタリング結果とりまとめ」（金融庁、2018年7月）、「地域銀行有価証券運用モニタリングレポート」（金融庁、2023年9月）など。

160　第4章　市場リスク管理の運営態勢

して固定金利の住宅ローンの貸出を考えよう。住宅ローンは、一義的には信用リスク見合いの利ざやを得ることがビジネスの目的だと考えることができる。一方で、固定金利の貸出金でもあるため、金利リスクも伴っている（たとえば10年固定金利の場合は、10年の金利リスクが発生する）。この金利リスクは、住宅ローンの営業部門が意図してとったリスクではなく、信用リスクをテイクする際に付随的に発生するリスクと位置付けられる。同じ金利リスクでも、前者（国債）は能動的、後者（住宅ローン）は受動的なリスクテイクととらえることができる。受動的なリスクを、ビジネスに付随するものなので仕方がないと放置すると、このリスクは目的と意思のない不明確なリスク（経営として、意思決定が行われていないリスク）になってしまう。そのような状況を発生させないためは、リスクカテゴリに応じた責任分担を明確化し、社内におけるリスク移転（トランスファー）[3]を行うことが重要である。

　この住宅ローンのケースでは、住宅ローンに付随して発生した金利リスクは、営業部門から金利リスク所管部門（たとえば総合資金部など）へ移転（トランスファー）させることが一般的である。住宅ローンの営業部門には金利リスクをコントロールする手段がないため（金融市場との資金貸借取引や金利スワップ取引を使ったリスクコントロールができないため）、それが可能な部門に金利リスクを一元的に集中させるのである。金利リスク所管部門が、移転された金利リスクが自身のリスクアペタイトと整合的であれば、そのまま保有していればよい。もし、自身のリスクアペタイトと異なる場合は金融市場を通じてリスク低減などのコントロールを行うことになる。このように「何のためにこのリスクをテイクしているのか」という目的と意思を明確にするのが、RAFの最大のポイントといえる。

　従前のリスク管理とRAFの違いについて整理したものが図表4-1である。表中①での記載のとおり、従前のリスク管理が「守り」重視であったのに対して、RAFは「守り」「攻め」のバランスが重視されていると考えれば

3　管理会計制度として、リターンとその源泉であるリスクを紐付け、責任部門にリターンとリスクを帰属させる仕組みを構築している金融機関が多い。

図表4-1　従前のリスク管理とRAF

項目	リスク管理	RAF
① 重視する点	守り（健全性）を重視した管理。	守り（健全性）、攻め（収益性）のバランスを重視した管理。
② 重要な目的	配賦された資本内にリスクが収まっていることが重要。その確認・チェックを行うことが一義的な目的。	リスク・資本・リターンのバランスが重要。健全性と収益性を意識したリスクアペタイトに沿った計画を立案（P）、遂行（D）し、それをモニタリング・評価（C）、必要に応じて手法等を改善（A）する、PDCAサイクルを回すことが目的。
③ 業務計画との関係	業務計画の一部である資本配賦計画が作成される。	すべての業務計画とリスクテイク計画が連動して作成される。
④ 関係部門	リスク管理部門が主体。	経営自らが積極的に推進し、企画部門、フロント（営業）部門等も関与。

わかりやすいであろう。もちろん、もともとの「risk management」という用語には「守り」と「攻め」のバランスをとっていく「経営」「運営」といった意味合いも強かったと思われる。しかし、過去に幾度となく起こったリスク管理の失敗と、それに対する金融規制の強化などによって「リスク管理＝守り」という概念が定着してしまった感は否めない。あえてRAFという用語を使用して、本来の「risk management」を取り戻したいという期待感もあるように思える。RAFとは、特別な新しいことを始めることではなく、本来あるべきリスクマネジメントをあらためて確認し、再構築していくフレームワークととらえるのがよいと思われる。

　RAFで重要なポイントは、表中②のとおり、PDCAサイクルを常に意識することである。PDCAサイクルは仮説・検証のプロセスを循環させてマネジメントの品質を高めようという概念であり、多くの業務に導入されている。当然、リスク管理業務でもこのPDCAサイクルは重視されるべきである。

　また、表中④の関係部門も大切な観点である。従前のリスク管理はリスク

管理部門が主体であった。リスク管理は専門性が高いため専門部隊に任せるのが適切だという概念が強かったからである。しかし、これからのRAFでは経営陣も含めた全社的な関与が重要となる。前述のRAFの定義でも「社内の共通言語」と記載されている。つまり、専門部隊だけに任せておくのではなく各部門に横串を通したリスク文化の醸成が求められることになる。

　本節では、従前のリスク管理とこれからのRAFとの違いを確認したが、本書では以降も「リスク管理」と表記する。ただ、概念としては従前の守りのリスク管理ではなく、本来あるべき「risk management」を意図していることをご理解いただきたい。

第2節

市場リスク管理のPDCAサイクル

　市場リスク管理は金融機関全体の戦略目標と整合的であることが求められる。また、市場リスク管理の運営サイクルも金融機関全体のリスク管理プロセスに整合的に組み込まれるべきである。よって、ここでは金融機関全体の観点からリスク管理サイクルのあり方について考察する（対象を市場リスクに限定しない）。なお、ここでのリスク管理サイクルは、第1節でのRAFと同義だと考えて差し支えない。

　リスク管理サイクルとはリスク管理を企業価値の向上に活用していくためのフレームワークであり、リスク管理におけるPDCA（Plan-Do-Check-Action）サイクルといえる。PDCAのPlan（計画）として、まず現状のリスクを把握することから出発し、経営資源である資本をどのように配賦すべきかという経営戦略に基づく業務計画の立案が行われる。Do（遂行）では各リスクテイク部門がリターンを得るべく業務計画に沿ってリスクテイクを行っていくことになる。Check（モニタリング・評価）には各部門におけるリスクテイクの状況を確認するモニタリングとパフォーマンス評価が含まれる。Action（改善）では資本配賦や資本効率性に関する検証が行われる。また、リスク計測手法などの妥当性の検証も併せて行い、次期に向けてより適切な資本の再配賦計画へつなげていく。これら一連のサイクルを積極的かつ組織的に実践することにより、事実に基づいた情報を活用した経営戦略・業務計画の立案が可能となり、計画的なリスクテイクによるリターン獲得と企業価値の向上を期待することができる。

　リスク管理サイクルのステップについては、図表4-2にその全体像を示した。なお、金融庁の監督指針でも、「リスク分析、対策の策定・実施、効果の検証、対策の評価・見直しからなるいわゆるPDCAサイクル」が重要視されている[4]。

164　第4章　市場リスク管理の運営態勢

図表 4 - 2 リスク管理サイクル

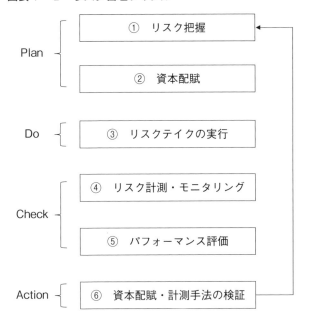

以下、各ステップについて基本的な考え方と留意点について説明する。

1 リスクの把握（リスクの特定・評価）

いうまでもなく、リスク管理の出発点は金融機関が抱えるリスクを理解し把握することである。リスクの把握に関連して留意しなければならないポイントを整理する。

(1) 把握・計測すべきリスク

リスクは網羅的に把握することが求められるが、すべてのリスクを 1 円単位で正確に計算しなければならないということではない。リスク管理はあく

---

4 「主要行等向けの総合的な監督指針」「中小・地域金融機関向けの総合的な監督指針」など。

まで経営陣の意思決定のために行われるものである。経営にインパクトを及ぼしうる重要性の高いリスクを把握することが主たる目的なので、どのリスクをどこまで精緻に計測するかは、業務の効率化も考慮して優先順位を付けるべきである。

リスクの網羅的な把握のためには、リスクを商品、リスクファクターの切り口から分類・整理することが有効である[5]。実務上は、商品の特性によってリスク計測が容易ではないものも存在する。またデータの制約などにより計測の精緻さにはばらつきが生じうる。しかし、リスク計測が困難だからといって、そのリスクを放置してよいということにはならない。もし、計測ができていないリスクがあったとしても、それがどのようなものなのか、また計測できない理由などをしっかりと認識し、経営陣や関係部門と認識を共有することが重要である。また、精緻にリスクを計測できない場合でも、概算レベルでその規模や方向性について、感覚をつかんでおくことも大切である。

このような計測が容易ではないリスクの代表例として、顧客行動に伴うリスクがあげられる。たとえば銀行におけるコア預金の金利リスクは、預金者行動に大きく左右される。コア預金の預金者行動は、他行との競争環境、預金金利と市場金利との差（いわゆる預金金利の市場追随率）などが複雑にからんでおり精緻なリスク計測はむずかしいのが現実だ。もちろんここでも、むずかしいからといってリスク計測を行わないという判断にはならない。なぜなら、コア預金の金利リスクが銀行にとって非常に大きなものであり、無視するわけにはいかないからである。精緻かつ合理的な計量は必ずしも容易ではないが、何らかの前提を置いてリスク計測は行う必要がある[6]。

(2) リスク計測手法と前提条件の選択

把握・計測すべきリスクを特定できれば、次にそのリスク量を実際に計測

---

5 詳細については第2章第1節2参照。
6 バーゼル規制の第2の柱「銀行勘定の金利リスク（IRRBB）」でも、コア預金を考慮したリスク計測が求められている。

することになる。計測手法や計測に際して設定する前提条件（パラメータの種類やその設定方法）にはいくつかの選択肢がある。自社でなぜその前提条件を採用したのか、その背景や根拠について明らかにし、認識を共有化しておくべきである。計測手法や前提条件についての詳細は第2章で解説しているので、ここでは選択に際してよく議論される事項について以下記載する。

リスク計測手法は、どれかが唯一絶対に正しいというものはない。それぞれの長所・短所を十分検証し、金融機関の規模やリスク特性によって最も適切な手法を決定することになる[7]。その際、いくつかの主要な手法や前提条件の設定についてシミュレーションを行い、それぞれの設定でどの程度の差異が生じうるか、またどのような特性があるかを確認しておくことが有効だ。ここでのシミュレーションは、精緻なものでなく簡易的な方法で十分である。たとえばVaRの計測において、分散共分散法、ヒストリカル法でどの程度の差異が生じうるか、金利の変動を把握する際に変化率と変化幅でどの程度の差異が生じうるかといったことは簡易なシミュレーションであればエクセルシートで可能である。また、市場環境が大きく変化すれば、手法や前提条件の適切さも変化する場合がある。一度決定したら変えてはならないというものではなく、継続的、定期的（少なくとも年1回）に検証を行うべきである。

また、リスク計測ではさまざまな仮定やパラメータが設定されるが、それらの仮定やパラメータにも不確実性が存在していることを理解し、その潜在的影響度（部門あるいは金融機関全体に与える影響度など）について認識しておくことが望ましい。たとえばVaRの計測では、過去の観測の市場データをもとにしてボラティリティや相関を計算する場合が多い[8]が、現時点の市場におけるボラティリティや相関と一致しているとは限らない[9]。そのよう

7　金融庁の監督方針では、「銀行の規模・特性等に応じた対応を行うこと」とされている。
8　特に分散共分散法でVaRを算出している場合は、市場変動にかかわらずボラティリティと相関を一定と仮定している。
9　経済環境や市場の需給状況によって変化する。また市場の混乱時には、平時の想定とは大きく異なる動きになりうることには注意が必要である。

な場合には、複数の仮定やパラメータを置いたそれぞれのVaRを計測し、モデルの特性を把握するといった方法も考えられる[10]。

(3) リスクの統合

リスク種類（商品やリスクファクター）ごとにリスク量が計測された後、それらを統合し、市場リスク全体のリスク量を把握することになる[11]。リスクの統合では、リスク種類間の相関をどのように織り込むか（分散効果の評価）が重要になる。金融機関全体の統合リスクでは信用リスクやオペレーショナルリスクなど、市場リスクとの相関を推定することがむずかしい場合もあるが、市場リスクの場合においては、過去の市場データの取得が容易のため、金利リスク、為替リスク、株式リスクなどの間の相関を考慮したうえでリスク量を統合するケースが多い[12]。

また、リスクを統合する際には、リスク種類ごとのリスクが整合的な方法で把握されていることが前提となる。たとえば感応度分析でのリスク値（BPV、GPSなど）とVaRで計測したリスク値とは同じ前提で計測されているリスクとはいえない。また同じVaRであっても、リスク種類ごとに異なる信頼区間（99％と99.9％など）や保有期間（20日、250日など）が用いられる場合は整合的とはいえない。理論的には信頼区間と保有期間を同一にして計算したVaRを合算するべきである。しかし、実務上は、信頼区間、保有期間が整合していなくても、そのまま合算して統合リスク管理を行っているケースも多くみられる。たとえば銀行においてVaRで統合リスク管理を行っている場合、預貸金ポートフォリオの保有期間は250日（1年間）、有価証券ポートフォリオの保有期間は20日（1カ月）と異なっているが、実務上はそ

10　ただし、経営陣への報告の情報量がふえすぎると、逆に経営陣が混乱し、経営意思決定に支障が出るおそれもある。経営陣への報告はなるべくシンプルであるべきで、この辺りのバランスは経営陣との密なコミュニケーションが求められる。

11　なお、市場リスクVaR計測では、リスク種類（金利、為替、株式など）を個別に計測してから統合するのではなく、統合VaRも含めて同時に計算する場合が多い。

12　ただし前述したように、前提条件として用いる相関係数には、それ自体に不確実性を伴う。たとえば過去データから相関係数を推定する場合、得られる推定結果はデータの観測期間によって異なることにも留意が必要である。

168　第4章　市場リスク管理の運営態勢

れぞれのVaRを単純合算しているケースもよくみられる。論理的な不整合はあることを認識しつつ、実務負担を考慮してリスク管理を行っている金融機関が多いことがうかがえる。

(4)　リスクの多面的な理解

リスクの評価については、単一の方法のみで計測するのではなく、限界や欠点を認識し、それを補う方法を検討することも必要である。たとえば近年ではVaRによるリスク量の把握に加えてストレステスト[13]を行うことが一般的となっている[14]。VaRの欠点として分布の裾野（テール）部分の評価の課題（信頼区間を超える損失の大きさが把握できないことや観測期間以外の変動状況が反映されないことなど）があげられるが、ストレステストはそれを補う方法の一つといえる。リスク計測手法に唯一絶対の正解というものはない。手法の限界や欠点を認識しつつ、継続的な検証や工夫によって精度をより高めていく意識が必要である。たとえばVaRにおいては、異なる手法で計測したリスク量の差異を分析することや、ストレステストやシナリオ分析を使ってVaR計測の手法や前提条件の妥当性を確認することが有効である。

(5)　経営陣の理解と承認

リスク計測手法や前提条件の設定については、最終的に経営陣（リスク管理委員会やALM委員会など）の承認を得る必要がある。経営陣は、リスク管理部門で計測されたリスク量の報告を受けるだけではなく、その背景にある考え方や特性、限界や欠点などの理解も求められる。しかし、リスク管理業務は専門性が高いのも事実であり、すべての経営陣がリスクに関して十分に理解できているとはいえないのが現実だろう[15]。さらに、毎月報告を受けている内容について「初歩的なことをいまさら聞けない」という状況になっ

13　ストレステストの詳細は第2章第2節5参照。
14　金融庁監督指針でも求められている。
15　もちろん、リスク管理担当役員、CRO（Chief Risk Officer）など、リスク管理業務に精通している経営陣も存在する。

てしまうのは、ある程度やむをえない面がある。

そのような状況も考慮して、リスク管理部門の担当者は以下の点を定期的に、繰返し経営陣に説明、報告することが必要となる[16]。

○　リスクの内容・定義。

○　リスクをテイクしなければならない理由。

○　リスク計測手法についての考え方。

○　前提条件における「みなし」の内容、「みなし」が及ぼす影響度合い。

○　リスク計測の精緻さの程度。特にリスク計測が困難なリスクの内容。

○　計測されていないリスクの有無、内容、規模、影響度合い。

2　資本配賦

RAFの観点ではこの資本配賦が最も大きなポイントとなる。どこでリスクをとってリターンをあげていくかという経営戦略そのものを表現するものだからである。

資本配賦はもともと金融機関全体の資本を各リスクカテゴリにどのように割り振るかという、統合リスク管理における検討テーマである。ここではいったん、市場リスクに限定せず、金融機関全体を対象とした考察を行うこととする。

現在、多くの金融機関で図表4－3のようなステップで各リスクカテゴリに資本を配賦している[17]。この資本配賦額が、各リスクカテゴリのリスクテイク限度額という位置付けとなる。以下、資本配賦においてよく議論される

16　「先月も同じ説明をしたので、しつこくならないか」などと担当者が悩む必要はない。それだけ専門性の高い業務であり、1回の説明で理解できるようなものではない。複数にわたる経営陣とのコミュニケーションを通じて、理解を促していくことが求められる。

17　図表4－3では、国際統一基準行を想定しているため「Tier 1」をベースにしているが、国内基準行の場合は「コア資本」をベースにしているところが多いと思われる。

図表4-3　資本配賦プロセスの概要

資本総額の決定	資本総額			
	Tier 1	評価損益	劣後性負債	その他
配賦可能資本、バッファの決定	配賦可能資本		バッファ	
各リスクへの配賦資本額の決定	信用リスク	市場リスク	オペリスク	留保枠

論点について、もう少し詳細にみていくことにする。

(1)　業務計画との整合性確保

　業務計画は、一般的に商品残高とそれに伴う収益額によって作成される計画である。特に営業の第一線では、残高（ボリューム）での計画と実績で管理する方法がわかりやすい。しかし、残高とリスク量は異なるものである。たとえば1年国債と10年国債を同額ずつ保有していた場合、金利リスクは1年国債よりも10年国債のほうが約10倍大きくなる[18]。それらを考慮して、資本配賦と業務計画との間に整合性をとらないと、経営のリスクテイク戦略と営業部門に示達する業務計画とが矛盾してしまうことになる。

　これは、RAFを運用する際にも論点となることが多い。「残高（ボリューム）が先か」「リスクテイク戦略が先か」という議論もよく行われている。RAFの本来のあり方から考えれば、「リスクテイク戦略→残高（ボリューム）」の順番のほうがわかりやすいであろう。しかし、これまでの残高（ボリューム）を主体とした業務計画作成の経緯や営業部門におけるわかりやすさなどを考慮すると、リスクテイク戦略を出発点とするのは、いますぐにはむずかしいのが現実だと思われる。多くの金融機関では、伝統的な残高（ボリューム）で計画のドラフトを作り、そのドラフトをもとにリスクシミュレーションを行うことが一般的になっているようである。残高（ボリュー

18　詳細には、国債のクーポンと市場金利との関係によって計算されるデュレーション（平均満期）によって決まる。

ム）とリスクシミュレーションを繰り返しながら、経営陣と営業部門の理解を得て、業務計画と資本配賦の両方を確立していくことが求められる[19]。

(2) 資本に何を使用するか

これまで「資本」という用語を繰返し使用してきたが、そもそもこの「資本」には何の数値を使用すればよいのだろうか。一般的に資本として認識される概念として以下の3種類が存在する[20]。

○ 会計資本
○ 規制上の資本（Tier 1、Tier 2、コア資本など）
○ 経済資本[21]

リスクが顕在化して損失が発生した場合に、その損失をカバーするのが資本の役割である。リスクが顕在化したときに発生する損失（リスク量）は、VaRで計測されることが一般的である。このVaRは、資産・負債の価値の減少を損失ととらえるものである。価値ベースであるVaRと対比させるためには、資本も価値ベースである経済資本を用いるべきと考えられる。

一方、情報開示の視点では、会計資本および規制資本も重要な数値である。リスクが顕在化したときにこれらの資本がマイナスになるなどの状況は、経営陣としては許容しがたい。したがって、経済資本を主軸にしたうえで、規制資本および会計資本が満たすべき制約条件を考慮し、調整を加えて決定するアプローチが考えられる。たとえば規制資本と経済資本が同程度である場合は、規制資本を用いることも選択肢になりうる[22]。事実、図表4－3のように規制資本をベースに評価損益などの調整を加えて価値ベースに近

---

19 金融庁の監督指針でも「リスク資本の配賦は、業務計画、収益計画等と整合性」があることを求めている。
20 この3種類に加えて株式時価総額という考え方もある。これは株式市場による会社の株主価値の評価額と考えることができ、ここには資産・負債の価値に加えて将来発生する収益の現在価値（のれん的な要素）も織り込まれているといえる。本書ではこの考え方は取り上げないこととする。
21 経済資本とは、資産・負債の経済価値の差額である純資産の経済価値と定義することが多い。
22 特に外部向けの参考として検討する場合には、規制資本は一定の規則に従って計算される公表数値であり、わかりやすさという点において優位性がある。

づけ、資本配賦の原資としている金融機関は多い。

(3) バッファと留保枠の設定

　リスクが顕在化し大きな損失が発生した場合でも、金融機関が営業を継続できるための資本を確保しておく考え方が一般的となっている。図表４－３で「バッファ」と記載している部分である（未配賦資本と呼ばれることもある）。このバッファについて、多くの金融機関で、最低限求められる自己資本比率を確保する水準に設定している。特に国内基準行の場合は、自己資本比率４％を確保する水準にしているところがほとんどである。しかし近年、この４％の水準は過剰ではないかという議論がなされるようになっている。過剰の理由としては、以下があげられている。

　　　○　統合リスク量（市場リスク＋信用リスク＋オペレーショナルリスク）が同時に損失として顕在化することは、現実的に考えにくい。統合リスク量は各リスクカテゴリの相関関係は考慮せず、単純合算するのが一般的となっているが、現実的には各リスクカテゴリにはある程度の相関関係が存在し、分散効果があることを認識しているからである。

　　　○　すべてのリスクカテゴリで限度額に抵触する事態に陥るには、ある程度時間がかかることが想定される。その間に、経営として相応の対応策（ポジション縮小、リスクヘッジ、増資など）の検討が行われるはずである。

　　　○　株主の視点からは、資本効率の問題として指摘される可能性がある。

　バッファの適切な水準については、今後あらためて検討すべき大きなテーマになることが想定される。

　また、「留保枠」と呼ばれる部分についても議論になることがある。図表４－３では、各リスクカテゴリ（市場、信用、オペレーショナル）に配賦した残りの部分が該当する。留保枠は一般的に以下の目的と位置付けられることが多い。

第2節　市場リスク管理のPDCAサイクル　173

○　各リスクカテゴリにおけるリスク量の限度超過時への対応

○　計量化対象外リスクへの対応

　理想としては、この二つの目的について複数のシナリオによる分析を行って、必要な留保枠をまず先に決定すべきである。しかし実務上は、このシナリオの作成はむずかしいであろう。前者についてはリスク量の限度超過を想定したシナリオを考えなくてはならないが、どのようなシナリオを置くべきか、その根拠付けはむずかしい。また後者についても、計量化対象外である非財務リスク（コンダクトリスク、サイバーリスクなど）[23]が、どの程度の損失を発生する可能性があるか、現在の技術で想定するのは困難である。この留保枠については別途ストレステストを行って、残りの部分である留保額がストレス時にもカバーできる適切な水準となっているかどうか、定期的に検証することが実務としては現実的かと思われる。

⑷　資本配賦額とリスク量の関係

　これまでみてきた内容を踏まえると、資本配賦額は一義的には「リスク限度額」であり、これ以上のリスクをとってはならない額と考えるのが自然である。それでは、RAFにおける「進んで受け入れるべきリスク量」はどう考えればよいだろうか。多くの金融機関で、この辺りの整理が不十分なように思われる。資本配賦額の位置付けも「リスク限度額だ」「いや、リスクテイク目標とすべき」など、人によって意見が異なるケースも散見される。

　リスクテイク額に関する基準としては、図表4－4のような整理をすることが考えられる。もちろんこれは一つの事例であるが、このような議論を行うことによって、さらにリスクテイクを強く意識した資本配賦の検討が可能になると思われる。

⑸　市場リスクカテゴリ内の資本配賦

　ここまでは、金融機関全体の資本とリスクを主眼として考察を行ってき

23　非財務リスクについては、第6章第1節参照。

図表 4 - 4　リスクテイク額に関する基準（事例）

目安	位置付け
① リスク限度額	資本配賦額。これ以上のリスクテイクは行ってはならない。
② アラームポイント額	①のリスク限度額に接近しており、リスクテイク状況の分析が必要となる水準（リスク限度額の80％など）。
③ リスクテイク目標額	業務計画どおり遂行した場合に予想されるリスクテイク額。RAFにおける「進んで受け入れるべきリスク量」の位置付け。
④ リスクテイク最低額	最低限確保しなければならないリターン（当期純利益、コア業務純益など）を達成するために、最低限必要と予想されるリスクテイク額。

た。市場リスクについては、市場リスクカテゴリとして配賦された資本額を、リスク要因、商品、デスク、トレーダーなどにさらに細かく再配賦することになる。

　ここで、市場リスクカテゴリ内については分散効果を考慮する場合がある。市場リスク計測では過去の市場データを使用するので、各リスク要因間の相関の把握は容易である。リスク要因間の相関が完全相関（相関係数がすべて1）でない限り、各リスク要因の単独ベースのリスク量の総和よりもポートフォリオ全体のリスク量は小さくなる。その差額は一般に分散効果として認識され、リスク量の分布を表す際にマイナスの数値として認識されるケースが多い（図表 4 - 5 参照）。資本の再配賦の際も分散効果を考慮して各リスク要因に配賦されることもある。

3　リスクテイクの実行

　作成された資本配賦およびリスクテイク目標に基づいて、営業部門（フロント部門）が実際のリスクテイクを行っていくことになる。近年は、フロン

図表4－5　市場リスク要因と分散効果（事例）

（単位：億円）

市場リスク要因	VaR
金利	161
為替	34
株式	85
分散効果	▲ 33
市場リスク合計	247

ト部門も1線のリスクオーナー[24]として、リスク・リターンの関係を意識したリスクテイクが求められる。

4　リスク計測・モニタリング

　リスク管理部門および経営陣（リスク管理委員会やALM委員会など）は継続的にリスクテイクの状況をモニタリングし、必要に応じて適切なアクションをとることが求められる。日々のリスク管理業務で重要になるのは、フロント部門に対する牽制とリスクテイク状況の分析である。以下、留意すべき点についても考察する。

(1)　限度額管理

　設定された限度額の遵守状況のモニタリングは、リスク管理業務の根幹をなすものである。ただ、一口に限度額といっても、その目的によってさまざまな位置付けが存在する。一般的には大きく「ハードリミット」「ソフトリミット」の2種類に分けて考えることが多い。

　この限度額は、リスク量と損益の両方に設定されるのが一般的である。

---

[24]　リスク管理の3線モデルは第1線（フロント）、第2線（リスク管理）、第3線（内部監査）によって実効的な牽制態勢を確保する枠組みである。

176　第4章　市場リスク管理の運営態勢

図表4－6　限度額の種類

限度額	概要
ハードリミット	超えることが許されない限度額。超過したら直ちにポジションをクローズ、あるいは限度額内に収めるような取引を強制的に行わなければならない。積極的な取引によってリターンを追求するトレーディング部門（トレーディング勘定）やトレーダーに対する限度額として採用されることが多い。
ソフトリミット	限度額を超えた場合は、協議のうえで方針を決定するもの。ガイドライン的な意味合いが強い。バンキング勘定全体の限度額など、関係部門が複数存在する場合や、ポジションコントロールに時間がかかるようなポートフォリオに対して採用されることが多い。

a　リスク限度額

　限度額の設定は、図表4－4におけるリスクテイク額に関する基準の概念や、図表4－6の限度額の種類を総合的に勘案して行われる。部門ごとあるいは金融機関全体のリスク量が業務計画、資本配賦で定めた限度額やリスクテイク目標額と比較して、大きく乖離していないかを確認し、乖離状況がみられる場合にはその原因究明を行う必要がある。

b　損失限度額

　ここでの「損失」は、必ずしも会計上の損益にとどまらず、経済価値の変動も把握することが望ましい。リスクを経済価値ベースのVaRで把握していれば、リスクテイクによるリターンも経済価値ベースでみるべきだからである[25]。

　実務上は、有価証券ポートフォリオに対して損失限度額を設定することが多い。当然、この損失は実現損だけでなく、評価損も含めて設定されるべきである。損失が発生した場合、その損失をどのようにカバーするかが検討される。通常は、損失は「金融機関の一定の期間損益」あるいは「自己資本」

25　たとえば預金などの負債の価値変化は会計上の損益としては評価されないが、リスク計測上その金利リスクを評価しているのであれば、その価値の変化をリターンとしてモニタリングすることは自然のことといえる。

図表4－7　損失限度額の事例

種類	位置付け	設定根拠（例）
アラームポイント	ソフトリミット	期間損益1年分
損失限度額	ハードリミット	期間損益3年分 自己資本比率2％相当額 配当可能額[注]の30％相当

注：会社法では「配当可能額＝その他資本剰余金の額＋その他利益剰余金
　　の額」としており、「その他有価証券の評価損」が配当可能額を超過
　　すると配当不可能となる。

のどちらかでカバーすると考えることが多いと思われる（図表4－7）。

　重要なことは、それぞれのポイント、限度額の位置付けである。2020年以降の米ドル金利上昇局面で、多くの金融機関で有価証券の評価損が拡大した。その際、損失限度額を超過しているにもかかわらず、安易に限度額を拡大したり「再協議ライン」といった新たな目安を新設したりするなど対応が後手に回り、さらに大きな評価損を抱えることになったケースが相次いだ。経営陣も含めて、設定された限度額の位置付けと、超過時の対応について平時から認識の共有化を図っておくべきである。

　なお、評価損の拡大は金融機関全体の経済価値の減少につながり、全体のリスク許容度が低下していることを意味する。その減少額が大きい場合には、資本配賦のステップに戻り、とっているリスクに対して資本額が不足している状況になっていないか、資本配賦そのものを見直す必要がないかなどを確認する必要がある。

(2)　外部環境のモニタリング

　外部環境としては、経済環境（景気の状況など）や市場環境（金利や為替、株式の動向など）が当初の想定の範囲内であるかどうかを確認し、乖離が生じている場合にはリスクテイク戦略の見直しを検討することになる。さらに、リスク計測に用いていた前提条件に変化が生じていないかどうかを確認することも重要である。たとえばパラメータとして設定していたボラティ

リティや相関関係が想定から大きく変化していないかを継続的に検証することが求められる。

(3) リスクコントロールの考え方

リスクコントロールでは、リスクテイク状況（特にリスク限度額への抵触）、損失の発生状況（特に損失限度額への抵触）および外部環境の変化に応じて対応を検討し、必要に応じてリスク量を削減することになる。リスクコントロールは、状況に応じて迅速な対応を迫られることも想定されるため、事前に作成されているリスク管理方針・手続（ポリシー・アンド・プロシージャー）を関係部門と共有しておくことが必要である[26]。

リスク限度額の超過が発生している場合や適切なコントロールが困難となっているリスクが存在する場合には、迅速に経営陣（担当役員やリスク管理委員会、ALM委員会など）に報告し、対応策を検討する必要がある。

損失の発生については前述したとおり、特に大きな損失が発生した場合は金融機関全体のリスク許容度が低下している可能性が高いため、資本十分性の再検証や資本の再配賦、リスク削減、リスク限度額の再設定を含めて総合的な対応が求められる。

外部環境の変化では、たとえば各部門がリスク限度額を守っていたとしても、市場相関の変化により金融機関全体としてのリスク量が限度額を超過してしまうといった事態もありうる。そのような場合でも、要因分析に基づくリスクの削減やリスク限度額の再設定などの対応が求められる。

(4) モニタリングの頻度・経営陣への報告と意思決定

リスクテイク状況のモニタリングはリスク管理部門および経営陣（リスク管理委員会、ALM委員会など）の双方で行われるが、両者でその目的と頻度は異なる。平常時においては、リスク管理委員会などは月に1回開催され、日常的にはリスク管理部門が定例的なモニタリングを行うのが一般的で

26　金融庁の監督指針でも、リスク管理方針に基づくことの重要性が記載されている。

第2節　市場リスク管理のPDCAサイクル　179

ある。リスク管理部門は日常のモニタリングで、限度額への抵触などがあった場合は、まず担当役員に迅速に報告し、状況によっては臨時リスク管理委員会などを招集することが求められる。必要に応じてリスクコントロールの実施やリスクテイク戦略の見直しなど、経営陣に意思決定を促すことが必要となる[27]。

(5) 営業（フロント）部門とのコミュニケーション

リスク管理部門は、営業（フロント）部門に対する牽制機能を発揮するため、組織的に独立性を確保されている必要がある。特に日々能動的に市場リスクをテイクしてリターンを追求しているトレーディング部門（いわゆるフロント部門）に対する牽制は重要となる。一方、リスクテイク状況のモニタリングの一環として、常にフロント部門とコミュニケーションをとり、市場環境や金融商品の流動性などについての情報取得に努めることも重要である。情報端末からのデータだけではみえにくい市場動向の理解が深まることが期待される。また、フロント部門との対話のなかで、リスク管理部門が想定していなかったリスク要因を見出すなど、リスクの見落としを発見できる契機にもなりうる。特にリスクコントロールを実行する際は、市場での資産の売却やデリバティブ取引の利用が想定されるが、その実施可能性に備えてそれら商品の市場流動性の動向も把握しておくことも重要である。

またリスク計測情報をフロント部門に提供するフィードバックも重要なプロセスである。このフィードバックによって、フロント部門もよりリスクを意識したリターン追求が可能になる。全社横断的なRAFが求められているなか、経営陣、フロント部門、リスク管理部門のコミュニケーションは、今後より重要性を増すものと思われる[28]。

---

27 経営陣の要望によって、より高い頻度（たとえば日次、週次）で経営陣への報告が行われるケースもある。
28 リスクコミュニケーション、リスクカルチャーの醸成といった観点からも重要な観点といえる。

180 第4章 市場リスク管理の運営態勢

5 パフォーマンス評価

　一定期間（半年、1年など）のリスクテイク、リターン実績の情報を有効に活用し、将来のリターン向上、企業価値向上に役立てることがパフォーマンス評価の目的である。パフォーマンス評価は将来の業務計画（資本の配賦計画の策定）のための重要な情報であるとともに、フロント部門に対する適切なインセンティブ付けの基礎情報になる[29]。

　パフォーマンス評価では、リスク対比でのリターン実績を評価することが、最も大切なポイントになる。また、リスクテイク計画、リターン計画と実績値で乖離があった場合は、その要因についても検証することが求められる。

(1) リスク調整後リターンでの評価

　企業価値の向上という視点では、資本を効率的に活用すること、すなわち単位資本当りの収益性を向上することが求められる。その観点から、パフォーマンス評価ではリターンの実額だけではなくリスク調整後のリターンを用いて評価を行うべきである。

　リスク調整後リターンではなくリターンのみでしか評価していないとしたら、リスクテイクのプロセスは関係なく、リターンを多くあげたものが高く評価されるという歪んだ認識が広まってしまう[30]。そうなると、リスク管理部門によるフロント部門の牽制が機能しなくなり、最悪の場合フロント部門の暴走を許してしまう環境ができあがってしまう懸念がある。リスク調整後リターンによるパフォーマンス評価を行うことによって、経営陣に対して有意義な情報を提供すること、およびフロント部門に対して正しいインセンティブ付けを与えることができる。

29　大手金融機関では、パフォーマンス評価が業績連動報酬の一部の要素になっているケースもある。

30　フロント部門の立場からは、過剰なリスクをとって大きなリターンをあげればボーナスがふえるが、反対に大きな損失を出してもボーナスはゼロでとどまる（個人としての賠償責任はない）という、有利な条件となってしまう。

第2節　市場リスク管理のPDCAサイクル　181

図表 4 - 8　リスク調整後リターンの指標（例）

種類	計算式	特徴
信用コスト控除後収益	業務純益－信用コスト	業務純益から信用コスト（期待損失）を控除したもの。多くの金融機関が算出、活用している。 ただし、リスク（非期待損失）に対する収益性の把握ができない。
RORA(Return on Risk-weighted Assets)	信用コスト控除後収益／リスクアセット	特定の取引やポートフォリオでテイクしているリスクアセット（バーゼル規制上のリスク）に対する収益性を把握するもの。
RAROC(Risk-Adjusted Return on Capital)	信用コスト控除後収益／リスク	特定の取引やポートフォリオでテイクしているリスク（あるいは配賦資本）に対する収益性を把握するもの。ここでのリスクは、内部管理上のリスクが使用される。
SVA（Shareholders Value Added）	信用コスト控除後収益－リスク×資本コスト率	資本コストを差し引くことで、株主付加価値を求めるもの。「額」の指標となるため、収益比率の把握はできない。また、資本コスト率を別途設定する必要がある。

　リスク調整後リターンの指標としては、図表 4 - 8 のような指標が使用されることが多い。

(2)　損益要因の理解

　リスクをテイクしている以上、損失が発生する可能性があることはやむをえない。しかし、経営の視点からはなぜその損失が発生したのかという要因を明確にしておく必要がある。前述のとおり、リスクテイクに際しては目的と責任が明確化されていることが望まれる。パフォーマンス評価ではその観点から、当初想定された目的と責任のうちどの領域でどのような損益が発生していたかを確認することが求められる。その分析の結果、もし責任の所在が明確でない損失が存在する場合には、リスク管理サイクルにおけるリスクの把握と資本配賦のプロセスに立ち戻る必要があるといえる。

6 資本配賦・計測手法の検証

前項のパフォーマンス評価を受けて、経営戦略として次期の資本配賦が見直されることになる。この資本配賦の再検討のプロセスは、会計上の区切り（年度単位など）で行うことが一般的である。一方、経営環境や市場環境に大きな変化があった場合は、期中においても柔軟に見直しを行える態勢を整えておくことが必要である。大きな損益が発生した場合は、全体として使用可能な資本量が増減するため、資本配賦そのものについても見直しが必要になるほか、市場環境やリスク計測上の前提条件も大きく変化している場合が多いため、包括的な検証が必要になる。

また計測手法については、繰返しになるが、手法や前提条件には複数の選択肢が存在し、どれか一つの方法が唯一絶対ということではない。金融機関の規模やリスク特性、また外部環境によってその選択は異なりうる。逆にいうと、金融機関のリスク特性の変化や外部環境の変化によって用いるべき手法や前提条件も変わってくる可能性があることを認識すべきである。さらに、手法や前提条件の考え方は管理手法の高度化やICT高度化によって常に進化するものであり、現在使用している方法が陳腐化していないかということも確認する必要がある。

実際にリスク計測を実施していると、市場環境はあまり変化していないのにリスク値が大きく変動するなど、必ずしも感覚と合致しないようなケースが出てくることもある。そのような場合には、他の手法による計測結果と比較を行う、あるいは前提条件を変化させて計算するなどの検証作業を行い、原因究明に努める必要がある[31]。

31　金融庁の監督指針でも「定期的にモデルの前提やロジックを見直し、適切性を検証している」ことを求めている。

第2節　市場リスク管理のPDCAサイクル　183

第 **3** 節

市場リスク報告レポート

　計測された各種リスクの情報は経営陣や関係部門に報告される。経営陣は報告された内容をもとに、リスクテイク戦略に関する意思決定を行う[32]。市場リスクの報告方法は金融機関によってさまざまであるが、本節では①リスク計測とモニタリング（限度額管理）、②リスク分析、③リスク報告の三つの要素に分類して整理してみたい。

1　リスク計測とモニタリング（限度額管理）

　第2節4の考え方に基づいて設定された、リスクと損失の限度額の遵守状況がモニタリングされる。限度額の80％などをアラームポイントとして設ける場合もある。

　リスク限度額は一般的にリスク量（VaR）で設定されることが多い。金融機関全体の配賦可能資本が統合リスク管理の枠組みのなかで各リスクカテゴリに配賦される（さらに、商品や部門、トレーダーにまで細かく再配賦される場合もある）。VaR以外にも、その対象商品の特性によって、別の限度額設定がなされる場合もある。たとえば債券保有残高や先物枚数といった取引量にかかわるものや、BPVやオプションリスク指標のような感応度にかかわるものなどがあげられる。経営陣が対象商品のリスクをどのようにコントロールしたいか、あるいはコントロールしやすいと考えているかによって、限度額設置の方法も変わってくるのである[33]。

　損失限度額は、総合損益（評価損益増減＋期間損益）や評価損（含み損

32　"Principles for effective risk data aggregation and risk reporting"（BCBS、2013年1月）では、G-SIBs向けにリスク報告に関する諸原則を公表し、遵守を求めている。第1章第2節5(5)参照。

益）などに設定されることが多い。特に有価証券ポートフォリオにおいて
は、この損失限度額を明確にした運用が求められる（第2節4参照）。

2　リスク分析

　リスクモニタリングは、限度額の管理だけ行っていればよいわけではな
い。日々の市場変動やポジション動向によって、金融機関が抱えるリスクの
特性や傾向を分析することが重要である。特に複数のリスク要因を包含した
商品やポジションについては、そのリスク構造を分解し、どの要因からリス
クが生じているかを把握しておくことが大切である。リスクが発生している
源泉をつかんでおけば、それに対する迅速な対応も可能となる。

　リスク管理とICT技術の高度化によって、金融機関全体のリスク（VaRが
一般的）を統合的に把握することは可能となっている。統合リスク管理の観
点からは大きな進歩だが、高度化すればするほど計測ロジックは複雑化する
傾向があり、リスク計測プロセスそのものがブラックボックス化してしまう
おそれもある。VaRという一つの数値だけでリスクをコントロールすること
はできない。リスク管理の担当者は、経営陣がどのような分析を求めている
のか、綿密なコミュニケーションを行って常にリスク分析方法の見直し、高
度化を図るべきである。

　図表4－9に、経営陣とリスク管理部門との間でよく行われるコミュニ
ケーションの例をあげた。

　このようなコミュニケーションを継続的に繰り返すことで、リスク分析の
ノウハウや経験が蓄積され、リスク管理部門の強固な土台となることが期待
される。

33　実務では、VaRの限度額は運用がむずかしいという指摘もある。ポジションの変化が
　　なくても、市場変動によってVaRが変動するからである。一方で、残高や感応度はポジ
　　ション変化に合わせて同じように動くため、リスクコントロールの手段としては容易な
　　指標だともいえる。

図表4-9　経営陣とリスク管理部門のコミュニケーション（例）

経営陣からの質問・要望	リスク管理部門の対応
①　なぜVaRが前月から大きく増加しているのか、説明をしてほしい。	・前月からポジションが変化していなくても市場の変動によってVaR計測のパラメータ（分散共分散など）が変わればVaRは大きく変化する場合があることをわかりやすく説明する。 ・ポジション要因（パラメータは前月のまま）やパラメータ要因（ポジションは前月のまま）などによるVaR計測を行い、その比較を行うことよってVaRが変動した要因分析を行う。
②　最近のVaRはリスク限度額に近づいてきているので、リスク量を減らすためにどのようなアクションをとればよいのか。いくつかのプランとその期待効果を提示してほしい。	・スワップによるヘッジ取引やリスクの大きいポジションの売却など、複数のアクションプランとその期待効果の分析を行い、説明を行う。 ・期待効果を表すためには、リスク情報だけではなくリターン情報を併せて使用することが重要である。リスク対リターンの観点から経営の意思決定を促すような工夫が求められる。

3　リスク報告

　リスクの情報は、経営陣と関係部門宛てに報告される。それぞれ詳細にみていきたい。

(1)　経営陣への報告

　報告において重要なことは「情報を要求している人に対して適切な情報をタイムリーに伝えること」である。当然のことに思えるが、現実には経営陣が求めている情報がうまく報告できていないケースも多いようである。どのような情報をどのようなレイアウトで伝えてほしいのか、経営陣とリスク管理部門の密なコミュニケーションが必要である。何回にもわたる対話のキャッチボールと試行錯誤を経て、その金融機関に適した報告体系が確立されるのである[34]。

経営陣に対してリスク情報の報告を適時適切に行い速やかな経営意思決定を可能とすることがリスク報告の最終かつ最大の目的であることを、あらためて認識する必要がある。

(2) 関係部門への報告

経営陣への報告と並んで関係部門への報告も重要である。リスク用語は金融機関全体における共通言語でなくてはならない[35]。経営陣に対してリスク用語で報告していても、経営陣が関係部門へ指示を出すときにリスク用語が使えなければ意味がない。リスクの情報に対して社内で一貫性を確保することが重要である[36]。

関係部門のなかでも最も重要なのは「フロント部門」と呼ばれるところであろう。ここでは主に、有価証券などを能動的に売買してリターンを得るトレーディング部門を想定している。自己勘定部門では厳密なリスク・リターン指標で業績評価されるトレーダーなども多く、リスク管理部門から日々リスク情報が報告されているのが一般的である。

フロント部門への報告は経営陣への報告とは異なり、かなり詳細なポジション、リスクの情報が求められる場合が多い。また、フロント部門とのコミュニケーションが進めばリスク管理部門に対してさまざまなリスク分析の要求もふえるであろう。このような循環を作り出すことによって、さらにリスク管理高度化へのノウハウが蓄積され、金融機関全体としても、よりリスク耐性の強い組織へ変革していくことが期待される。

一方、トレーディング部門以外（バンキング勘定での債券投資部門など）へは、リスクの報告が不十分である金融機関がみられるのも事実である。フロント部門で独自にポジションを把握していて、リスク管理部門のリスク計測結果の報告がなされていない、あるいは報告されても参考程度という場合

34　一方で、経営陣が変われば報告体系も当然変わりうる。
35　RAFでも「社内の共通言語」とすることを求めている（第1節参照）。
36　近年では「リスク文化（リスクカルチャー）」と呼ばれ、リスクガバナンス構築のなかでも重要視されている。

も散見される。フロント部門とリスク管理部門で、認識しているリスク量が異なるといったケースもある。このような状況では、全社的なRAFを推進していくのはむずかしい。システムの統合、組織態勢、情報連携など、根本的な見直しが求められよう。

4　市場リスク報告レポートの事例

　ここでは、経営陣への報告様式について考察を行う。もちろん金融機関によって経営陣が要求する情報量、レベル感などが異なるので、リスク管理委員会などで十分な検討を行うべきだが、報告内容の骨子は図表4－10のように整理することができる。

　報告項目は大きく「基本項目」「追加項目」の2種類に分けられる。前者は一定の様式に従って、継続的にリスクテイクの状況をモニタリングしていくものである。後者は、その時々の市場環境や経営環境によって大きな課題

図表4－10　経営報告内容の骨子

<table>
<tr><td colspan="2">項　目</td><td>内容の例</td></tr>
<tr><td rowspan="3">基本項目</td><td>①　リスク情報
（図表4－11、図表4－12）</td><td>・経済価値ベース（感応度、VaR）
・期間損益ベース（シナリオ分析、EaR）</td></tr>
<tr><td>②　リターン情報
（図表4－13）</td><td>・経済価値ベース（総合損益ベース）
・期間損益ベース</td></tr>
<tr><td>③　パフォーマンス評価
（図表4－13）</td><td>・リスク・リターン比率（RAROCなど）</td></tr>
<tr><td rowspan="2">追加項目</td><td>④　リスク分析
（図表4－14）</td><td>・経営陣から要望のあった分析結果
・注目すべきリスク要因の分析</td></tr>
<tr><td>⑤　アクションプラン
（図表4－14）</td><td>・経営陣から要望のあったシミュレーション結果
・リスク管理部門の独自案によるシミュレーション結果</td></tr>
</table>

188　第4章　市場リスク管理の運営態勢

となりそうなテーマや経営陣から特別に要望のあった検討項目などがあげられる（様式の事例は図表4 −11〜図表4 −14を参照）。

　特に経営陣との対話という観点では、後者の「追加項目」が重要になる。自社の経営陣がどのような情報を望んでいるのか、またリスク管理担当者は何を経営陣に理解してもらい、どのような意思決定をしてもらいたいのかというコミュニケーションを、報告資料を媒体にして行っていくのが有効である。

図表 4 − 11 経営報告資料の事例 1

市場リスク管理　報告資料　　　　　　　　　　　　　　　　　　　基準日：202X年 8 月31日
1　経済価値ベースのリスク取得状況（感応度・VaR）　　　　　　作成日：202X年 9 月 3 日

(1) 金利リスク

（単位：百万円）

	金利感応度（10bpv）								VaR値
	6M	1Y	2Y	5Y	7Y	10Y	20Y	30Y	合計	
流動性	336	1,793	1,802	5,426	3,052	11,570	0	0	23,980	58,750
定期	275	1,467	1,475	1,356	763	2,892	0	0	8,229	19,338
その他	19	5	0	0	0	0	0	0	24	53
預金	630	3,265	3,277	6,782	3,815	14,462	0	0	32,232	90,251
リスク限度枠	−	−	−	−	−	−	−	−	40,000	−
枠抵触状況										
法人向け	−394	−903	−1,580	−7,359	−1,959	−1,830	−1,121	−726	−15,873	38,095
個人向け	−169	−387	−677	−3,154	−4,570	−4,271	−2,616	−1,694	−15,844	39,135
その他	−14	−13	−24	−67	−59	−134	−23	−27	−361	1,262
貸出	−577	−1,304	−2,282	−10,579	−6,587	−6,235	−3,761	−2,447	−32,078	81,477
リスク限度枠	−	−	−	−	−	−	−	−	−40,000	−
枠抵触状況										0
満期保有目的	−48	−111	−194	−901	−560	−523	−320	−207	−2,864	7,618
その他保有目的	−193	−442	−774	−3,604	−2,238	−2,092	−1,282	−830	−11,455	28,523
その他運用	−4	−7	0	0	0	0	0	−12	40
有価証券運用	−246	−561	−968	−4,505	−2,798	−2,615	−1,602	−1,037	−14,331	35,970
リスク限度枠	−1,000	−1,000	−2,000	−4,000	−4,000	−4,000	−2,000	−2,000	−20,000	50,000
枠抵触状況				※		※				
オフバランス（金利スワップ）	98	108	58	153	0	0	0	0	416	1,290
リスク限度枠	500	500	750	750	750	750	250	250	2,000	5,000
枠抵触状況										
合計	−95	1,509	86	−8,149	−5,569	5,612	−5,362	−3,484	−13,760	38,528
リスク限度枠	1,500	3,000	5,000	10,000	10,000	10,000	10,000	5,000	20,000	50,000
枠抵触状況				※						

※：限度枠80%超過

(2) 株式リスク

（単位：百万円）

	株式感応度 1％V	VaR値
上場株式	703	5,273
非上場株式	332	2,390
その他・個別	212	1,548
合計	1,247	9,851
リスク限度枠	2,000	20,000
枠抵触状況		

(3) 為替リスク

（単位：百万円）

	為替感応度 1％V	VaR値
USD／JPY	421	3,747
EUR／JPY	215	1,828
その他	0	0
合計	636	4,961
リスク限度枠	1,000	8,000
枠抵触状況		

(4) 市場リスク統合

（単位：百万円）

	VaR値
金利リスク	38,528
株式リスク	9,851
為替リスク	4,961
市場リスク合計	46,939
リスク限度枠	75,000
枠抵触状況	

(5) ストレステスト

		経済価値	ガイドライン
シナリオ①	IRRBB 上方パラレル	−134,846	−200,000
シナリオ②	株式下落	−37,410	−
シナリオ③	長期金利急騰	−163,164	−

［コメント］

・個人住宅ローン（固定変動型）の残高増加によって、5 〜10年までの金利感応度が上昇傾向にある。
・日本国債の中期ゾーンの積極購入により、金利感応度（5 年）がリスク限度枠を超過。ただし、市場環境が安定していることから当面様子見とする。
・利回り向上のため超長期国債を増額。金利感応度（20年）でリスク限度枠80%に達しているが、こちらは限度額まで増額の予定。

市場リスク要因分布状況（VaR・百万円）

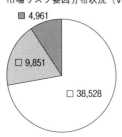

図表4−12　経営報告資料の事例2

2　期間損益ベースのリスク状況（シナリオ分析・EaR）
(1)　シナリオ分析

（単位：億円）

	① メイン	② サブ1	③ サブ2	④ サブ3
資金利益（202X年度）	642.2	656.5	621.4	630.7

① メインシナリオ：市場金利が穏やかに上昇するシナリオ
② サブ1：202X年後半に長期ゾーンの金利が上昇し、イールドカーブがスティープ化するシナリオ
③ サブ2：202X年後半にかけて景気が減速し、金融政策が利下げに転換するシナリオ
④ サブ3：現状の金利が横ばいで推移するシナリオ

(2)　期間損益分布（EaR）

（単位：億円）

	50%点	99%点	EaR値
資金利益（202X年度）	648.5	603.2	45.3

(3)　シナリオ分析結果と期間損益分布の状況

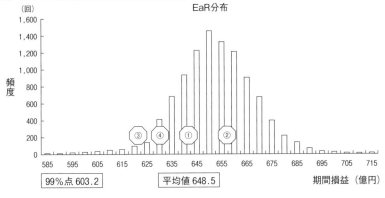

[コメント]
・202X年度の資金利益の下ブレ幅（EaR）は45.3億円であり、99%状態（603.2億円）となっても当期純利益の黒字は確保可能であり、リスクの観点から許容範囲といえる。
・各シナリオ（①〜④）のシミュレーション結果も、EaR分布の範囲内から大きく外れておらず、シナリオの想定に一定の客観性が担保されていると考えられる。
・現段階では、すぐにアクションを起こす必要性は低いと考える。一方で、②（サブシナリオ1）では長期金利急騰によって、資金利益は増加するが、有価証券の含み損が膨らむ可能性があることに留意する必要がある。

図表 4－13　経営報告資料の事例 3

3　リターンおよびパフォーマンス評価

(単位：百万円)

	経済価値増減(※1)	損失限度額	期間損益(※2)	配賦資本	リスク量(VaR)	資本使用率	パフォーマンス指標 ROE	RAROC	SVA
	A	−	B	C	D	E=D/C	G=B/C	H=(A+B)/D	I=(A+B)*C*2%
市場部門	3,016	▲10,000	2,627	75,000	46,939	62.6%	3.5%	12%	4,143
金利リスク	1,605	▲8,000	2,222	50,000	38,528	77.1%	4.4%	10%	2,827
預貸金	354	▲5,000	1,045	20,000	8,774	43.9%	5.2%	16%	999
債券ポートフォリオ	1,356	▲5,000	1,231	50,000	35,970	71.9%	2.5%	7%	1,587
オフバランス	▲105	▲300	▲54	5,000	1,290	25.8%	−1.1%	−12%	▲259
株式リスク	965	▲1,000	159	20,000	9,851	49.3%	0.8%	11%	724
為替リスク	323	▲1,000	95	8,000	4,961	62.0%	1.2%	8%	258
その他リスク	123	▲500	151	−	−	−	−	−	−

(※1)　今期初から現在までの経済価値の増減（信用リスク等のリスク調整後）
(※2)　今期初から現在までの期間損益（キャリー損益＋キャピタル損益）。役務経費なども考慮した当期利益ベース

(1)　配賦資本とリスク量

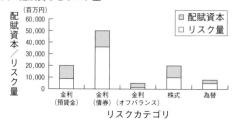

［コメント］
すべてのリスクカテゴリで、リスク量は配賦資本の枠内に収まっている。
ただし、金利（債券）は使用率が警戒ラインの80％に接近しているため、今後のポジション動向、市場変動の動向に留意する必要がある。

(2)　リスクカテゴリごとのROEおよびRAROC

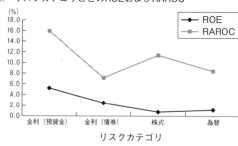

［コメント］
期間損益ベースのROEでは、リスクカテゴリごとに大きな差異は発生していない。
一方で、総合損益ベースのRAROCでは、金利（債券）のパフォーマンスが低くなっている。金利上昇に伴う評価損の拡大が原因である。
一方で、株式上昇によって、株式のRAROCは上昇している。

(3)　今期のRAROCの推移（リスクカテゴリ別）

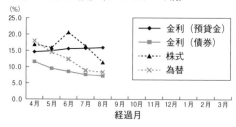

［コメント］
金利上昇に伴い、金利（債券）のRAROCが低下傾向となっている。
株式は、全体的に高水準を維持しているが、市場動向に直接的に影響されるため、変動が大きい。
為替は、ドル円市場での円高ドル安が進行していることを受けて、RAROCは低下傾向。

図表4－14　経営報告資料の事例4

4　リスク分析
(1) テーマと目的
・202X年に入り、市場の変動性が大きくなり、VaRのバックテストで超過回数が増加する傾向がある。
・VaRモデルの妥当性について検討を行う。

(2) バックテスト結果

基準日	202X/6/30
営業日	250日
超過回数	7回
3ゾーン	イエロー

[コメント]
・3ゾーンアプローチでは「イエロー」判定（問題の存在が示唆されるが決定的ではないという領域。）となった。
・前回のバックテスト（3月末）では「グリーン」判定だったため、超過回数増加の傾向がある。

(3) 市場環境
・202X年3月以降の市場のボラティリティの推移は以下のとおり。

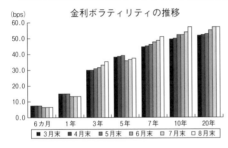
金利ボラティリティの推移

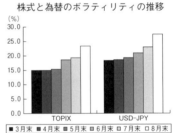
株式と為替のボラティリティの推移

[コメント]
・金利、株式、為替ともに、ボラティリティは上昇傾向にあることがわかる。よって、バックテストの超過回数増加の要因はボラティリティ上昇によるものと考えられる。現在、市場の変動性が高まっているが、来年度にかけてある程度落ち着くことが見込まれるため、VaRモデルについては現状維持で運用することとする。

5　アクションプラン
(1) 目的
　・現状のポジションと最近の市場環境を考慮したアクションプランを策定し、その影響度合いのシミュレーションを行う。

(2) アクションプラン策定

アクションプラン	目的	効果
① 金利リスク抑制	5年のグリッドにおける金利リスクが増加している。今後金利上昇が見込まれることから、5年に1,000億円の金利スワップでリスクヘッジを行う。	・金利リスクは10bpvで10億円程度縮小し、リスク限度額を下回ることが可能。 ・金利リスクVaRは約23億円低下。
② 株式リスク増加	・今後の株式市場の上昇を見込み、株式のVaRを50億円程度増加させる。 ・個別株式のほか、投資信託の購入も実施。	・株式VaRは145億円まで増加。 ・RAROCは現在の11％から15％へ増加。

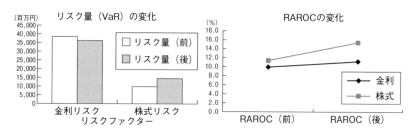

[コメント]
・金利リスクを低減させた分を、株式リスクをテイクすることによって、金利、株式ともにRAROCは上昇。
・リスクコントロールを行いつつ、期待リターンを向上させる効果的なプランだと考えられる。
・実施のタイミングについては、フロント部門によるより精緻な市場調査によって決定することとする。

第 **4** 節

市場リスク管理態勢の検証

第2節6で、リスク管理サイクルの6番目に当たる「資本配賦・計測手法の検証」について記述したが、本節ではもう少し具体的にその方法について考察を行いたい。

1 リスク計測モデルの検証

市場リスク管理の実務では、VaR計測をはじめとして多くのモデルが使用されている。モデルによる推定値と実際に発生した実績値を比較することによってモデルの確からしさを検証することをモデル検証（バックテスト）と呼ぶ。この検証によってモデルが適切に機能せずに悪影響が生じるモデルリスク[37]を低減することができる。

VaR計測モデルに対してのバックテストはどの金融機関でも一般的に行われているが、他のモデル（たとえば期限前返済モデルや金利連関モデルなど）を使用している場合でも、それぞれのモデルについてバックテストを行う必要がある。

(1) VaR計測モデルのバックテスト

a バックテストの方法

バックテストは、VaR値と損益との関係を比較するものであるが、この損益の把握方法には以下2種類の考え方がある。

① 実際に発生した損益

② 仮想損益（ポートフォリオを固定した場合に発生したと想定される

---

37 モデルリスクの概要については、第3章第6節参照。

第4節 市場リスク管理態勢の検証 195

図表 4 －15　バックテストで使用する損益の種類

損益の種類	対象となる取引	VaRとの関係
①　実際の損益（評価損益・実現損益）	「 t ＝ 0 時点」のポジションと「 t ＝ 0 時点」から「 t ＝ 1 時点」までの間に発生した取引	VaRの考え方とは不整合
②　仮想損益（ポートフォリオを固定した場合に発生したと想定される評価損益）	「 t ＝ 0 時点」のポジションのみ	VaRの考え方と整合的

損益）

　まず①の損益は、「 t ＝ 0 時点」から「 t ＝ 1 時点」（日次の場合は当日から翌日の 1 日間）に実際に発生した損益であり、その間に発生した新たな取引のキャッシュフローによる評価損益や実現損益も考慮されている。一方②は「 t ＝ 0 時点」のポジションがそのまま維持された場合の「 t ＝ 1 時点」で想定される損益である。これは「 t ＝ 0 時点」で計測されたVaRは「 t ＝ 0 時点」のポジションから発生するキャッシュフローのみを対象としていることと整合的である。これらを整理すると図表 4 －15のようになる。

　以前は①の方法でバックテストを行う金融機関が多かったようである。その理由として「①実際の損益」のほうが「②仮想損益」よりも把握が容易であったということが考えられる。ただ最近では、VaR計測システムも高度化が進んでおり、②の方法で実施している金融機関もふえている。ただし、①、②はどちらが正しいというものではない。バックテストの目的や業務運営上の効率性も考慮し、どちらか、あるいは両方を相互補完的に使用することも検討すべきであろう[38]。

　バックテストは半期、あるいは四半期程度で定期的に行われ、経営陣に報告されている[39]。報告では図表 4 －16のように視覚的にみやすいグラフで表

---

[38]　バーゼルⅢで導入されたFRTBでもバックテストが義務付けられているが、「①実際の損益」「②仮想損益」のどちらか、あるいは両方を使用することになっている。

[39]　金融機関によっては、月次で実施しているところもある。

196　第 4 章　市場リスク管理の運営態勢

図表 4 −16 バックテスト結果の例

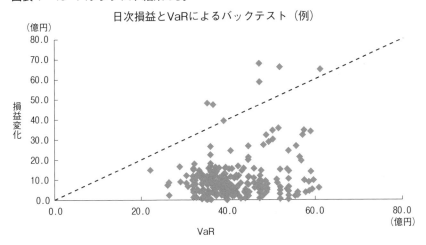

図表 4 −17 時系列によるバックテスト結果の例

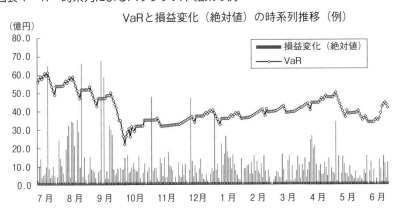

示される場合も多い。この例は、過去 1 年間（250日）の日次損益（絶対値）と保有期間 1 日のVaRを比較したもので、VaRを超えた日次損益が年間で何回発生しているかを把握し、VaRモデルの適切性を検証している。

また、時系列としてとらえる方法もある（図表 4 −17）。VaR自体が過去どのような水準で推移したか、どの期間で損益のぶれが多く発生したかなど期間別の傾向を把握しやすいため、こちらもよく使用されている。

b バックテストの留意点

ここではバックテストを行う際によく議論となる点について考察する。

(a) サンプル数

バックテストを行うには損益とVaRの実績のデータを一定数以上確保することが必要である。バーゼル規制では、1年間（250営業日）、つまり250個のデータによるバックテストが求められている[40]。

一方、預金・貸出金も含めたバンキング勘定全体におけるバックテストはどのように考えればよいであろう。バンキング勘定全体のVaRは月次で計測している金融機関が多い。その場合、たとえば250個のデータを集めるには20年以上かかることになる。仮に20年分のデータがあったとしても、20年という長期間では市場環境や経済環境も大きく変わっていることが予想され、モデル検証というバックテストの目的からしても問題がある。よってバックテストのデータは日次をベースに考えるのが現実的である[41]。

バンキング勘定、特に預金・貸出金の取引データは月次更新としている金融機関が多い[42]。その場合、1カ月間のポジションは一定として市場データのみを更新して、日次の損益を把握する方法がとられている。これは、前述の方法「②仮想損益」（ポートフォリオを固定した場合に発生したと想定される評価損益）に準じる考え方であり、データ数を確保するためには有効である。

ただし、この場合、月次でポジションのデータが更新された際に大きく損益がぶれる傾向があり、VaR値を超過することが多くなる。実務上は、そのぶれた要因について分析を行うなどの留意が必要となる。

---

40 FRTBでも従前同様に250営業日でのバックテストが義務付けられている。

41 ただし、その場合は日常モニタリング用の計測における保有期間とバックテストにおける保有期間が異なる可能性があることに留意が必要である。日常モニタリング用のVaRの保有期間は1年間だが、バックテスト用のデータは保有期間1日といったケースも多くみられる。

42 預金・貸出金の取引数は非常に大量となるため、日次で取引を更新するのはシステム運用上困難な場合が多い。しかし、少数ではあるが日次更新を行っている金融機関も存在する。

198 第4章 市場リスク管理の運営態勢

⒝ 信頼区間

　一般的に、市場リスクのVaRは99％で計測されることが多く[43]、100回の
うち1回程度超過することを想定している。ただし、これは「何回超える
か」のみを問題としており、「超えた場合の損失額」については考慮してい
ないことには留意する必要がある。どれくらいの損失額が発生するかは、具
体的なシナリオを置いてシミュレーションを行うことになる。多くの金融機
関がストレステストの枠組みで実施している。

⑵　その他のモデル

　前項まで、代表的なリスク指標であるVaRについてのモデル検証方法につ
いて整理を行った。しかし、リスク計測には、VaRモデルだけではなくほか
にも多くのモデルが使用されている（図表4－18参照）。これらのモデルに
関しても、その適切性について検証が必要であるのは、VaRモデルと同様で
ある。

　前述のVaRモデルとその他のモデルの検証方法に関しては、図表4－19の
ように整理できる。

　VaRモデルおよび金利シナリオ生成モデルの場合は、分布上で想定する範
囲を設定するために信頼区間の概念が必要となる。それ以外のモデルについ
ては比較検証の相手が同じ（推定値と実績値）であるため、モデルの検証自
体はわかりやすい。

　検証は色々な方法で行われているが、その検証方法や頻度、報告態勢につ
いてはリスク管理規定として定義しておくべきである。

---

[43]　バーゼル規制のバーゼルⅢでは、99パーセンタイル点を超えるテールリスクを把握す
　るために、期待ショートフォール（ES：Expected Shortfall）が採用された（第1章第
　2節4⑶参照）。

第4節　市場リスク管理態勢の検証　199

図表 4 −18　その他のモデル（例）

モデルの種類	モデル名称	モデルの概要
金利関係のモデル	金利シナリオ生成モデル	将来の市場金利の分布を作成するモデル
	金利連関モデル	将来の各種金利間の連関具合を設定するモデル （例）　住宅ローン金利（固定10年）と市場金利（10年）の連関モデルなど
残高推定のモデル	期限前返済モデル	貸出金や債券の将来の期限前返済率を推定するモデル （例）　住宅ローンの期限前返済モデル、MBS[注]の期限前償還モデルなど
	預金残高推定モデル	預金の将来の残高を推定するモデル （例）　定期預金の中途解約モデル、コア預金残高推定モデル　など
プライシング・モデル	デリバティブ評価モデル	複雑なデリバティブなどの評価、プライシングを行うモデル （例）　ハイブリッド型オプション評価モデル　など

注：Mortgage Backed Security、住宅ローン担保証券。

図表 4 −19　モデル検証方法の違い

モデル	モデル検証（バックテスト）の方法
VaRモデルおよび金利シナリオ生成モデル	VaRや将来の金利発生は、ある前提（正規分布など）に基づいた分布が想定される。この分布のなかに、実績値が想定どおりの頻度で発生したかどうかを検証する。
上記以外のモデル	モデルから推定された値と実績値が、どの程度乖離したかを検証する。

2 リスク管理態勢の検証

ここでは、リスク計測手法以外のリスク管理態勢の検証について記述する。主な検証の対象項目として以下があげられる。

① 組織・権限態勢：リスク管理業務における方針・手続（ポリシー・アンド・プロシージャー）は、定期的な見直しが必要である。取扱商品の多様化、複雑化によって、リスク管理の方法論も変化しており、方針・手続が実務と乖離してしまっている可能性があるためである。

またフロント部門との牽制態勢やリスクモニタリングにおける役割、権限などもルールどおり行われているか、検証が必要である。

② リスク計測システム：リスク管理にはリスク計測、モニタリング、シミュレーションを行うシステムは欠かせない。システムが仕様どおり稼動しているかどうかの検証も定期的に実施すべきであろう。特に稼動から年月が経っているシステムは、内部ロジックがブラックボックス化しているケースも見受けられる[44]。仕様書やオペレーションマニュアルも含めた文書の定期的な更新も重要である。

③ リスク計測データ：リスク計測に必要となるデータ（取引データや市場データなど）が正確にシステムに取り込まれているかどうかの検証も必要となる[45]。また、マイナー通貨のデータなどは、欠損値や異常値があることも多く、その場合の対応も定めておくべきである。

上記②、③はシステムリスク管理の枠組みで対応する場合もある。また、リスク管理態勢の検証は内部監査部門との連携が重要となる。特に近年ではリスク管理態勢のなかでの内部監査部門の役割の重要性がますます高まっている。さらに、より高度な検証を行う場合は外部の知見の活用も検討すべきであろう。

---

44 モデルリスクの一種ともいえる。モデルリスクについては、第3章第6節参照。
45 "Principles for effective risk data aggregation and risk reporting"（BCBS、2013年1月）に、リスクデータの集計について詳細に記載されている。

第 5 章

市場リスク管理とALM

　本章では、ALM（Asset Liability Management：資産負債の総合管理）に焦点を当てることとする。資産・負債がさまざまなリスクに晒されている金融機関にとってALMは経営上非常に重要な手法であり、多くの金融機関で行われている。

　ALMは、前章までの市場リスク管理[1]が適切に実施されることによって、有効に機能するものである。詳細について以下考察してきたい。

第 **1** 節

ALMの基本構造

本節では、ALMを次のように定義することとする[2]。

> 　金融市場環境の変化によって被る各種リスクを把握、コントロール
> し、保有する資産・負債から得られる損益・価値の安定化、極大化を行
> うために総合的に資産・負債を管理する手法。

　この定義で重要なことは、ALMは「リスク」「リターン」（損益・価値）
を総合的に管理する手法だと位置付けていることである。リスクをコント
ロールしリターンの安定化、極大化を行うというのは、現在のリスクアペタ
イト・フレームワーク（RAF[3]）と整合的な概念と考えてよいだろう。
　さて、この定義上の「各種リスク」とは何を指すのだろうか。また、「損
益」「価値」の2種類の用語を使ってリターンを表現しているのはどういう
ことだろうか。以下、もう少し掘り下げて考えたい。

1　ALMの範囲

　そもそもALMという業務の対象範囲はどう考えればよいだろうか。ALM
という用語は10人いれば10通りの解釈があるといわれるほど、さまざまな意

1　市場リスク以外のリスクカテゴリ（信用リスク、流動性リスクなど）も関連するケー
　スもある。
2　『リスクマネジメントキーワード170』（東京リスクマネジャー懇談会編、金融財政事
　情研究会、2009年）
3　金融庁では、RAFを「自社のビジネスモデルの個別性を踏まえたうえで、事業計画
　達成のために進んで受け入れるべきリスクの種類と総量を「リスクアペタイト」として
　表現し、これを資本配分や収益最大化を含むリスクテイク方針全般に関する社内の共通
　言語として用いる経営管理の枠組み」と定義している（第4章第1節参照）。

204　第5章　市場リスク管理とALM

図表 5 - 1　ALM範囲の分類

ALMの範囲		対象リスク				B／Sコントロール	
		金利 リスク	流動性 リスク	その他 市場リスク	信用 リスク	市場取引	市場取引 預貸取引
広範囲		○	○	○	○	○	○
中範囲	(1)	○	○	○	○	○	
	(2)	○	○	○		○	
小範囲		○	○			○	

味で使われている。ここでは、少々強引ではあるがALMを三つの範囲に分類した（図表5 - 1）。

　まずは、図表5 - 1の下のほうからみていくこととする。金融機関によっては、市場部門の業務として「バランスシートの流動性リスクや金利リスクを総合的に管理するALM業務」と定義しているところがある。これは図表5 - 1における「小範囲」のALMと考えることができる。対象リスクは「金利リスク」「流動性リスク」であり、バランスシート（B／S）のコントロールは市場取引（有価証券、デリバティブなど）によって行うという整理ができる。

　次に、「中範囲(2)」は「小範囲」に「その他市場リスク」が加わったものである。ALM委員会の役割を「資金の運用、調達方針に関する事項」と定義し、金利リスクのみならず為替や株式などの市場リスク全般をALMの範囲に含んでいる金融機関もある。

　さらに、「中範囲(1)」においては「信用リスク」が範囲に含まれることになる。ある金融機関ではALM委員会の役割に「自己資本管理・リスク資本配賦」を含めている。これは、信用リスクまで包含したある程度広義のALMを指向していると考えることができる。

　最後の「広範囲」として、「ALM戦略目標作成」「業務計画作成」までをALMに含んでいるケースがみられる。これは、預金・貸出金の業務計画も含めて金融機関全体としてB／Sをコントロールし、主要なリスクを管理、

第1節　ALMの基本構造　205

運営していこうとする考え方であり、最も広義なALMととらえることができる。

　どの範囲を対象にするのが適切かは各金融機関の規模、業務範囲、役職員など多くの要因を考慮すべきだが、現時点で自社のALMがどの範囲を対象としているのか、あらためて確認しておくことが望まれる。

2　金融当局が考えるALM

　日本の金融当局である金融庁はALMをどのように考えているのだろうか。ここでは、旧金融検査マニュアル[4]を参照する。マニュアルでは、主に「市場リスク管理態勢」の「資産・負債運営」の項目および「流動性リスク管理態勢」の「ALM委員会等の役割・責任」の項目においてALMに関する記載がみられた。たとえば「市場リスク管理態勢」では、以下のような記載があった。

　　　○　資産・負債を総合管理し、運用戦略等の策定・実行にかかわる組織
　　　　としてのALM委員会等は、市場部門の戦略目標等の策定にかかわっ
　　　　ているか。
　　　○　戦略目標等、市場リスク管理方針および市場リスク管理規程に基づ
　　　　き、金利、為替、価格変動等の市場リスクをコントロールしている
　　　　か。たとえば銀行勘定の金利リスクの水準をコントロールしている
　　　　か。

　この文脈から金融検査マニュアルにおけるALMは、図表5－1における「中範囲(2)」の水準を想定していたようにもみえる。

　しかし、マニュアル上の「統合的リスク管理態勢」でも、ALMに関する以下のような記載があった。

　　　○　取締役会等は、統合的リスク管理方針に基づき、資産・負債を総合

4　金融検査マニュアルは2019年12月に廃止されている。しかし、マニュアルに記載されていた内容は現在の監督指針でも受け継がれており、金融庁の考え方は大きく変化していることはないと思われる。

206　第5章　市場リスク管理とALM

管理し、運用戦略等の策定・実行にかかわるALM委員会またはこれ
と同等の機能を有する組織（以下「ALM委員会等」という）を設置
しているか。

この文章では、信用リスクも含めた統合的リスク管理態勢の枠組み、さら
に「運用戦略等の策定・実行」についてもALM委員会等に求めていること
から、預金・貸出金の営業戦略に関してもALMとしてコミットすべきと読
むことができる。このように、金融検査マニュアルではALMに関して明確
な定義はされておらず、ある程度解釈が必要な面もあったが、図表5－1に
おける「広範囲」なALMを指向していたと考えることもできる。

3　リスク管理とALM

これまでみてきたように、ALMとその対象となるリスクカテゴリの関係
は、さまざまなパターンに分類されることがわかる。ただ、前述の旧金融検
査マニュアルに対する解釈のように、ALMの対象範囲はより拡大させてい
くべきと考えるのが一般的となっているように思われる。

金融機関の収益力の強化が求められているなか、ALMの対象を金利リス
ク、流動性リスクのみと位置付けるだけでは、金融機関全体としての有機的
なリスクテイク戦略の作成はむずかしいであろう。今後、リスクの複雑化、
多様化がますます進むなか、画一的な縦割りのリスク管理をベースにした
ALMでは、行き詰まる可能性が高い。

特に規模がそれほど大きくない地域金融機関にとっては、広義のALM態
勢の構築は、それほどむずかしくないと思われる。金利リスクをはじめとし
た各種リスクのコントロールと、営業戦略を一体的に組み込んだALM態勢
によって、より収益力の強化、向上を目指すべきであろう。

従前はALMの所管部門を「リスク管理部門」としていた金融機関もあっ
たが、最近では所管を「経営企画部」「総合企画部」といった企画部門に移
していく傾向もみられる。ALMは全社的なリスクマネジメントであるとい
う認識が定着してきたように思える。

第1節　ALMの基本構造　207

第2節

金利リスクのマネジメント

　広範囲なALMでは、さまざまなリスクを取り扱うことになるが、それでも主となるリスクは「金利リスク」であることは間違いない。ここではALMにおける金利リスクについて考察を行うこととする。

1　ALMにおける金利リスク

　「金利リスク」は一般的に、「金利指標の動きにより、保有する資産負債のポジションの価値が変動し、損失を被るリスク[5]」と定義される。金利が動けば、当然損益にも影響が出るというのは、多くの人がもっている感覚だと思われる。しかし、その損益への影響について、正確に理解するのは案外むずかしい。たとえば上記の定義における「価値」とは何か、「損失」とは何かをきちんと説明できる人は意外に少ないのではないだろうか。ここでは、基礎的な考え方から確認していくこととする。

　図表5－2は、簡単な銀行の取引例を示したものである。この銀行では、預金100万円を6カ月定期で調達（0.1％）し、その100万円を企業に3年間

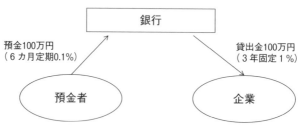

図表5－2　銀行における金利リスク

5　『リスクマネジメントキーワード170』（東京リスクマネジャー懇談会編、金融財政事情研究会、2009年）

貸し出している（1％）。単純化のために、銀行の取引はこの二つしかないとする。

　さて、この場合、銀行の儲けはいくらだろうか。儲けは0.9％（1％－0.1％）の利ざやと考えればよいだろうか。当初6カ月だけを考えれば正解である。6カ月間の調達金利は0.1％で決定しているからである。しかし、6カ月経過した後も同じように0.9％の利ざやが得られるか、現時点ではわからない。なぜなら、6カ月経過後に預金者から同じ0.1％で資金を調達できるかどうかわからないからである。たとえば6カ月後に世の中の金利が上昇し、6カ月定期預金の金利が0.2％に上昇していたら、利ざやは0.8％（1％－0.2％）に減少してしまう。これが「金利指標の動きにより損失を被るリスク」、すなわち「金利リスク」である。

　この金利リスクを把握するために伝統的に使用されているのが「ギャップ分析」と呼ばれる方法である。図表5－3は、上記の二つの取引のギャップ分析を概念的に図示したものだ。「未定」となっているところが「金利ギャップ」と呼ばれ、金利リスクが存在する部分であることがわかる。この例は単純化したものなので図表に表すまでもないかもしれない。現実の銀行は大量の取引が存在するため、簡単にこのような図を書くことはできない。いわゆるALM・リスク管理システムで計算、集計された出力帳票（ギャップ分析帳票など）で、この金利リスクを把握することが一般的である。

　このギャップ分析では、利ざやという損益の変動を把握することが目的で

図表5－3　金利リスクのギャップ分析

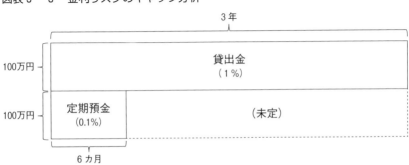

あることがわかる。これは財務諸表の損益計算書に記載される期間損益（一定期間における損益）と合致しており、感覚的には非常にわかりやすい。

一方、前述の金利リスクの定義をもう一度みていただきたい。金利変動によって、「保有する資産負債のポジションの価値が変動」とあるが、この「価値」とは何であろうか。「価値」「損益」は同じようなものではないかという漠然としたイメージをもつ人もいると思われるが、この二つの用語についてもう少し詳細に考察することとしたい。

2　金利リスク管理の二つの視点

リスク管理には「経済価値」と「期間損益」の二つの視点があることは、第2章第1節で解説した。前述の「価値」は「経済価値」と、「損益」は「期間損益」と同義と考えて問題ない。

さて、現在の金利リスク管理の基礎ともいえるペーパーが、2004年7月にバーゼル銀行監督委員会（BCBS）から公表された「金利リスクの管理と監督のための諸原則」[6]である。同ペーパーでは、金利の変化が銀行の損益および経済価値に不利な影響を及ぼしうるとし、銀行の金利リスク・エクスポージャーを評価するための「別々ではあるが互いに補完的な二つの視点」を明らかにしている。

① 損益の視点
　○ 金利の変化が期間損益ないしは会計上の損益に与える影響が焦点
　○ 多くの銀行によって採用された伝統的な金利リスク評価の手法
② 経済価値の視点
　○ 市場金利の変化は、銀行の資産、負債、オフバランスシート・ポジションの経済価値にも影響を与えうる

---

[6] "Principles for the Management and Supervision of Interest Rate Risk"（BCBS、2004年7月）。このペーパーの前身として "PRINCIPLES FOR THE MANAGEMENT OF INTEREST RATE RISK"（BCBS、1997年7月）が公表されており、すでに「損益」と「価値」の二つの視点について明記されていた。しかし、実際に日本の金融機関でこの点に注目が集まったのは2004年版が公表されてからであった。

210　第5章　市場リスク管理とALM

○　銀行の経済価値の金利の変動に対する感応度は、銀行の株主、経営陣、および監督当局にとって特に重要な関心事である

　ここで指摘されているとおり、日本でも多くの銀行が「①損益の視点」を伝統的に重視してきた。期間損益、つまり財務会計上の損益と整合的で、わかりやすいというのが理由である。しかし、本ペーパーでは以下のような記載がされている（下線は筆者による）。

　経済価値の視点は、将来の全てのキャッシュフローの現在価値に与える金利変化の潜在的な影響を考慮に入れているため、損益の視点よりも、金利変化の潜在的な長期的効果について、より包括的な視野を提供する。短期的な損益の変化（損益の視点の典型的な焦点）は、銀行の全体的なポジションに対する金利変動の効果の正確な表示を提供しない可能性があることから、こうした包括的な視野は重要である。

　ここでは、損益の視点（期間損益）のみでは短期的な金利リスクしか捕捉できず、不十分だと指摘していることがわかる。このBCBSのペーパーを受けて、預金や貸出金も含めた金融機関のＢ／Ｓ全体の価値を把握しなければならないという意識が高まり、全社の価値変動のリスクを把握するVaR計測が拡大していった。

3　バーゼル規制における銀行勘定の金利リスク（IRRBB）

　バーゼル規制は、第１〜３の３本の柱で構成されていることは、第１章第２節１で記載した。第１の柱は最低所要自己資本を金融機関に求めるものであり、自己資本比率の計算が必要となる。注意が必要なのは、自己資本比率で計算される「市場リスク」はトレーディング勘定のみを対象としており、銀行勘定（バンキング勘定）の金利リスクは対象外だということである[7]。この銀行勘定の金利リスクはIRRBB（Interest Rate Risk in the Banking

図表 5 - 4　銀行勘定とトレーディング勘定

銀行勘定	預金、貸出、有価証券を中心とした取引
トレーディング勘定	リターンの確保を目的として、短期的、能動的に行われる取引

Book）と呼ばれ、バーゼル規制の第 2 の柱でモニタリングが行われる[8]。銀行勘定とトレーディング勘定との違いは図表 5 - 4 のとおりである。

　IRRBBは、前述の「金利リスクの管理と監督のための諸原則」（BCBS）での内容がベースになっている。IRRBBでは、トレーディング勘定を除く金融機関全体の資産負債（預金、貸出金、有価証券など）が計測の対象になる。具体的には、この資産負債に対して一定の標準的な金利ショック 6 種類（下記）[9]を与えている。

①　上方パラレルシフト（日本円は100bp）

②　下方パラレルシフト（日本円は100bp）

③　フラット化（短期金利上昇＋長期金利低下）

④　スティープ化（短期金利低下＋長期金利上昇）

⑤　短期金利上昇

⑥　短期金利低下

　これらのシナリオに対して経済価値の変動（⊿EVE）と期間損益の変動（⊿NII）の 2 種類の指標を計算する（図表 5 - 5、図表 5 - 6）。

　特に⊿EVEの最大値（6 種類のなかで最も経済価値の減少が大きい数値）を金利リスクとして認識し、自己資本との対比で「重要性テスト」と呼ばれるモニタリングが行われる（図表 5 - 7）。

　この基準に抵触すると「オフサイト・モニタリングデータの追加分析」の対象となる[10]。金利ショックが自己資本に与える影響についてさまざまな観

7　第 1 章第 2 節 1 参照。

8　IRRBBは2018年から国際的に導入されたが、日本ではIRRBBの前身として「アウトライヤー基準」（アウトライヤー規制ともいわれる）と呼ばれるルールが2007年から導入されていた。

9　当局から指定された金利ショック。

図表 5 − 5　IRRBBの概要

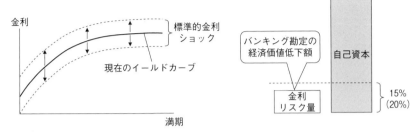

項目	内容
自己資本の基準	国際統一基準行：Tier 1 の15% 国内基準行：コア資本の20% （⊿EVEで判定）
計測指標	⊿EVE（経済価値の変動） ⊿NII（期間損益の増減）
金利シナリオ	6シナリオ
開示	定量情報（⊿EVE、⊿NII） 定性情報（流動性預金の平均満期等）

点で検証が行われ、銀行と深度ある対話を行う必要性について判断される。その結果、改善が必要だと判断された場合には業務改善命令が出される仕組みとなっている。

　ところで、このIRRBBは「金利リスク」であり、金利リスクは市場リスクの一種のはずである。それなのになぜバーゼル規制の第 1 の柱の「市場リスク」に含まれていないのだろうかと疑問をもつ読者も多いかもしれない。その疑問はもっともであり、事実、BCBSでも過去さまざまな議論がなされてきた[11]。IRRBBが第 1 の柱ではなく第 2 の柱でのモニタリングとなっている背景として以下があげられる[12]。

10　金融庁による金融機関のモニタリングには、立入り検査を行う「オンサイト・モニタリング」、ヒヤリングや資料提供を求める「オフサイト・モニタリング」の 2 種類がある。

図表 5 - 6　⊿EVEと⊿NII

指標	概要
⊿ EVE（Economic Value of Equity）	・金利シナリオ（①〜⑥）に基づいて計算された自己資本の経済価値の変動。 ・すべての金利感応度のある資産、負債およびオフバランスシート項目から生じる、将来のすべてのキャッシュフローが対象。 ・将来の新規取引によるキャッシュフローは計算に含めない（ランオフバランスシートを前提）。
⊿NII（Net Interest Income）	・金利シナリオ（①〜②）に基づいて計算された期間収益（1年間）の変動。 ・金利感応度のある資産、負債およびオフバランスシート項目から生じる予測キャッシュフローが対象。 ・恒常的なバランスシートを想定するため、資金満期あるいは金利満期を迎えた取引は、同一の特徴を有する新たなキャッシュフローを発生させる。

図表 5 - 7　重要性テスト

国際／国内	基準
国際統一基準行	⊿EVE／Tier 1 資本≦15％
国内基準行	⊿EVE／コア資本≦20％

○　ある程度の金利ミスマッチは銀行業務の正常な姿であると考えられるため、特段の自己資本賦課は不要であると考えられること。

○　預金の金利リスクの計測が困難であり[13]、金利リスクを自己資本比率の分母にリスクアセットとして取り込むことは技術的にむずかしい

11　バーゼルⅡの検討では、第1次案（1999年）でIRRBBを第1の柱に含めることが検討されたが、第2次案（2001年）では取り下げられた。バーゼルⅢの検討では、2015年の市中協議案で「第1の柱」案と「第2の柱」案の両案が併記され、話題となった。

12　『〈検証〉BIS規制と日本』（氷見野良三、金融財政事情研究会、2005年）に詳細記載がある。

13　預金における顧客動向は各国の文化によってさまざまであるため、国際統一的なルール作りがむずかしいのが理由の一つとされる。特に流動性預金におけるコア預金の取扱いが大きな課題となっている。コア預金の詳細については、第6節1参照。

と考えられること。

○　第1の柱で当局が設定する最低基準を遵守するだけではなく、自社のリスクを包括的、適切に管理を行い、その状況を当局が検証するという組合せが有効であると考えられること。

ただし、IRRBBは第1の柱に組み込まれている「信用リスク」「オペレーショナルリスク」「市場リスク」よりもリスク量が大きくなるケースもあることを各国の当局は認識しており、IRRBBの取扱いについてはBCBSで継続的に議論されているのが現状である[14]。

14　第1章第2節4(3)参照。

第2節　金利リスクのマネジメント　215

第3節

経済価値での把握

1 経済価値で把握する意味

　前節でみたように、バーゼル規制の第2の柱でIRRBBの報告・開示を行う必要があるので、すべての銀行で自行の$\varDelta$EVE、つまり経済価値の変化を計測している。それでは、そもそもこの経済価値を把握する意味とは何であろうか。

　図表5－8は、金融機関のバランスシート（B／S）の経済価値の変化をイメージで表したものである。経済価値とは資産の価値から負債の価値を引いたものである。図中では「純資産」に当たるもので、これは「企業価値」ともいえるものである[15]。近年、金融機関に限らず事業会社においてもこの企業価値をいかに向上させるかが大きなテーマとなっているが、この企業価値（＝純資産）の変動をリターンとしてとらえるのが経済価値で把握する最大の目的である。経済価値ベースのリターンを向上させると最終的に企業価

図表5－8　B／Sの経済価値変化

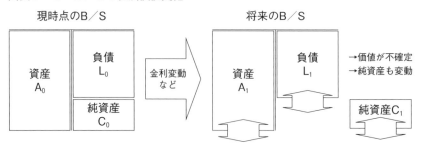

---

[15] 実際には、企業価値には非財務的な要素（企業文化、知的財産、経営者の資質など）も考慮する必要がある。ここでの純資産とは非財務的な要素を含まない財務的な価値を指すので、企業価値の一部ととらえられる。

値を高めることにつながるということがわかるだろう。

この経済価値は時間とともに変動するが、どのように変動するのか正確に予想することはできない。金利変動などの不確実な要素が存在するからである。その不確実性がリスクであり、そのリスクをコントロールすることによって経済価値、つまり企業価値を高めていこうとするわけである。当然、経済価値はふえるだけでなく減ることもある。経済価値が大きく減ってしまうと、純資産がマイナス、つまり資産価値が負債価値よりも小さくなってしまうこともありうる。そのような状態は、企業価値がマイナス、すなわち債務超過の状態であることを意味する。

2　経済価値でリスクを網羅

経済価値を考えるうえで基本となるのは将来のキャッシュフローである。しかし、将来期待するキャッシュフローが確実に発生するかどうかは現時点ではわからない。発生する額が変動することもあれば発生するタイミングがずれる場合もある。それらの不確実性を考慮して、将来のすべてのキャッシュフローを現時点の価値（＝現在価値）に置き換えたものが経済価値である。

図表５－９は、将来のキャッシュフローを現在価値に割り引いている様子をイメージしたものである。現在価値が変動する要因は以下３点である。

①　将来キャッシュフローの額が変動

図表５－９　将来キャッシュフローの現在価値

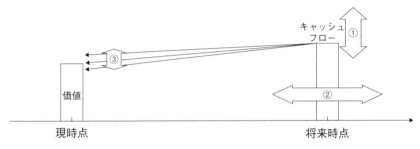

②　将来キャッシュフローの発生時点が変動

③　市場金利が変動

　①は、たとえば貸出金のデフォルトがあげられる。1億円の融資をしていた場合、将来に元本1億円が返済されることを期待していたが、融資先が倒産すると1億円すべては返ってこなくなる。あるいは流動性預金の残高推計も該当する。たとえば普通預金の残高が1年後に1,000億円あると予想していたが、株式市場の上昇で普通預金から投資信託に資金が移動し、予想よりも残高が減少してしまうということも考えられる。

　②の例として住宅ローンの期限前返済があげられる。住宅ローンは契約時に将来の元利金の返済スケジュールが決定されるが、多くの債務者は期限前返済を行うのが現実である。そのため、予定していたキャッシュフローの発生時点が変動することになる。

　③においては、市場金利が変動すると現在価値に割り引く際に使用する割引率（ディスカウントファクター）[16]も変動する。そのため、現在価値も変動することになる。

　ALMの主たる対象である金利リスクは直接的には③が該当する。もちろん、広義のALMではB／S全体をコントロールすることも目的であるため、①、②もALMの重要な管理対象となる。このように、経済価値を把握するためには、金融機関が抱えているB／S上のリスクをすべて網羅する必要がある。この点でも、B／S全体を経済価値でモニタリングする意義があるといえよう。

3　経済価値把握における課題

　ここまでみてくると、B／Sを経済価値で把握する重要性についてイメージがつかめたのではないだろうか。実際、バーゼル規制の第2の柱であるIRRBBでも計測されており、金融機関全体のB／Sの経済価値によるモニ

16　割引率（ディスカウントファクター）については第2章第2節参照。

タリングが定着してきている。第3の柱[17]に基づいてディスクロージャー誌でIRRBBの開示が行われ、他金融機関との比較検証も可能である。

しかし、実務では、IRRBBはストレスシナリオの位置付けとなっているものの金利リスクをコントロールする際にはあまり重視されず、リスクテイク戦略の経営意思決定に結び付いていないケースが多くみられる。バーゼル規制で求められているから計算しているだけという金融機関が多いのが現実である。金利リスク管理には「期間損益」「経済価値」の二つの視点が必要だと理解しているにもかかわらず、なぜ経済価値は重視されないのだろうか。その理由として以下のような声がよく聞かれる。

○　経済価値の数値自体が財務会計に一致せずわかりにくい。

○　中長期的な企業価値の観点も大切だが、今期の決算を最優先に考えざるをえないため、どうしても今期末の着地（期間損益）を重視してしまう。

中長期的な視点である経済価値の大切さは理解しているものの、足もとの経営の観点からはあまり重要な指標となっていないことがうかがえる。もちろん、決算に直結する財務会計は重要な経営指標である。一方で、持続可能なビジネスモデル、サステナブルな企業経営が求められるなか、短期的な視点である期間損益のみで金融機関の経営を成立させるのは困難であろう[18]。このように、経済価値の重要性に対する真の理解が不十分であり、経営意思決定に結び付いていないところが、現在の金融機関におけるALMの最大の課題だといえる。

17　バーゼル規制における市場規律に関するルールである。金融機関による情報開示の充実により、市場参加者が銀行のリスク管理の優劣を評価し、そうした市場からの外部評価の規律付けを通じて金融機関の経営の健全性を高めることを目的としている。詳細は第1章第2節1参照。

18　この点は、前述（第2節2）した"Principles for the Management and Supervision of Interest Rate Risk"（BCBS、2004年7月）。でも指摘されているとおりである。

第3節　経済価値での把握　219

第 **4** 節

期間損益と経済価値の相互補完

1　期間損益と経済価値の関係

　前節で、経済価値は財務会計（期間損益）と一致せずわかりにくいため、経済価値の数値が重視されていないと述べた。

　それでは、この「期間損益」「経済価値」はまったく別物の数字なのだろうか。何か関係があるのだろうか。関係があるとすれば、どのような関係なのだろうか。実はその辺りについて、金融機関の経営陣は本当の意味で理解が不十分である可能性がある。ここでは、非常にシンプルな例をもとに、両者の関係性について考察してみたい。

　ここで、図表5 – 2で示した例を用いて、期間損益、経済価値の把握方法についてみよう。いま、銀行には以下の取引のみ存在すると仮定する。

貸出金：100万円 3 年固定1.0%（年 2 回払い）
定期預金：100万円 6 カ月0.1%

　図表5 – 10は、貸出金、定期預金の将来 3 年間のキャッシュフロー（CF）と、仮定した市場金利から計算された割引率を示している。定期預金の満期は 6 カ月なので、当初 6 カ月間の財務上の損益は0.45万円（100万円×（1.0% – 0.1%）÷ 2 ）で決定する。一方、将来のCFすべてを現在価値に割り引くと1.666万円となる。これが経済価値と呼ばれるものである。

　さて、極端ではあるが、翌日に市場金利が全期間一律に0.1%上昇したと仮定しよう（図表5 – 11）。当初 6 カ月（厳密には 1 日経過している）の期間損益は、0.45万円で変化しない。当初 6 カ月間は金利ギャップがないため、金利がいかに変化しようと損益には影響しないためである。

220　第 5 章　市場リスク管理とALM

図表5−10　貸出金と定期預金の期間損益と経済価値

期間（月）	貸出金CF（万円）	定期預金CF（万円）	市場金利（％）	割引率
6	0.5	−100.05	0.137	0.9993
12	0.5		0.186	0.9981
18	0.5		0.243	0.9964
24	0.5		0.307	0.9939
30	0.5		0.376	0.9906
36	100.5		0.448	0.9866

当初6カ月間の財務上の損益（期間損益） 0.45 万円
経済価値 1.666 万円

図表5−11　貸出金と定期預金の期間損益と経済価値（市場金利上昇後）

期間（月）	貸出金CF（万円）	定期預金CF（万円）	市場金利（％）	割引率
6	0.5	−100.05	0.237	0.9988
12	0.5		0.286	0.9971
18	0.5		0.343	0.9949
24	0.5		0.407	0.9919
30	0.5		0.476	0.9882
36	100.5		0.548	0.9837

当初6カ月間の財務上の損益（期間損益） 0.45 万円
経済価値 1.415 万円

　一方の経済価値は、割引率が変化するため1.415万円となり0.251万円減少することがわかる。さて、この0.251万円はどのようにとらえればよいだろうか。6カ月経過後の残り2.5年は調達金利が0.1％上昇するために、2.5年間の調達コスト増加分は0.25万円（100万円×0.1％×2.5年）だと計算すれば納得感があるだろう。つまり、経済価値の減少は、将来の期間損益の減少を包括的に表したものと考えることができる。

　非常に単純化した例なので当り前のように感じるかもしれない。しかし実際の金融機関のB／Sには大量の取引が含まれており、このように簡単に把

第4節　期間損益と経済価値の相互補完　221

握することはむずかしい。今期の財務損益（期間損益）のみに着目していると、将来顕在化する可能性のある損失を見過ごしてしまう可能性がある。経済価値は将来期間損益の「予兆指標」として位置付けられるのである。

　もちろん、市場金利が0.1％上昇したからといって定期預金も0.1％上昇するとは限らない。定期預金金利が将来も変わらなければ期間損益も変化しない可能性もある。しかし、経済価値のモニタリングによって、将来の期間損益の変動に対する「気づき」が得られるのは間違いなく、経営陣にとって非常に有用な数値であることは疑う余地はないだろう。

2　二つの視点によるALM

　ここまでみてくると「期間損益」「経済価値」はバーゼル銀行監督委員会が指摘しているとおり「別々ではあるが互いに補完的な二つの視点」であることが理解できたかと思われる[19]。さらに、この二つの視点は別々のものではなく互いに整合的な数値であることも前述したとおり[20]である。その数値の意味を理解することで二つの視点をALM運営の指標として有効に活用できると考えられる。

　本節では、この二つの視点をあらためて以下のようにとらえることとしたい。

期間損益	・財務会計と整合的であり決算に直結するもの。 ・配当政策にも重要となる指標。
経済価値	・将来キャッシュフローの変動、つまり純資産の変動は、将来の期間損益変動の集合体ととらえられる。 ・金融機関の企業価値、ビジネスの持続可能性を表す予兆指標の一つと位置付けられる。

19　第2節2参照。
20　第4節1参照。

222　第5章　市場リスク管理とALM

第 **5** 節

損益・リスクシミュレーション

　ALMにおける市場リスクのコントロールにおいて、最も主要な分析手法となるのが、損益・リスクシミュレーションである。ここでは、その手法の概要について解説を行う。

1　シナリオ分析

　シナリオ分析は、損益・リスクシミュレーションの根幹といえるものである。複数の市場シナリオ（金利、為替、株式）、資金シナリオ（B／Sの将来構造）を想定し、将来の期間損益や経済価値の変動を分析・評価する手法である。

　第2章第2節で解説した感応度分析やVaR分析は、ある「一時点」のポジションを対象として、その経済価値が市場変動時にどのように変化するのかを把握する方法であった。変化の期間は比較的短期間（感応度分析の場合は瞬間的、VaRでは保有期間10日、1年など）を想定することが多く、現時点で抱える自社のリスクを把握するには有効な方法であった。

　ただし、この一時点のポジションのみを把握するだけでは金融機関の存続を前提としたリスク管理、経営を行うことはできない。将来の金利や将来の取引、経営戦略などを考慮した中長期的、フォワードルッキング的なシナリオ分析が必要となる。

　シナリオ分析は従来「期間損益ベース」での損益・リスクシミュレーションに使用されることが多かった。特に預金・貸出金がポートフォリオの大部分を占める銀行にとって、財務会計に直結する資金収支のシミュレーションは業務計画やALM戦略を作成するのに有効であった。

　一方、「経済価値ベース」の観点でもこのシナリオ分析手法が活用され

る。現時点におけるポジションをベースに市場シナリオを想定して経済価値の変動を把握する方法[21]に加え、将来新たに発生するキャッシュフローを資金シナリオとして想定し、将来時点の経済価値変動も分析する場合もある[22]。このように、シナリオ分析はALMの二つの視点である「期間損益ベース」「経済価値ベース」の両方に有効な手法だといえる（図表5－12参照）。

(1) 期間損益シミュレーション

期間損益シミュレーションは、図表5－13のようなフローで行われるのが

図表5－12　シナリオ分析の使用方法（例）

ALMの二つの視点	主な使用方法
期間損益ベース	・期ごとの資金収支計画と目標の作成 ・複数シナリオのシミュレーションによるリスク方針、ALM戦略の検討
経済価値ベース	・現時点および将来時点における経済価値変動、リスク量の計測

図表5－13　期間損益シミュレーションのフロー

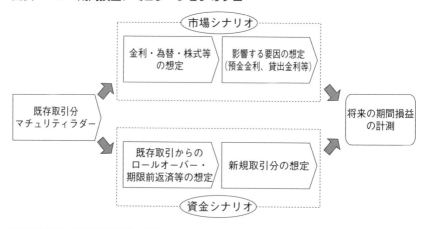

21　IRRBB（第2節3）はその代表例である。
22　将来時点のVaRは、将来VaR、拡張VaRなどと呼ばれることもある。多くの金融機関で、リスクの将来動向を把握しようとする動きが出ている。

一般的である。まず元データとなるのは、現時点（計測時点）のポートフォリオが保有する既存取引分のマチュリティラダー（将来のキャッシュフローから作成される）である。

シナリオについては「市場シナリオ」「資金シナリオ」の２種類があり、それぞれ複数のシナリオを想定する（メインシナリオ、サブシナリオ）。想定された市場シナリオ、資金シナリオをそれぞれ組み合わせることによって、将来の期間損益のシミュレーション結果が得られる（たとえば市場シナリオが３種類、資金シナリオが２種類だとすると、６（３×２）種類の結果が得られる）。市場シナリオと資金シナリオの相関を考慮したシナリオを設定することも可能である。

a 市場シナリオの作成

市場シナリオとしては、一般的には金利、為替、株式の将来の推移を想定する。図表５−14のように「メインシナリオ」「サブシナリオ」に区別して作成し、そのシナリオの位置付け、シミュレーションの目的を明確にするこ

図表５−14 市場シナリオ作成の例

シナリオ	目的・内容
メインシナリオ（１種類）	・金融機関の経営陣が、最も蓋然性が高いと考えているシナリオ。 ・金利の場合は、現在のイールドカーブから計測されるインプライド・フォワード・レート（IFR）や市場でのコンセンサスイールドカーブ[注1]、中期計画や単年度業務計画などで想定した金利シナリオなどが採用されるケースが多い。
サブシナリオ（２〜３種類）	・メインシナリオほど確率は高くないが、起こってもおかしくないと考えられるシナリオ。 ・関係部門（フロント部門、調査部門など）および外部へのヒヤリングなども実施して作成される。 ・ストレスシナリオに関しては、最近ではヒストリカルシナリオよりもフォワードルッキング的な作成が求められるケースも多い[注2]。

注１：複数のアナリストの予想に基づくもの。情報端末などで取得が可能。
注２：第２章第２節５(3)参照。

第５節 損益・リスクシミュレーション 225

とが重要である。経営陣や関係部門の理解、コンセンサスを得るような工夫が求められる。

　実務的には、シナリオの作成はそれほど簡単なものではない（特にサブシナリオやストレスシナリオ）。明確な根拠が少ないなかでの作業となるため、経営陣や関係部門が、できるだけ理解、納得するようなプロセスを踏むことが必要であろう。リスク管理部門だけではなく、資金運用部門（フロント部門）や調査部などの専門部隊、あるいは外部エコノミストへのヒヤリングなどの作業も重要になる。

　市場シナリオを作成した後は、そのシナリオによって影響が出る要因をすべてピックアップし、その連関性のモデル化を行う。たとえば銀行では、預金金利や住宅ローン基準金利など、銀行が独自で決定することのできる「指標金利」がある。これらの指標金利は、市場金利にある一定の連関性をもって追随するように設定することが多い。図表5－15に「住宅ローン基準金利（10年固定型）」「定期預金金利（1年）」の金利間連関モデル[23]の事例をあげた。Yを指標金利（目的変数）、Xを市場金利（説明変数）とする単純な1次回帰式となっている[24]。市場シナリオで、市場金利のシナリオを設定すれば、自動的に住宅ローン基準金利や定期預金金利が計算される仕組みである。

図表5－15　市場金利と指標金利の連関モデル（例）

指標金利	連関モデル
住宅ローン基準金利 （10年固定型）	$Y_{固定10Y} = 0.35 X_{10Y} + 1.25\%$
定期預金金利 （1年）	$Y_{定期1年} = 0.28 X_{1M} - 0.01\%$

23　過去データを使用した回帰分析によってモデルの係数を決定することが多い。ただし、2010年代半ばからのマイナス金利データなどの取扱いには留意が必要である。

24　金融機関によっては、説明変数を複数設定する重回帰式を使用しているところもある。

また、市場金利が変動することによって、定期預金の中途解約や住宅ローンの期限前返済の状況も変化する可能性がある。市場シナリオと資金シナリオとの間の相関関係をどのようにモデル化するかも課題となろう。このように、市場金利の変動が影響を与える要因を網羅的に洗い出しておくことが、シナリオ作成のうえで重要となる。

　また、このようなモデル化に際しては、過去のデータに依拠した分析だけではなく今後の市場環境、経営環境を考慮したモデルを複数パターン用意することが望ましい。たとえば図表5－15の住宅ローン基準金利や定期預金金利も過去のデータを使用して係数を決定することはできるが、過去の金利下降局面と今後の金利上昇局面では、市場金利との連関性が同じであるとは限らない。重要なことは、シナリオに対して、経営陣や関係部門も含めて組織として納得感を醸成できるかどうかである。納得感のないシナリオを示されても経営陣としてはそれにコミットすることはできず、結果的には意思決定の材料にならないシナリオとなる。

b　資金シナリオの作成

　市場シナリオ以上に作成がむずかしいのが資金シナリオであろう。将来の自社のポートフォリオの構成がどのように変化する可能性があるか、あらゆる角度からの検討が必要となる。

　シナリオ作成にはさまざまな方法があるが、ここでは金融機関の「経営環境」を切り口として「変化なし」「変化あり」のパターンを想定した例で考えてみたい（図表5－16）。

　まず、経営環境が「変化なし」の場合は、顧客やビジネス基盤といった経営環境の大きな変化は想定しない。よって自社のポートフォリオ構造に変化が起こる要因としては「市場変動」のみと整理することができる。多くの金融機関が、メインシナリオとして設定するのはこのパターンだと思われる。前年度の実績をもとにして、営業推進上の施策（預金、貸出金の純増額など）や顧客動向（住宅ローンの期限前返済など）を調整しながらシナリオを作成する。特に単年度の業務計画を作成する際には、このようなシナリオによるシミュレーションが行われることが多い。

第5節　損益・リスクシミュレーション　227

図表5-16　資金シナリオ作成の例

経営環境	シナリオ内容	考えられる影響（例）
変化なし	現在の経営環境が大きく変化しないと想定するシナリオ。	・市場変動（金利上昇、株式上昇など）による顧客行動の変化（定期預金解約、住宅ローンの期限前返済　など）
変化あり	現在の経営環境が大きく変化し、それによってポートフォリオの構成が大きく変化すると想定するシナリオ。	・少子高齢化による顧客構造の大きな変化 ・地域経済低迷、地域人口の減少によるビジネス基盤の変化 ・都市部への相続増加による預金流出 ・地域金融の再編、合従連衡の加速 ・異業種（ネット系、流通系）からの参入による競争激化 ・自社の存在意義低下による顧客離れ　など

　ただ現実は、金融業界を取り巻く環境は大きく変化しており、今後さらに変化が加速していくことが予想される。単年度はともかく、今後3〜5年の中長期シミュレーションを行う際には、何らかの経営環境が「変化あり」のシナリオ作成が求められよう。中長期シミュレーションではマクロ経済指標とB／S構造との関係をモデル化する動きも出てきている。たとえば日本のGDPの変動と貸出残高、債務者の格付、貸出金利などの関連性をモデルとして組み込んでおくと、今後のGDP変動のシナリオを設定することによって将来の資金シナリオ（B／S構造）も想定することが可能となる[25]。一方、マクロとは反対のミクロの観点も必要である。自社の存在意義は何か、自社の強み・弱みは何か、顧客から何を求められているのかといった分析・検討を行い、3年後、5年後にあるべきB／S構造の理想形を能動的に構築していくアプローチが、今後はさらに重要になってくると思われる[26]。

---

[25]　ストレステストでも、マクロ経済指標の変動を考慮したマクロストレステストが行われている（第2章第2節5(3)参照）。

[26]　近年では、パーパス経営（purpose経営）と呼ばれることも多い。企業の経営理念として自社の存在意義を明確にして、どのように社会に貢献していくのかといった「パーパス（存在意義、志）」を掲げるものである。

228　第5章　市場リスク管理とALM

(2) 経済価値シミュレーション

　従来の経済価値変動の分析では、リスク要因である金利や為替、株式などに対して「市場シナリオ」を想定し、現時点でのポートフォリオの価値を再計算することが一般的であった。これは、ごく短期的に市場が変動するケースを想定した方法だともいえる。しかし近年では、ビジネスの持続可能性の検証の観点から、フォワードルッキングに将来時点（たとえば１年後など）における経済価値変動、リスク量（VaR）や感応度を計測する金融機関がふえてきている。

　前述のとおりVaRは計測時点で保有しているポジションのみを対象としており、新たな取引によるキャッシュフローは含めないのが一般的である。ただし、１年後などの将来時点の経済価値評価を行うためには、既存取引の継続、新規の取引、期限前返済などを考慮した資金シナリオを想定する必要がある。

　図表５－17では、現時点を「ｔ＝０」、将来時点を「ｔ＝１」（たとえば１年後）としている。ｔが０から１までの間に発生する継続・新規分および期限前返済などを考慮したものを資金シナリオとして想定する（第５節１(1)で作成したものを、そのまま使用することが多い）。これによってｔ＝１時点

図表５－17　将来時点価値の計測イメージ

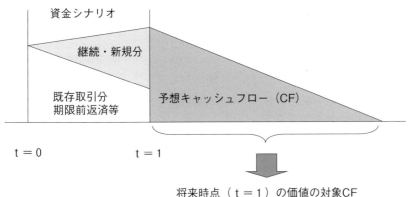

で想定されるポートフォリオを作成することができる。そして、そのポートフォリオから発生する「t＝1時点以降の予想キャッシュフロー」を作成し、「t＝1時点」での将来経済価値や将来VaRが計測される。また、「t＝0時点」から「t＝1時点」になるまでに予想される期間損益と将来VaRを統合的にとらえることもある（「拡張VaR」などと呼ばれる場合もある）。

　将来の経済価値や将来VaRの計測によって、将来の自社の企業価値の動向、また抱えるリスクの水準を経営陣が把握することができ、より能動的な経営戦略を検討することが可能になる。

2　アーニング・アット・リスク（EaR)

　アーニング・アット・リスク（EaR：Earning at Risk）は、将来の一定期間の期間損益がとりうる分布を作成し、期待損益の期待値からどの程度ぶれる可能性があるのかを計測する手法である。主に銀行の預金・貸出金を中心としたバンキング勘定の金利変動リスクを把握するために使用される[27]。

(1)　EaR計測プロセス

　EaRは、第5節1(1)で記述したシナリオ分析での期間損益を計測する方法と、ほぼ同様のプロセスで計測される（図表5－18）。シナリオ分析と異なる点は、確率的な金利モデルを使用して将来の市場金利シナリオを自動的に多数発生させて分布を作成し、そのシナリオごとに期間損益を計測し、期間損益の分布を作成するところである。

　将来の市場金利分布を作成するには、金融工学の分野で開発されている金利期間構造モデル（タームストラクチャーモデル[28]）が使用される。分布を作成するためのシナリオ数は、中小金融機関では1,000本程度、大手金融機

27　リスク要因としては金利が中心となる。為替、株式などもリスク要因に組み込むことは可能であるが、実務上は何らかの仮定による一定値を置いている場合が多い。
28　Hull-Whiteモデル、Cox-Ingersoll-Rossモデル、Black-Derman-Toyモデルなどが有名である。

230　第5章　市場リスク管理とALM

図表5-18 EaR計測のプロセス

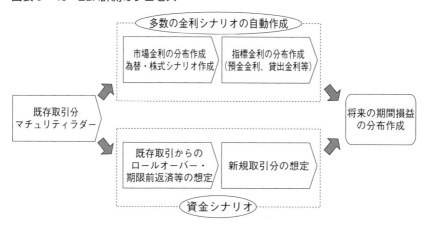

関は10,000本ないし数万本程度になることが一般的である。作成した金利分布とあらかじめ作成してある資金シナリオとを掛け合わせて期間損益の分布が作成される。シナリオ数が多いほど分布形状が安定してリスク量も安定化する傾向があるが、計測の処理時間も長くなる。

(2) EaRとシナリオ分析の相互補完

図表5-19はEaR分布の例である[29]。金利シナリオは10,000本発生させたもので、将来1年間に予想される期間損益の平均値は648.5億円となった。これはIFR[30]ベースの金利シナリオによる期間損益シミュレーションの結果と近い値になる。99パーセンタイル点は603.2億円となった。この平均値と99パーセンタイル点との差額45.3億円をEaR値と定義する場合が多い。これらの数値から「1年間で648.5億円の期間損益が見込まれるが、金利状況によっては期間損益がぶれる可能性がある。99パーセンタイル点でみると45.3億円の下ぶれもありうる」と解釈することができる。逆に上ぶれする可能性もあり、690億円程度まで期間損益が増加することもありうる。

---

29 第4章第3節4でも同じ図表を掲載している（図表4-12）。
30 Implied Forward Rate（インプライド・フォワード・レート）。現在のイールドカーブから導き出される将来の予想金利。

図表 5 －19　EaR分布の例

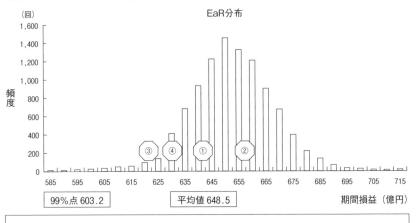

　このEaR分布で把握した数値と、業務計画や実績の着地見込みなどを比較検証することになる。期間損益のぶれを小さくしたい場合には金利スワップなどでヘッジを行うことが考えられる。想定するヘッジ取引を考慮した「ヘッジ後資金シナリオ」を作成し、再度EaR計測を行って、ヘッジ前とヘッジ後の分布形状を比較することで、ヘッジ効果の確認が可能になる。
　EaRは期間損益ベースのリスクを把握するために使用されるが、EaR値（前述の例だと45.3億円）の数値だけをみていても経営の意思決定材料になりにくいのが現実である。そのため、EaRの分布状況と別途行ったシナリオ分析による複数の期間損益シミュレーション結果との比較検証が行われることがある。図表 5 －19上に、シナリオ分析によるシナリオ①〜④の 4 パターンの期間損益シミュレーション結果（図表 5 －20）をプロットしている。
　シナリオ①はメインシナリオのシミュレーション結果（約642.2億円）であるが、EaR分布上の平均値（648.5億円）に近くなっていることがわかる。サブシナリオである②〜④はそれぞれ分布のなかに収まる結果となっている。ただし、シナリオ③については平均値からやや離れた結果となっている。99パーセンタイル点のEaR値（45.3億円）までは行かないものの平均値

図表 5 −20　期間損益シミュレーション分析（事例）

（単位：億円）

No.	シナリオの概要	期間損益
①	金利が将来にかけて穏やかに上昇。	642.2
②	長期ゾーンの金利が上昇し、イールドカーブがスティープ化。	656.5
③	景気が減速し、金融政策が利下げに転換。	621.4
④	金利は現状のまま横ばい。	630.7

からの乖離は約27億円と大きくなっており、リスクの大きいシナリオとなっている。このように、EaR分布と比較して大きくぶれているシナリオがある場合は、以下のような考察を行う必要がある。

①　想定した資金シナリオ、金利シナリオの想定が極端すぎないか。現実離れしたシナリオを置いていないか。

②　シナリオの設定は現実的だが、リスク管理部門やフロント部門、経営陣が把握していないリスクが存在していないか。特に期限前返済などの非線形のリスクは想定どおりモデル化されているか。

このように、EaRとシナリオ分析を相互補完的に活用することによって、より精度の高いリスク管理、リスク分析が可能となる。

第5節　損益・リスクシミュレーション　233

第 **6** 節

ALMに内在する個別論点

　ALMが対象とする金融機関の資産・負債には、そのリスク特性の把握においてさまざまな論点がある。たとえば市場性商品であれば、経済合理性に従って取引されることを前提とすればよい。一方、銀行の預金や貸出金の多くはリテール顧客が占めており、経済合理的に行動するとは限らず、その顧客行動を何らかの形でモデル化することが求められる。バーゼル規制の第2の柱でIRRBBが2018年に導入されたが、その導入プロセスにおいても、あらためてバンキング勘定のリスク把握のむずかしさが認識された。本節では、特に銀行のALMにおいて議論となるポイントについて考察を行う。

1　コア預金

　銀行のALMにおいて、最も大きな課題はコア預金の取扱いだといってもよいだろう。コア預金とは、「明確な金利改定間隔がなく、預金者の要求によって随時払い出される預金のうち、引き出されることなく長期間銀行に滞留する預金」と定義される[31]。この定義のなかの「預金者の要求によって随時払い出される預金」のことを「流動性預金」と呼ぶ[32]。

(1)　コア預金把握の経緯

　銀行では従前、普通預金などの流動性預金のうち一定割合は銀行内に滞留する可能性が高いことを経験的に認識していた[33]。これは特に、リテール顧

31　金融庁の監督指針における定義。
32　「要求払性預金」と呼ばれることもある。日本銀行では、「当座」「普通」「通知」「別段」「納税通知」の5種類の預金を流動性預金と位置付けている。
33　以前は、滞留する部分を「根雪（ねゆき）部分」と呼ぶこともあった。

234　第5章　市場リスク管理とALM

客の金利感応度や情報リテラシーが法人と比べて低かったことが背景にあったと思われる。

　さて、この滞留する預金が「コア預金」として脚光を浴びることになったのは、本章で何度も登場している「金利リスクの管理と監督のための諸原則」（BCBS、2004年7月）の公表であった。この「諸原則」で、監督当局による銀行勘定の金利リスクのモニタリングにおいて「アウトライヤー銀行[34]」を定義し、自己資本充実度に対して特に注意を払わなければならないとされた。この諸原則に準じる形で、日本ではバンキング勘定の経済価値のリスク量を自己資本の20％以内に抑える「アウトライヤー基準」が2007年に開始された[35]。

　さて、このバンキング勘定の価値の計測が求められた際に、銀行は大きな課題に直面した。それが「コア預金」である。当時、根雪部分としてのコア預金の存在は認識されていたが、その実質的な満期（デュレーション）を推計する方法は確立されていなかった。ほとんどの金融機関で、流動性預金の満期を便宜的に「翌営業日」に設定してリスク計測、モニタリングを行っていたのが実情だった。たとえば1,000億円の普通預金があったとしたら、リスク管理上は「1,000億円を今日借りて翌営業日に返す」という設定になっていた。つまり、満期が1日で額面1,000億円の無担保O／Nの市場調達を行っているのと同じ扱いをしていたわけである。しかし実際には、流動性預金がすべて翌営業日に引き出されることはありえない。現実とはまったく乖離したリスク計測が行われていたのである。このような課題が顕在化したため、経験的に認識されていた滞留部分、つまりコア預金の取扱いに関する重要性の認識が広まった。

　また、アウトライヤー基準の計算においても、流動性預金の満期を翌営業

34　標準化された金利ショックないしこれと同等のショックに伴って発生する銀行勘定の金利リスクについて、Tier 1とTier 2の合計額に対して20％を超える経済価値の低下が生じる場合は、「アウトライヤー（outlier）」銀行と定義された。

35　「アウトライヤー規制」とも呼ばれる。当時はこのような規制を導入したのは日本だけだったが、その後バーゼル規制の第2の柱の枠組みで、グローバルなIRRBBモニタリング（2018年）に発展した。

第6節　ALMに内在する個別論点　235

日とする設定のままでは負債側と資産側との金利ギャップが大きくなり、金利リスク量が過大に計測され、アウトライヤー基準の限度である20%をはるかに超えてしまう。規制対応の観点からも実質的な金利ギャップを把握する必要が生じ、コア預金の実質的な満期を推定するモデル（通称、コア預金モデル）の開発が進められたのである[36]。

(2) コア預金モデルの類型

コア預金モデルの基本的な考え方は図表5－21のように表すことができる。まず、現時点の流動性預金残高から将来の期待残高を推定する。その期待残高に対して何らかのストレスをかけて、それでも金融機関に滞留する残高をコア預金と位置付けている。つまり、金融市場や経営環境に何らかの変化があっても一定割合の預金者はその変化に対して感応度が低く、何も行動を起こさないという前提を置いたモデルである。この前提は経験的に認識している根雪部分に該当するもので、納得感はあるだろう。滞留する部分は固定調達、つまり一定の満期をもつ定期預金と同じだと考えるのである。

コア預金モデルにはさまざまな種類が提案され、各金融機関で採用されているが、大きくは図表5－22のように三つに分類されることが多い。もちろんこのほかにも、預金口座履歴や預金者年齢分析などを行ってコア預金の特

図表5－21　コア預金モデルの概要

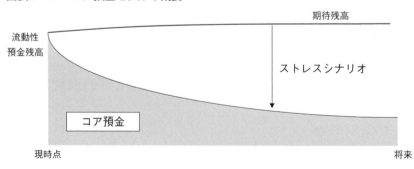

[36] アウトライヤー基準では、コア預金の推定に当局指定の「標準方式」と金融機関独自の「内部モデル方式」とのどちらかを選択することになった。

図表 5 −22　コア預金モデルの類型

類型	概要
① 間接推計型	日本は、預金金利完全自由化以降の過去データのなかには、金利上昇局面における預金残高推移のデータを取得するのはむずかしいのが現実。よって、金利上昇局面での流動性預金残高の変化率の状況を、過去の残高上昇局面（金利低下局面）と残高安定局面（金利安定局面）を利用し、「金利安定局面」を中心として「金利低下局面」と対称的になるように間接的に推計する。
② ヒストリカル推計型	流動性預金残高の変化率や景気指標などのヒストリカルデータを用いて、金利上昇局面に対応する流動性預金残高の減少率を推計するモデル。 預金金利完全自由化以前は、金利上昇局面に対応して流動性預金残高が減少した局面が存在するため、こうした過去の流動性預金残高減少局面の減少率を用いて将来の流動性預金残高の平均減少率を直接的に推計する。
③ イールドカーブ参照型	流動性預金残高の変化率について金利などを説明変数に用いた回帰式でモデル化を行う。説明変数のうち金利の先行きについては、現在のイールドカーブの形状から将来の値を合理的かつ確率的に予想したものを用いるケースが多い（Hull-Whiteモデルなどの市場金利の期間構造モデルなど）。

出典：「コア預金モデルの特徴と留意点」（日本銀行金融機構局、2011年11月、2014年 3 月更新）より筆者作成。

性を把握し、モデル化している金融機関も存在する。どのモデルが最も適切かという正解があるわけではないが、自社が使用しているモデルの特徴や傾向などを理解しておくことは、リスク管理上重要である。

　図表 5 −22の出典が発出されて以後、日本ではコア預金モデルに関して大きな進展はないように思われる。その理由として、2013年からの日本銀行の異次元金融緩和政策によって金利の超低位局面（マイナス金利を含む）が長く続いたことが背景にあると思われる。市場金利、預金金利ともにゼロ金利近辺に張り付いてほとんど変動しなかったため、預金者の預金金利への感応度が希薄になってしまった。また、長く続いたデフレ状態を背景に放っておいても流動性預金が積み上がる状態となり、コア預金モデル自体が金融機関

第 6 節　ALMに内在する個別論点　237

のALM・リスク管理のなかで重きを置かれなくなってしまったのではない
か。そのため、モデル高度化へのインセンティブが低下してしまったように
思われる。

(3) 現在のコア預金モデルの課題

モデル高度化の進展はあまりみられないとしても、日々のALM・リスク
管理でコア預金モデルは使用されており、モデルの限界や欠点も認識されて
いる。コア預金モデルは、将来のコア預金のキャッシュフローを推計するも
のだが、その推計自体に大きな課題があるのではないかと指摘されることが
多い。

図表5-21を見返していただきたい。この例ではコア預金残高は将来にか
けて一定割合がずっと残り続けている。実際多くの金融機関でモデルを使用
してこのようなキャッシュフローを推定している。しかしリスク管理上は、
どこかの時点で満期を決めなければ、金利リスクを計測することができな
い。なぜなら、満期のない調達資金は株式調達、つまり資本と同じ扱いにな
ってしまうからである。あくまでもコア預金は負債の位置付けであるため、
「いつ返すか」という満期を明示的に設定する必要がある。そのため、多く
の金融機関でこの最長満期を「10年」と設定している[37]。

ここで、図表5-23、図表5-24をみていただきたい。図表5-23は第2
章の感応度（GPS）の解説で使用した図表2-12を再掲している（比較のた
め、縦軸のスケールは変更している）。図表5-23はコア預金を考慮せず、
流動性預金の満期は「翌営業日」に設定したものだ。一方の図表5-24はコ
ア預金を考慮し、最長満期を10年に設定したものである。

同じ資産・負債のデータを使用しているにもかかわらず、両図は大きく異
なっているようにみえる。特に図表5-24（コア預金を考慮）では、負債の

---

[37] 10年という設定に理論的根拠があるわけではない。以前は銀行の資産のデュレーショ
　　ンは長くても10年程度だったため、それに合わせたものと推察される。しかし近年、銀
　　行の資産側では10年を超える取引も増加している（長期固定の住宅ローン、20年国債な
　　ど）。コア預金の満期10年という設定の妥当性について、あらためて検討すべき時期に
　　来ているものと思われる。

238　第5章　市場リスク管理とALM

図表5－23 資産・負債別GPSの状況（コア預金考慮前）

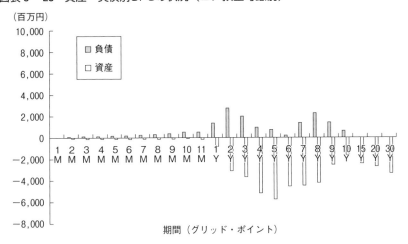

図表5－24 資産・負債別GPSの状況（コア預金考慮後）

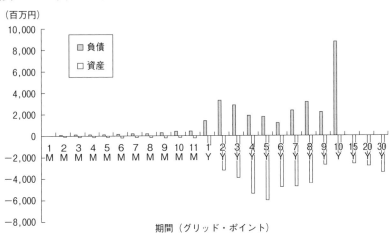

10年の金利感応度が非常に大きくなっている。コア預金として滞留していた預金残高が、10年ですべて預金者に変換されるという設定をしているので、ここに大きな元本部分のキャッシュフローが発生するためである[38]。

---

38 実務では「10年コブ問題」などといわれることもある。

第6節　ALMに内在する個別論点　239

さて、この図表5-24をみた経営陣はどう考えるだろうか。「10年に負債の大きなリスクがあるので、10年債を同程度購入してリスクを低下させよう」とするだろうか。おそらく、そのように考える経営陣は少ないと思われる。経営陣の理解度は、以下①、②、③のいずれかの状況ではないかと推察される。

① 10年の負債リスクはコア預金モデルの技術的な調整によるものなので、実際のポジションを表していないということを感覚的に認識している。

② なぜ10年に負債のリスクが大きく存在しているか、あまり関心はない。あるいは、疑問には感じているが大きな問題だとは認識していない。

③ そもそも金利感応度によって資産と負債のリスクをコントロールするという発想がない。

このうち、②、③のレベルだと、コア預金モデルそのものが経営陣に理解されていないといわざるをえない。また、①の場合は経営陣の理解は得られているものの、コア預金モデル自体が真の価値やリスクを表すものではない、つまり信用されていないということになる[39]。コア預金モデルの最大の課題は、モデルに対する信頼度、納得度が低いことだということもできる。

さらに、コア預金モデルではパラメータを調整すれば、将来キャッシュフローも容易に変更することができ、金利リスク量も変えることができる。実務上、金利リスク量を適正にみえる水準までパラメータを微修正するなどのケースもみられるようになり、モデルの頑健性や運用における恣意性など、モデルリスク[40]の大きさも指摘されている。

(4) 今後のコア預金モデルの方向性

上記でみたように、コア預金モデルにはさまざまな課題があるにもかかわ

---

[39] 金利感応度だけでなく、それをもとに計算された金融機関全体のVaRも信用できないことになる。

[40] モデルリスク管理については、第3章第6節参照。

240 第5章 市場リスク管理とALM

らず、長期にわたる超低金利局面によってそれらの課題の検討が先送りされ、硬直化、形骸化したモデル運用になっているのが現実であろう。しかし、金利変動が本格化するなか、ALM・リスク管理においてこのコア預金の問題は避けて通ることはできない。現在のコア預金モデルの抜本的な見直しが大きな検討課題になってくるのは間違いないだろう。

見直しの大きなテーマは以下2点だと思われる。

① 長期間滞留するコア預金のキャッシュフローの扱い：上述のとおり、長期間（10年以上）滞留すると推計されるコア預金を現在は無理に10年満期として打ち切っているため、感覚に合わない負債ポジションとなっている。長期間滞留する部分については、疑似資本的な取扱いとし、負債ポジションから控除することも考えられる。

② 市場金利への追随率（β）のモデル化：現在のコア預金モデルでは、市場金利に対する預金金利の追随率（βと呼ばれる）は一定だと仮定する場合が多い。β値が低いほど流動性預金の市場金利への感応度が小さいためコア預金部分が大きくなり、負債のデュレーションは長く推定される。負債のデュレーションが長いと資産側の長期固定金利リスクを相殺でき、結果的に金融機関全体の金利リスクが削減できる。

しかし、市場金利の水準が高くなるとβ値は上昇し、預金のデュレーションは短期化する傾向にあることが指摘されている[41]。今後、日本でも変動を伴いながら金利水準が上昇した場合、コア預金モデルにおける重要な検討ポイントになると考えられる。

今後は、バーゼル規制のIRRBB対応のみならず、「実際上の満期の推定による金利リスク計測の精緻化」「収益力向上、安定化のためのALM高度化」といった目的でモデルの抜本的な見直し、高度化が行われることが期待される。

---

41 米国FRBでは「預金コンベクシティ」として研究、検証が進められている。"Deposit Convexity, Monetary Policy and Financial Stability"（FRB of Dallas Working Paper No. 2315、2023年10月）。

2　定期性預金

　定期性預金は契約上の満期が定められた商品であるが、現実にはその多く
が自動継続化され、流動性預金に次いで安定的な銀行の調達源となってい
る。逆に中途解約を行うことも可能であるため、この継続性、中途解約性を
考慮した実質的な満期の推定を行うことがALM・リスク管理上重要になっ
てくる。

　将来の預金残高推定については流動性預金の場合と同じような考え方がと
られる。近年ではICT技術の発展により、大量の取引明細データを活用して
過去の取引実績から継続性や中途解約性をモデル化することも可能になって
きている。さらに、流動性預金から定期性預金への移替えや定期性預金を解
約して投資信託を購入するなどの、商品間の資金移動情報も考慮した資金循
環モデルを構築する金融機関も出てきている。

3　貸出金の期限前返済

　期限前返済とは、貸出金が契約上の約定返済スケジュールより早期に返済
されることである。この期限前返済によって、想定している将来のキャッシ
ュフローが得られずに損失が発生することを期限前返済リスクと呼ぶ。

　特に住宅ローンについては貸出期間が長く、債務者がローンの一部または
全部を自由に期限前返済できることが一般的であるため、将来キャッシュフ
ローの変動による価値低下の影響が大きい。このためALM・リスク管理上
は、債務者の期限前返済の特性を適切に把握することが重要になってくる。

　期限前返済の特性把握には、期限前返済率（CPR：Constant Prepayment
Rate）を推計することが一般的である。日本では、住宅ローン担保証券
（RMBS：Residential Mortgage Backed Securities）市場が拡大しているこ
ともあり、この推計モデルの研究が進んでいる。近年では住宅金融支援機構
が発行するRMBSの期限前返済率をモデル化したPSJモデル[42]が定着してお
り、金融機関の内部モデル構築の際に参照されることが多くなっている。内

図表 5 -25　期限前返済の要因（事例）

要因	概要
金利変動	たとえば金利上昇時には変動金利物から固定金利物へ乗り換える傾向が強まり、変動金利物の期限前返済率が高まる。特に住宅ローンの競争激化やネット銀行の台頭などで、金利感応度の高い債務者が増加している。
経年効果	融資実行からの年数によって期限前返済状況が変わるといわれている。融資実行直後は債務者の返済意欲が高く期限前返済が進むが、一定期間後は期限前返済率が低下するという傾向が観察されている。
季節性	ボーナス時期には期限前返済が増加する傾向がある。ただし近年の雇用環境の多様化によって、影響は小さくなっているとの指摘もある。
バーンアウト（燃え尽き）効果	返済意欲の高い債務者が期限前返済を積極的に行った結果、返済意欲が低い債務者が残り、期限前返済率は上昇しないという傾向もみられる。

部モデルの種類としては「構造型モデル[43]」「誘導型モデル[44]」の2種類に分類されることが多いが、一般的には「誘導型モデル」が多く採用されているように思われる。

　モデル構築においては期限前返済を「一部返済」か「全額返済」に分けて検討するアプローチが一般的である。この2種類の返済方法は、その特性が大きく異なると考えられるためである。たとえば一部返済は毎年のボーナスで少しずつ返済されるケースが多い一方で、全額返済は債務者の何らかのイベント（定年退職による退職金取得、親からの相続など）が背景にあることが多い。

　また商品特性（特約期間や特約期間後の金利選択方法、手数料など）や、

42　Prepayment Standard Japanモデル。日本証券業協会がRMBSの評価のために2006年に公表したモデル。
43　期限前返済状況を、オプションの最適行使戦略として明示的に組み込むモデル。
44　期限前返済状況を、マクロ経済変数や債務者属性などの外部要因によって説明しようとするモデル。

債務者属性（年齢、家族構成、収入、DTI[45]、LTV[46]など）などの差異も考慮される。期限前返済の説明変数になりうる要因として、図表5 –25のようなものが検討されることが多い。

　一方、事業性貸出については、住宅ローンとは異なる特性がある。たとえば短期運転資金には強い継続性がみられる[47]。貸出金には期限前返済だけでなく継続性の特性もあることを考慮して、その実質満期に関する検討を行うべきである。

4　信用リスク

　ALMの主眼は、金利リスクとそれに関連する顧客行動（コア預金モデル、期限前返済モデルなど）に置かれることが多い。しかし、図表5 – 1で示したとおり、広範囲、中範囲のALMでは信用リスクも対象となってくる。

　ALMにおける最も主要な手法が損益・リスクシミュレーションであることは第5節で記載した。信用リスクのALMへの組込みは、損益・リスクシミュレーションにおけるシナリオに信用リスクに関する要素をいかに取り込んでいくかがポイントだといえる。

　信用リスクに関する要素についても「資金シナリオ」「市場シナリオ」の観点から検討するのがわかりやすいだろう（図表5 – 26）。まず、資金シナリオへの取込みとしては、信用リスク管理で推計されている格付ごとのデフォルト率を使用することが考えられる。資金シナリオを格付ごとまで詳細に設定することができれば、このデフォルト率を考慮したシナリオ（メイン、サブの複数シナリオ）を置くことも可能となる。また、業務計画上予想されている減損などを考慮することもできる。また、今後は日本においても、フォワードルッキングな引当が拡大してくると思われる。予想信用損失

45　Debt to income、年間返済額の年収に対する比率。

46　Loan to value、物件の価値に対する負債の割合。

47　正常運転資金と呼ばれ、企業の正常な営業活動を行っていくうえで恒常的に必要と認められる運転資金を銀行が継続的に繰り返し融資しているケースがある。

244　第5章　市場リスク管理とALM

図表 5 −26　信用リスクのALMへの取込み（事例）

取込方法	事例
①　資金シナリオ	・格付ごとのデフォルト率の利用 ・有価証券の減損予想の取込み ・ECLベースのシナリオの取込み　など
②　市場シナリオ	・予想市場信用スプレッドの取込み ・金利変動とデフォルト率の相関の取込み　など

（ECL：Expected Credit Loss）の推定のために仮定したシナリオをALMにおける損益・リスクシミュレーションの資金シナリオと連動させていくことも、今後の大きな課題になると思われる[48]。

　もう一方の市場シナリオへの取込みについては、社債などの市場スプレッドは、その予想をシナリオとして設定することがすでに行われている。また、金利上昇時には債務者の利息返済負担が増加し、デフォルト率も上昇することが予想される。金利変動とデフォルト率の相関関係がモデル化できれば、それを損益・リスクシミュレーションに組み込むことも考えられる。しかし現実的にはこのモデル化はむずかしく、多くの金融機関で検討課題となっている[49]。

48　すでに、ECLベースが導入されている欧州、米国では、財務報告とリスク管理を共通
　のプラットフォームで把握する仕組みが多くの金融機関で導入されている。
49　市場リスク、信用リスクの統合は、統合リスク管理でも以前からの課題である。しか
　しその相関関係のモデル化はむずかしく、多くの金融機関で単純合算して統合している
　のが現実である。

第6節　ALMに内在する個別論点　245

第6章

市場リスク管理の将来

金融機関を取り巻く環境は、以前に比べて各段に混沌としており、そこに内在するリスクも多様化・複雑化が進んでいる。そのようななか、市場リスクという一つのリスクカテゴリだけをみていても、金融機関の経営は不可能である。市場リスクはその他のリスクとも密接な関係があることを、われわれは経験的に学んでいる。本章では、市場リスク管理を中心に据えながらも、その周辺の状況も少し幅広にとらえながら、将来について考察を行う。

第 **1** 節

市場リスクと他のリスクとの関係

1　多様化・複雑化する金融機関のリスク

　近年、財務情報に表れない「非財務情報」の重要性が大きな関心事となっている。サステナブルな企業価値向上に非財務情報が重要な意味をもつという認識は、広く定着している。そのようななか、非財務情報の開示基準の作成がグローバルで進展している[1]。

　この「非財務」の要因によって損失を被る可能性のことを「非財務リスク」といい、リスク管理業務の新しいテーマとして注目されている。非財務リスクは「要因はよくわからないが、顕在化するとインパクトが大きいものが多い」と一般的に認識されている。経営陣としては、「わかるリスク」より「よくわからないリスク」のほうが怖いはずである。このような非財務リスクも含めて、金融機関を取り巻くリスクは近年、多様化・複雑化が進んでいる。

　図表6−1は多様化が進むリスクを「財務リスク」「非財務リスク」に区分したものである。多くの金融機関でこのようなリスク区分を行って、網羅的なリスク捕捉を行い、各リスクカテゴリについて検討を進めている。財務リスクは、財務情報で捕捉が可能なもの、つまり金融機関のバランスシート（Ｂ／Ｓ）に掲載されている資産・負債が主な発生源だと考えればよいだろう。本書のメインテーマである市場リスクは、典型的な財務リスクの一つだといえる。一方の非財務リスクは、財務諸表ではわからない要因によって発

1　グローバルでは、ISSB（International Sustainability Standards Board：国際サステナビリティ基準審議会）が2021年11月に設立された。日本ではSSBJ（Sustainability Standards Board of Japan：サステナビリティ基準委員会）が2022年7月に設立され、開示基準の作成を行っている。

248　第6章　市場リスク管理の将来

図表 6 − 1　財務リスクと非財務リスク

財務／非財務	規制対応[注]	リスク要因（事例）
財務リスク	BCBS 1 柱	信用リスク
	BCBS 1 柱	市場リスク（FRTB）
	BCBS 2 柱	銀行勘定の金利リスク（IRRBB）
	BCBS流動性規制	流動性リスク
非財務リスク	BCBS 1 柱	事務リスク
		システム・セキュリティリスク
		法務・コンプライアンスリスク
	規制なし	コンダクトリスク
		サイバーリスク
		サードパーティリスク
		気候変動リスク
		モデルリスク
		その他

注：BCBSはバーゼル銀行監督委員会。

生するものである。たとえばコンダクトリスクとは、顧客や市場に対して不適切な行動や取引を行うことによって生じるリスクを指すが、これらの情報は財務情報からは認識することはできない。また、近年課題となっているサイバーリスクも、情報漏えいやサイバー攻撃などの情報は財務情報からはわからない。

　なお、図表 6 − 1 中の「規制対応」とはバーゼル規制を意味している（1柱は第 1 の柱、2 柱は第 2 の柱を指す）。非財務リスクのなかでも事務リスク、システム・セキュリティリスク、法務・コンプライアンスリスク辺りはバーゼル規制において「オペレーショナルリスク」としてすでにリスク量を把握している。問題は「規制なし」となっているリスクである。規制がないため、金融機関はこれらのリスクへの意識、感度を高め、自らリスク把握、モニタリングの態勢を構築することが求められる。

第 1 節　市場リスクと他のリスクとの関係　249

2　気候変動リスクの概要

　この非財務リスクのなかでも、近年非常に大きなテーマとなっており市場リスクにも密接に関連すると考えられるのは、気候変動リスクであろう。地球温暖化に伴う気候変動は環境問題だけでなく金融システムにも影響を与えるという認識が定着しており、金融機関でもこの気候変動リスクへの対応、開示が急ピッチで進められた[2]。

　気候変動リスクは大きく「物理的リスク」「移行リスク」に区分して検討されることが一般的となっている。物理的リスクは、台風や洪水などの一過性の気象現象に起因する急性リスクと地球温暖化に伴う平均気温の上昇、海面上昇など長期的な変化に伴う慢性リスクとに区分される（図表6－2）[3]。

図表6－2　物理的リスクと移行リスク

リスクの種類	概要
物理的リスク	気候変動に伴う自然災害や異常気象の増加などによってもたらされる物理的な被害に伴うリスク ・急性リスク：台風や洪水などの極端な気象現象に起因するリスク ・慢性リスク：平均気温の上昇、海面上昇など、気候の長期的な変化に起因するリスク
移行リスク	気候関連の規制強化、技術革新、市場嗜好などの変化など、脱炭素社会への移行に伴うリスク

2　ISSBは2023年6月、「IFRS S2」として気候変動に関する開示基準を公表した。従前のTCFD（気候関連財務情報開示タスクフォース（Task Force on Climate-related Financial Disclosures））における四つの開示フレームワーク（ガバナンス、戦略、リスク管理、指標・目標）が引き継がれたものとなっている。
3　従前のTCFDやIFRS S2でも、「戦略」項目のなかでこれらのリスクに関するシナリオ分析の開示が求められている。

250　第6章　市場リスク管理の将来

3　気候変動リスクと市場リスクとの関係

　気候変動リスクは、伝統的な財務リスク（市場リスク、信用リスクなど）とはまったく異なる性質をもっている。伝統的な財務リスクでは、リスク管理の対象となる期間（保有期間）は市場リスクで10日〜1年、信用リスクでも長くて3〜5年程度である。一方の気候変動リスクは10〜数十年といった期間で考える必要がある。また、リスク量計測のためのデータが不十分であり、計測モデルも確立されていない。そのようなことから、気候変動リスクを現在の統合リスク管理の枠組みのなかで市場リスクや信用リスクと同列に扱うことは、現時点では困難だといえる。そのため、この気候変動リスクは、財務リスクに何らかの形で影響を与えリスクを増加させる可能性のある「ドライバー」として位置付けるという考え方が一般的となっている。たとえば異常気象によってトウモロコシや大豆といった農作物が不作になると、コモディティ価格に影響を与えることになり、市場リスクの対象となる。図表6−3は、そのようなドライバーとしての気候変動リスクと、伝統的リスクとの関連を表した事例である（説明のため、市場リスク以外に、信用リスクも例示した）。

　上記のように、気候変動リスクと市場リスクは深い関係性があることがわかる。対応としては、まず気候変動に影響を受ける可能性がある市場リスクエクスポージャーを、網羅的に洗い出すことだろう。わかりやすい例だと、コモディティ取引、排出権取引、気候関連デリバティブ取引などがあげられよう。これらの市場価格が気候変動の影響でどのように変動するか、シナリオ分析やストレステストで実施することが、今後重要になってくると思われる。

図表6-3　ドライバーとしての気候変動リスク（事例）

ドライバー	リスク事象（例）	影響する伝統的リスク
物理的リスク（急性）	異常気象による金融市場、コモディティ市場の混乱、それに伴う有価証券等の価値の変動	市場リスク
	異常気象による顧客資産への直接的な損害や、ローンの担保価値の低下	信用リスク
	異常気象によるサプライチェーンへの間接的な影響に伴う、顧客の事業や財務への波及	信用リスク
物理的リスク（慢性）	海面上昇による沿岸地域の担保価値の低下	信用リスク
移行リスク	脱炭素社会への移行の影響が大きい業種に関連する有価証券・金融商品などの価値の変動	市場リスク
	政策、規制、税制などに対する顧客の負担増加に対する財務的影響	信用リスク
	顧客の要請、技術革新の変化に対応できないことによる、顧客の事業への影響	信用リスク

出典：『金融機関のための気候変動リスク管理』（藤井健司、中央経済社、2020年）、各金融機関の公表情報より筆者作成。

4　サイバーリスクと市場リスクとの関係

　近年、量子コンピューティングによる暗号解読や、生成AIなどの新技術のプラットフォームの複雑さ、拡大スピードの速さなどからサイバーセキュリティ侵害のリスクが急速に拡大している。このサイバーリスクと市場リスクは、何か関係があるのだろうか。実は、すでに金融市場、金融機関をターゲットとしたサイバー攻撃は多く発生している（図表6-4）。

　金融機関の市場リスクに影響する可能性としては、以下のような事例があげられる（流動性リスクの範疇と考えることもできる）。

図表6－4　サイバー攻撃の事例

攻撃の種類	概要と課題
①　外部委託先への不正アクセスによる情報漏えい	・外部委託先において、クラウドサービス環境の設定を誤ったことにより不正アクセスを受け、顧客情報が漏えい。 ・委託元における外部委託先の情報セキュリティ管理態勢およびデータ管理態勢に関する実効性の検証が課題。
②　マルウェア感染	・外部からの不正アクセスによりランサムウェアに感染し、データ暗号化および身代金の要求を受けたり、不審メール受信時の対応不備によりエモテットに感染。 ・IT資産の適切な管理など、基本的な対策の組織全体への浸透が課題。 ・不正な通信の検知態勢の整備、不正な外部サーバーとの通信制御などのマルウェア対策、重要な外部委託先を含めた定期的な訓練など、実効性の確保が課題。
③　DDoS攻撃^(注)	・外部委託先へのDDoS攻撃により、金融機関のホームページの閲覧ができなくなったり、インターネットで提供しているサービスへの接続が困難となることが発生。 ・サイバー攻撃を受けた際の、部門間の連絡態勢が不明確だったことにより、DDoS攻撃の検知からIPアドレス遮断までに時間を要した。 ・アクセス制限やDDoS対策ツールの導入といった基本的な対策はもとより、外部委託先を含め、障害発生時の部署間の連絡体制などをあらかじめ整備することが課題。

注：DDoS攻撃（Distributed Denial of Service attack）。複数の端末から、攻撃対象のサーバーやサイトに対して意図的に大量のパケットを送信し、膨大な負荷をかけることで、サービスへのアクセス困難や停止を引き起こすサイバー攻撃のこと。
出典：「金融機関のシステム障害に関する分析レポート」（金融庁、2023年6月）より筆者作成。

○　社債調達が困難となるリスク：ある特定の金融機関に対するサイバー攻撃により市場からの信用が低下し、予定していた社債発行が困難となり資金繰りが行き詰まるケース。

○　預金流出リスク：ある特定の銀行に対するサイバー攻撃により市場からの信用が低下し、顧客が他の安全と思われる銀行に預金を移動す

るケース（取付け騒ぎ：bank run）。

また、金融システム全般としては、以下のようなリスクも内在している。

　○　決済リスク：電子決済・送金ネットワークへのサイバー攻撃により
システムがダウンし、決済が停止してしまうケース。

このように、サイバーリスクは、金融機関の存続に直結する可能性のある
流動性リスク、あるいは社会インフラともいえる銀行の決済機能にも直接関
連するものであることがわかる。本節ではサイバーリスク管理の詳細は割愛
するが、他の財務リスクとも密接な関連があることを十分認識した対策が求
められる。

第 **2** 節

ICTの発展

　第1章第1節1⑵でもICTの発展について概説したが、本節では近年の人工知能（AI：Artificial Intelligence）の発展も含めて、あらためてICTと市場リスク管理の将来について考察してみたい。

1　ICTの発展の経緯

　コンピューターの処理能力やネットワーク技術の向上に伴い、金融機関でのICT活用状況は大きく変化した（図表6－5）。

　1960～70年代は、専用の端末とソフトウェアを大型の汎用機に接続してシステムを利用していたが、1980年代からはパソコンやサーバーを用いたクライアント・サーバー型のシステムが主流となった。さらに1990年代にはインターネットの普及、通信速度の急速な向上がみられ、2000年代にはクラウドコンピューティングが普及し始めた。自社で物理的なサーバーを設置する必要がなく、必要なときに必要な量や期間だけサービスを利用できるというメリットによって、金融機関の利用が増加してきている。また、ネットワークを通じてやりとりされるデータ量が増加していることもあり、2010年代半ばには、エッジコンピューティングと呼ばれる、必要な処理を端末（エッジ）あるいは端末に近いネットワークに置くような取組みも行われている。これにより、ネットワークの通信量の抑制、セキュリティの向上が期待されている。

　そして今後は、これまで以上に簡易でより的確なインタフェースが求められることになるだろう。このインタフェースには、人間とコンピューターとの間をとりもつAIが大きなカギを握っていることに異論はないだろう。

第2節　ICTの発展　255

図表6－5　ICTの発展と金融業界

区分	1960～70年代	1980～90年代	2000年代～
金融機関などの取組み	・勘定系システムの構築 ・オンライン化（1960年代～） ・クレジットカードの登場（1960年代～） ・ATMの登場（1969）	・ATMの銀行間オンライン接続（1980年代～） ・コンビニATMの登場（1990年代後半～） ・インターネットバンキングの開始（1997） ・金融商品のオンライン取引拡大（1990年代～）	・ネット系金融機関の台頭（2000年代～） ・統合ATMの登場（2004） ・システムのクラウド化（2010年代～） ・暗号資産・分散型金融の拡大（2010年代～） ・埋込み型金融の登場（2010年代～）
金融インフラ	・全銀システムの稼働（1973）	・日銀ネットの稼働（当預系：1988／国債系：1990） ・ほふりの事業開始（1991） ・全銀EDIの稼働（1996） ・東証・株式立会場の廃止（1999）	・株券の電子化（2009） ・でんさいネットの稼働（2013） ・電子手形交換所の設立（2022） ・全銀システムの参加拡大検討（2022）
ICT	・大型汎用機と専用端末	・クライアント・サーバー型（1980年代～） ・暗号技術／インターネット（1990年代～）	・AI（2000年代～） ・ブロックチェーン（2000年代～） ・クラウドコンピューティング（2000年代～） ・エッジコンピューティング（2010年代～）

出典：金融庁資料より筆者作成。

2　AIの発展の動向

　人工知能（AI）には明確な定義が存在しないのが現状であるが、あえていえば「AIとは、人間の思考プロセスと同じような形で動作するプログラム、あるいは人間が知的と感じる情報処理・技術」といった広い概念で理解されている[4]。AIの研究は1950年代から続いているが、その状況は三つの大

4　総務省「情報通信白書」など。

256　第6章　市場リスク管理の将来

図表6－6　AI発展の経緯

年代	ブーム	主な技術等	人工知能に関する出来事
1950～ 70年代	第1次人工知能ブーム （探索と推論）	・探索、推論 ・自然言語処理 ・ニューラルネットワーク ・遺伝的アルゴリズム ・エキスパートシステム	・ダートマス会議にて「人工知能」という言葉が登場（1956年） ・ニューラルネットワークのパーセプトロン開発（1958年） ・人工対話システムELIZA開発（1964年） ・初のエキスパートシステムMYCIN開発（1972年）
1980～ 90年代	第2次人工知能ブーム （知識表現）	・知識ベース ・音声認識 ・データマイニング ・オントロジー	・知識記述のサイクプロジェクト開始（1984年） ・誤差逆伝播法の発表（1986年）
2000～ 10年代	第3次人工知能ブーム （機械学習）	・統計的自然言語処理 ・ディープラーニング	・ディープラーニングの提唱（2006年） ・ディープラーニング技術を画像認識コンテストに適用（2012年）

出典：総務省公表データより筆者作成。

きなブームに分けて考えるのが一般的のようである（図表6－6）。

　第1次、第2次では、いずれのブームにおいても本格的な実用化にはつながらず、AIの冬の時代だといわれた。第1次ブームでは、圧倒的なコンピューターのパワーを使用して、起こりうるあらゆるパターンを推論するものであったが、ルールが限定したもの（たとえばチェスなど）以外では活用がむずかしかった。第2次ブームは、エキスパートシステムと呼ばれる専門性に特化したAIであったが、汎用的な「常識」や「抽象的な表現」を体系付けたり学習させたりすることが困難だったといわれている。

　その後の第3次ブームでは、AI自身が知識を獲得する機械学習が実用化され、さらに知識を定義する要素もディープラーニングなどにより習得可能になった。ビッグデータと呼ばれる大量のデータをディープラーニングを用いた学習モデルで扱うことにより、AIは飛躍的な発展[5]をみせた（図表6－7）。さらに近年、AIの社会実装が急速に進んでおり、ChatGPTなどの文

5　2016年にAI「アルファ碁（AlphaGo）」が囲碁のトップ棋士に勝利したのは、その象徴ともいわれている。

図表6－7　第3次ブーム以降のAIの発展

年	技術発展	向上する技術	社会への影響
2014	画像認識	認識精度の向上	・広告 ・画像からの診断
2015	マルチモーダルな抽象化	感情理解行動予測環境認識	・ビッグデータ ・防犯 ・監視
	行動とプラニング	自律的な行動計画	・自動運転 ・物流（ラストワンマイル） ・ロボット
	行動に基づく抽象化	環境認識能力の大幅向上	・社会への進出 ・家事・介護 ・感情労働の代替
	言語との紐付け	言語理解	・翻訳 ・海外向けEC
2020	さらなる知識獲得	大規模知識理解	・教育 ・秘書 ・ホワイトカラー支援

出典：総務省公表データより筆者作成。

章、画像、音声などを生成する、いわゆる生成AI（Generative AI）がビジネスでも現場でも実用化されている。

　コンピューターの演算速度は指数関数的に向上していくとみられている。仮にこのままの速度で演算速度が向上していくと仮定すると、2045年にはAIなどの技術が自ら人間より賢い知能を生み出し、人間の想像を超越して社会が進化していく「シンギュラリティ」（技術的特異点）が到来するとの予測もある[6]。もちろん、現状はAIの定義が定まっていないので何をもってシンギュラリティとするかの判断は困難であろう。ただ、AIが今後ますます発展し、人間社会に入り込んでいくことに疑う余地はない。そして、AI

6　米国の学者であるレイモンド・カーツワイル氏による予測。

が人間の仕事を代替していくことについても多くの予測がなされている。

3 市場リスク管理業務におけるICT活用

今後の市場リスク管理業務におけるICTの活用のキーワードは「クラウド」「データレイク」「AI」の３点だと思われる。クラウドのメリットはすでに多くの金融機関に認知され、メインフレームからクラウドへの移行が急速に進んでいる。実際、金融機関の９割超が何らかの形でクラウドを利用している[7]。「データレイク」とは、大規模なデータの保管および処理を可能にするデータアーキテクチャの一つである。従来のデータベースと異なる点は、データレイクは構造化されていない（unstructured）データを保存できることである。これによって多様な形式やタイプのデータを収集、保持し、それをビッグデータとしてAIが高速かつ効果的に活用することが可能となる。これらクラウド、データレイクをベースとしてAIが市場リスク管理業務にいかに活用されるか、以下、考察していきたい。

(1) アルゴリズム取引のリスク管理

アルゴリズムとは、数学やプログラミングにおいて問題を解くための手順を定式的に表現したものである。コンピューターシステムにおけるプログラムだと考えればわかりやすいだろう。そのアルゴリズムを市場取引に活用したものがアルゴリズム取引と呼ばれるものである。たとえば株式のアルゴリズム取引では、コンピューターシステムが株価や出来高などに応じて、自動的に株式売買注文のタイミングや数量を決めて注文を繰り返している[8]。

このアルゴリズム取引は、ICTの発展に伴い急速に高速化され、HFT取引（High Frequency Trading）とも呼ばれるようになった。以前はせいぜいコ

---

7 「「クラウドサービスの利用状況等に関するアンケート結果」および「クラウドサービス利用において必要な管理項目と具体的な取組事例」の解説」（日本銀行、2024年４月）。
8 以前から存在していたプログラム取引、システム売買などの発展形とも位置付けられる。

第２節　ICTの発展　259

ンマ1秒で売買注文を成立させていたのが、現在では100万分の1秒の速さで処理することが可能な証券取引所もある。取引を細分化して高速かつ高頻度に注文することができれば、市場インパクトを低減しながら多額の売買が可能となる。そのため、多くの機関投資家がHFT取引を利用して多額の取引を行うようになった。世界の証券取引所もそのようなニーズの受け皿になるべく、こぞってHFT取引のサービスを提供するようになった。

一方、このアルゴリズム取引、HFT取引は、プログラムが想定していない事態に対しては、制御が効かずコンピューターシステムが暴走してしまうリスクが内在している[9]。リスク管理上は、このようなリスクの顕在化に備えた態勢整備を行っておく必要がある。たとえば以下のような対応方策が考えられる。

○　アルゴリズム取引、HFT取引は、非常に高速で処理されるため、もはや人間の目で対応することは不可能である。よって、これらへのリスク管理手段もアルゴリズム化（コンピューターシステムによる自動化）を行う必要がある。

○　アルゴリズム取引、HFT取引が、何らかの原因で暴走を始めたという予兆（取引量、リスク量、取引価格の一定以上の超過など）がみられた場合、強制的に取引を中断させる仕組みを取り入れる。

アルゴリズム取引、HFT取引については、日次（1日に1回）のリスクモニタリングでは不十分だ。リアルタイム、しかも人間の目ではなくAIを活用した常時監視が今後は求められることになるだろう。従来型のリスクモニタリングとは性質が異なるものだと認識する必要がある。ただし、そのAIも当然ながら万能ではない。過去データからは推察できない状況についてはAIでも対応はむずかしく、その場合にはリスク管理担当者の専門的知見、想像力が求められることになる。

9　2010年5月、米国株式市場では数百の銘柄が10分間のうちに急落し、その後急回復をした局面があった。この乱高下はアルゴリズム取引の暴走が原因だとされ、フラッシュクラッシュと呼ばれた。『新　金融リスク管理を変えた大事件20』（藤井健司、金融財政事情研究会、2023年）に詳細記載がある。

(2)　データ分析とリスク予測

　AIによって大規模なビッグデータからパターンを抽出し、将来のリスクを予測できる可能性がある。一つの事例として、銀行がもつ預金口座取引の明細履歴情報の活用が考えられる。明細履歴情報というビッグデータをAIで解析することによって、法人や個人の経済活動の傾向をリアルタイムで把握することが可能となる。図表6－8のようなモニタリング指標を「年齢別」「地域別」「金額階層別」などの切り口で分析を行うことで、自社の負債の特性を把握することができる。

　ALMの観点からは、この分析から負債側の将来シナリオを想定することによって、負債ドリブンでのALMシミュレーションが可能となる。これは、リアルなデータに基づく客観的なシナリオであるため、事後的な検証も可能であり、貴重な経営情報となりうる。第4章第2節で解説したリスク管理のPDCAサイクルに、この情報を組み込むことによって、さらなるリスク管理高度化の実現が期待できる。

(3)　ルーティン業務の自動化

　AIによって、定期的なルーティン業務の自動化が可能となる。これにより、人的ミスを低減し業務効率を向上させることができる。また、リスク計測では大量の市場データの入力が必要となるが、マイナー通貨などでは異常

図表6－8　明細履歴情報のモニタリング指標（例）

区分	モニタリング指標（例）
収入状況	給与入金、年金入金、給与年金以外入金 被振込入金、現金入金
支出状況	公共料金引落、クレジットカード支払 振込出金、現金出金
貯蓄状況	流動性預金残高、定期性預金残高、投資信託残高 有価証券残高、商品間資金移動

値や欠損値が多いのが現実である。そのスクリーニングもAIが担うことによって業務負担の大幅な軽減が期待できる。将来的には、ルーティン業務の多くはAIによって代替され、役職員の多くはより高付加価値の業務への配置転換が促進される可能性が高いと思われる。

(4) 取引契約書などの作成支援

近年は金融取引の複雑化が非常に進んでいる。特にデリバティブ取引関連は契約書の作成、締結、法令遵守チェックなどに多くの労力が割かれているのが現実である。AIは、取引当事者の複雑な要望を整理、要約し、取引条件や各種条項などを提案するのに有用なツールとなる可能性が高い。その結果、取引条件の交渉や契約書作成、締結に関するコストを大幅に削減することが期待できる。さらに、法令遵守チェックにおいては、AIがさまざまな法域の規制を整理統合することで、取引や契約書に対するレビュープロセスを大幅に効率化することができると考えられる。

(5) シミュレーション業務の支援

ALM・リスク管理業務で最も手間がかかるのは損益やリスクのシミュレーションであろう。そのなかでも最も時間を要するのが入力情報（シナリオ、パラメータなど）の適切性の検証、出力情報をもとにしたレポート作成である。これらに対してAIが助言、支援することにより、効率的な業務運営が期待できる（図表6－9）。

(6) 経営意思決定の支援

金融機関の経営者が、リスクテイク戦略に関して経営意思決定を行う際、AIに相談する場面がふえていくのではないだろうか。さらに、仮想人格をもつAIを複数作成し、AI同士で議論させることによって経営者自身の考えを整理していくといったような活用も、今後は拡大していくことが予想される。

図表 6 - 9　シミュレーション実施時のAIによる支援（事例）

業務	AIによる支援（事例）
市場シナリオ作成	・テクニカル分析に基づいた将来の市場シナリオ（金利、為替、株式など）の提案 ・現在の市場センチメント（市場心理）を考慮した将来の市場シナリオ（金利、為替、株式など）の提案
資金シナリオ作成	・預金口座取引の明細履歴情報をもとにした負債側の資金シナリオの提案（(2)参照） ・負債側の資金シナリオをベースに、リスク・リターンの関係を考慮した資産側シナリオの提案
損益・リスクシミュレーション	・損益・リスクシミュレーションを行う際の、各種パラメータ（取引継続率、中途解約率、期限前返済率、市場金利と指標金利の連動性など）の適切性に関する助言
レポーティング	・経営陣向け、フロント部門向けの定型レポートのドラフト作成 ・大きな変動があった場合の一次的な考察の支援

⑺　不正検知

　AIは不正行為やセキュリティリスクの検知も得意とする分野である。異常検知アルゴリズムを使用して、大量のデータをリアルタイムで監視し、不審な取引やアクティビティを早期に発見することが可能である。

　市場リスクそのものではないが、近年では顧客本位の業務運営が金融機関の大きな課題となっている。また、商慣習や市場慣行に反する行為などによって生じる市場コンダクトリスクへの対応も求められる。これらに対しても、AIの活用がより拡大するものと考えられる。

⑻　小　　括

　今後、金融機関におけるリスク管理業務において、AIの活用は不可欠となろう。AIによるデータドリブン型のアプローチやプロセスの自動化により、リスクを適正かつ迅速に評価することが可能となる。一方で、AIに対

する適切なモデルガバナンスと継続的な監視も重要であり、AI技術の進展に対する明確な方針が金融機関に求められよう。

4　システム開発手法の変化

　上記の「クラウド」「データレイク」「AI」をシステム実装する際には、大幅なシステム改定、開発が伴うことが想定される。従前、金融機関におけるシステム開発は伝統的なウォーターフォールモデルによって進められることが多かった。しかし、近年のリスクの多様化・複雑化により、リスク管理部門ではシステム開発の高速化、柔軟化のニーズが非常に強くなっている。システム部門へ開発を依頼する正規のルートではリリースまでに時間がかかるため、ユーザーが自らスプレッドシートなどでロジックを組んだツールを作成し、業務に使用しているケースも散見される。ユーザーとしては自らの裁量で柔軟に対応できるメリットはあるが、ツールの頑健性や検証の観点からは望ましい形だとはいえない[10]。

　このようななか、近年ではリリースされるまでの期間が短いアジャイルモデルを使用したシステム開発が増加している。ユーザーとのコミュニケーションを密にし修正しながら開発とテストを進めていくため、途中での仕様変更にも柔軟に対応できるのが特徴である[11]。

　市場リスク管理の高度化はシステム開発と表裏一体で進められるものである。リスク管理部門もシステム開発の方法について一定の理解が必要になろう。特に今後は、経営環境や市場環境の急速な変化のなか、アジャイルモデルによるシステム開発がより求められるケースが多くなるのではないか。当然、そのシステム開発におけるプログラムのコーディングの多くをAIが担うことも想定される（図表6-10）。

10　第3章第6節参照。
11　一方、システム全体の成果物を最初に明確にしておかないと、開発の方向性が途中で曖昧になり、必要以上の修正を繰り返してしまうデメリットもある。

264　第6章　市場リスク管理の将来

図表6－10　システム開発モデルの種類

開発モデル	概要
ウォーターフォールモデル	システム開発における工程を、初めから終わりまで順番に行うもので、最も基本的、伝統的な方法といわれている。ユーザーの要求を理解する「①要件定義」、全体の計画を立てる「②設計」、プログラミングを行う「③開発」、完成したシステムの「④テスト」、実務に適用する「⑤リリース」、リリース後のサポートを行う「⑥運用保守」といったフェーズに分けることが一般的である。フェーズごとに検証を行うことで、次のフェーズに可能な限りバグや障害を引き継がないことを目的とする。
アジャイルモデル	「①要件定義」「②設計」「③開発」「④テスト」を小さな単位で繰り返し、ユーザーとコミュニケーションをとりながら開発を行う方法である。最初にシステム全体の仕様の概要を決定し、システム全体を、短期間（1～数週間程度）で開発できる機能に分割する。分割した機能ごとに①～④を実施し、完成したら各機能の単位で「⑤リリース」「⑥運用保守」を行う。 この一連のサイクルはイテレーションと呼ばれる。イテレーションを繰り返すことによって、システム全体を完成させる。重要な機能を優先的に開発することが可能となる。

第 **3** 節

世界経済の動向

　現在、世界経済はさまざまな課題に直面している。当然ながら、世界経済の変動は、金融機関の市場リスクに直接大きな影響を与える要因である。

1　変動する世界経済動向

(1)　各国の金融政策

　コロナ禍以降、先進国においても物価の変動が大きくなっている。インフレ率をどのようにコントロールするか、各国中央銀行の金融政策に注目が集まっている。金融政策の変更は市場金利に直接影響をもたらし、それに伴って企業や個人の借入金利などが変動する。金融機関の市場リスク管理、ALMにも大きな影響が出ることになる。

　また、今後の世界経済の動向によっては金融市場の変動が激しさを増す可能性がある。債券市場や為替市場、株式市場では不確実性が高まり、金融機関の抱えるリスクはより大きくなることが考えられる。

(2)　持続可能な成長への挑戦

　世界経済は引き続き持続可能な成長への課題を抱えている。経済成長が環境や社会に与える影響を考慮しつつ、未来の世代にも十分な資源や環境を残すことが求められている。直面している課題として大きく以下三つがあげられている。

　　① 環境問題：気候変動、生物多様性の喪失、資源枯渇など、人類が直面する環境上の脅威が増加していること。

　　② 社会的不平等：貧困、格差、人権侵害など、社会的不公平などが持

266　第6章　市場リスク管理の将来

続可能な成長を阻害していること。

③　経済的制約：成長主義に基づく従来の経済システムは、資源の過剰消費や環境破壊を引き起こしており、持続可能性を脅かしていること。

金融機関としては、特に環境への配慮やデジタル化などのICT推進など、新たな経済モデルの構築に向けた貢献が求められている。

2　市場リスクへの影響と対応

上記のように、世界経済の動向に伴って増加するリスクに対して、どのようにリスクを把握しコントロールを行うのかという、リスク管理態勢の巧拙が金融機関の企業価値を左右することになる。特に、持続可能な成長に向けた挑戦に関しては「ESG投資[12]」「サステナブルファイナンス[13]」「インパクト投資[14]」といったような形で金融業界全体として取組みが加速している。このような新たなファイナンス形態が、市場リスクにどのような影響を及ぼす可能性があるのか、今後の大きな検討テーマになってくることが考えられる。たとえば気候変動が市場リスクに及ぼす影響[15]やICT発展[16]と市場リスクとの関係などについて、あらためて整理しておく必要があるだろう。

今後、世界経済の変化のスピードはますます速くなることが想定されるなか、金融機関のリスク管理態勢に求められるのは「柔軟性」だと思われる。過去の前例や画一的なマニュアルに縛られず、早い変化に対応できる能力を向上させる必要がある。

12　ESGとはEnvironment（環境）、Social（社会）、Governance（ガバナンス）の単語の頭文字をつなげたもの。環境や社会に配慮し、適切なガバナンス（企業統治）がなされている会社に投資しようとすることをESG投資と呼ぶ。
13　気候変動や少子高齢化などの社会的課題の重要性が増すなかで、新たな産業・社会構造への転換を促し、持続可能な社会を実現するための金融をサステナブルファイナンスと呼ぶ。
14　投資収益の確保にとどまらず、経済社会全体の便益に寄与することを目的とし、環境・社会的な効果（インパクト）の創出を意図する投資のことを、インパクト投資と呼ぶ。
15　第1節3参照。
16　第2節参照。

第 **4** 節

地政学的リスク

地政学的な要因は近年、世界の経済および金融市場において重要なリスク要素の一つとなっている。国際的な緊張関係や地政学的な出来事は、金融市場の不確実性を増大させ、金融機関のリスクにも大きな影響を与えている。

1 地政学的リスクとは何か

地政学的リスクとは、国際政治や地域の緊張関係、紛争など、政治的な要因によって引き起こされるリスクを指す。具体的な要因には国境紛争、貿易摩擦、テロリズム、制裁、政府の不安定性などがあげられる。これらのリスクが顕在化すると以下のような事態が起こることが考えられる。

① 金融市場の不安定化：地政学的なイベントは金融市場の予測不能性を高め、金融市場において急激な変動が起こる可能性がある。

② 資源価格の変動：特にエネルギー資源に関する地政学的なリスクの顕在化は原油や天然ガスなどのコモディティ価格の変動に影響を与える可能性がある。

③ サプライチェーンへの影響：特定の地域での政治的な不安定性はグローバルなサプライチェーンに影響を及ぼし、企業の生産性や収益性に影響を与える可能性がある。

2 市場リスクへの影響と対応

前述①のとおり、地政学的リスクと金融市場が関係しているのであれば、当然ながら金融機関の市場リスクにも大きな影響が出ることになる[17]。各金融市場に対しては以下のような変動が起こることが想定される。

268 第6章 市場リスク管理の将来

① 債券市場：地政学的リスクが高まった地域の国家、企業などが発行する債券に対しては、格下げや市場での不信感から価格が大きく低下する可能性がある[18]。

② 為替市場：地政学的なリスクが高まると、投資家は安全資産への避難を試み、これが為替市場での通貨価格の変動につながる可能性がある[19]。

③ 株式市場：地政学的なリスクの高まりは、特に株式市場で過度な変動を引き起こしやすい傾向があるといわれている。戦争などへの不安から消費マインドが低下し、企業業績が悪化する可能性があるためである[20]。

リスク管理上の対応策として、グローバルな地政学的リスクのモニタリング態勢を整備することが重要である。金融機関は地政学的なイベントを定期的にモニタリングし、組織として予測可能性を高めることが必要である。シナリオ分析、ストレステストなどを通じて自社のポートフォリオにおける地政学的リスクへの耐性の確認およびヘッジ戦略の検討が求められる。

17　逆に、金融市場の変動が地政学的な緊張を引き起こすこともありうる。

18　2022年3月、主要格付会社がロシアのウクライナへの軍事侵攻を背景に、ロシア債券を格下げした。欧米や日本など西側の厳しい経済制裁により、ロシアの債務返済能力が著しく低下する可能性があることが理由とされた。

19　従前は「有事のドル買い」といわれ、戦争などが起こった場合は米ドルが買われドル高になることが多かった。為替相場がどのように変動するのかわからないので、流動性のある米ドルを買っておけば安心であるという経験則に基づいた行動である。近年では「有事の円買い」が起こることもみられるようになった。日本は世界有数の債権国で、海外に多くの資産を保有しているため、有事の際に海外資産を売却する（ドルを売って円を買う）と、需給によって円高になりやすいとの憶測が背景だといわれている。

20　過去の事例では、1990年の湾岸戦争や2001年の米国同時多発テロなどによる株式下落があげられる。

第4節　地政学的リスク　269

第 **5** 節

NBFIの拡大

1 拡大するNBFIと問題点

　近年の金融市場では、ノンバンク金融仲介機関（NBFI：Non-Bank Financial Intermediation）の存在感が急速に増している[21]。NBFIは主として、保険会社、年金基金、その他金融機関（OFI：Other Financial Intermediaries）で構成され、グローバル金融資産の半分近くのシェアを占めるに至っている[22]。グローバル金融危機以降、金融規制の強化によって銀行のリスクテイクが制限されるなか、NBFIが銀行にかわって金融仲介、信用仲介の機能を担って拡大してきたことが背景にある。そのなかでも特に、OFI（MMF[23]、ヘッジファンド、投資ファンド、貸金業者など）が資産額、シェアともに増加しており、NBFI全体の拡大の主要因となっている。

　一方、NBFIに対してはさまざまな懸念が指摘されているのも事実である。特に、上記OFIを中心に、図表6−11のような問題点があげられている。

　NBFIをめぐっては、さまざまな議論が行われているが、以下代表的な論点をいくつか紹介する。

(1) MMF

　コロナ禍の影響を受けて、金融市場では2020年3月に流動性リスクが顕在化した。市場参加者が現金確保に殺到する「キャッシュへの駆込み」（dash for cash）が生じたのである。このとき、MMFにおいても大規模な償還が

---

[21] 以前は、シャドーバンキング（影の銀行）と呼ばれていたが、現在ではNBFIという呼称が定着している。

[22] "Global monitoring report on non-bank financial intermediation 2023"（FSB、2023年12月）。

[23] Money Market Fund

270　第6章　市場リスク管理の将来

図表6－11　NBFIにおける問題点（事例）

項目	概要
① 過大なリスクテイク	NBFIは通常、銀行よりも大きな市場リスクや信用リスクをとる傾向がある。高いリターンを追求しているためだが、大きな経済変動、市場変動に対して脆弱性を有しているといえる。
② 資金流動性リスク	銀行の預金調達と異なり、NBFIは依存する資金源が限られている場合が多い。満期変換[注1]と流動性変換[注2]の水準も高く、予想外の大規模な解約によって資金流動性リスクが顕在化する可能性がある。
③ 市場流動性リスク	NBFIが保有する金融商品は、流動性の低いものが含まれる場合が多い。市場の流動性が低下するとき、希望の価格で売却できないといった市場流動性リスクが顕在化する可能性がある。
④ 取引の不透明性	多くのNBFIは、非公開の取引やプライベートな投資を行っているため、市場での透明性は低いといわれている。そのため、NBFIがどのようなリスクを保有しているのか、外部から把握することは困難である。
⑤ 不十分な規制	NBFI、特にOFIに対しては、銀行のバーゼル規制や保険会社のソルベンシーマージン規制といった厳格な規制が存在していないのが現実である。規制が不十分であると、リスクの偏在化が起こったときに、金融システム全体に大きな影響を及ぼす懸念がある。

注1：満期の短い資金によって満期の長い資産の調達を行うこと。
注2：流動性の高い資金によって流動性の低い資産の調達を行うこと。

発生し、金融システム全体にストレスを伝播させた大きな原因になったという指摘がなされた。

　FSBはこのような状況を受け、MMFなどのNBFIにおける流動性リスク管理の脆弱性を指摘した文書を2020年11月に公表した[24]。このペーパーを契機としてNBFIが金融システムに与えるリスクがグローバルに認識され、金融

第5節　NBFIの拡大　271

監督上の優先課題として位置付けられることになった[25]。

(2)　プライベートファイナンス

プライベートファイナンスは、伝統的な金融部門からは十分な資金調達を得られない分野に資金を供給する手段として拡大を続けている。プライベートエクイティがその3分の2以上を占めているといわれるが、最近では中小企業や高債務企業など、銀行から融資を受けるのが困難な高リスク企業に資金を提供するプライベートクレジット[26]も増加してきている[27]。

前述のように、規制強化によって銀行がバランスシートを膨らませることがむずかしくなっているなか「脱銀行（De-banking)」の流れがグローバルで起こっている。このような背景からもプライベートクレジットへの需要が高まっていると考えられる。従前の銀行における不動産担保や保証に依存した融資とは異なり、対象企業の生み出すキャッシュフローをベースにした企業価値（EV：Enterprise Value）に着目した融資手法[28]も注目されている。一方で、プライベートクレジットはレバレッジが高いこと、パブリック市場に比べて流動性が低いことなどからリスクが相応に蓄積しており、金融システム全体への影響を懸念する声も聞かれる。

(3)　NBFIと銀行との相互連関性

銀行はNBFIに対して融資、投資を行っている。一方で、NBFIも銀行に対して資産や預金の拠出を行っている。現在では銀行のNBFIに対するエクスポージャーよりも銀行によるNBFIからの資金調達のほうが上回っている[29]。

24　"Holistic Review of the March Market Turmoil"（FSB、2020年11月)。

25　FSBでは「MMFと短期資金調達市場の強靭性」「オープンエンド投信の流動性リスクとその管理」「証拠金慣行」などについて、作業プログラムを作成、実施している。

26　プライベートデット、ダイレクトレンディングなどと呼ばれることもある。

27　"Thematic Analysis: Emerging Risks in Private Finance Final Report"（IOSCO、2023年9月）など。

28　キャッシュフローレンディングなどと呼ばれることもある。

29　"Global monitoring report on non-bank financial intermediation 2023"（FSB、2023年12月)。

272　第6章　市場リスク管理の将来

また、「保険会社・年金基金と銀行」よりも「OFI・銀行」のほうがバランスシートの相互連関性が強くなっている。NBFI、特にOFIに内在しているリスクの顕在化が銀行システムに直接的に影響を及ぼす可能性が大きくなっているともとらえられる。

2　NBFIに対するリスク管理の課題

　図表6－11の⑤で記載したとおり、NBFIには、銀行のバーゼル規制や保険会社のソルベンシーマージン規制などのような厳格な規制が存在しない。金融監督側からは、規制の網の外側にいるNBFIの状況を正確に把握することは困難であり、NBFIへリスク管理の高度化を促進していくのも容易ではない。FSBなどではNBFIに対する規制の枠組みの検討も開始されている[30]が、その枠組みが十分でない場合には、次の金融危機はNBFIが発端になるのではないかという指摘もされている。

　金融機関としては、市場リスク管理にとどまらず、NBFIに対して、市場、信用、流動性、オペレーショナルなど、リスクカテゴリ全般にわたる網羅的なリスク管理態勢の整備が必要となる。今後、ファイナンス形態はグローバルでますます多様化することは間違いない。NBFIの形態も、より多様化、複雑化が進むことが予想される。NBFIの動向は、リスク管理の観点からも常に注視しなければならない事項となっている。

30　前掲脚注25など。

第5節　NBFIの拡大　273

第 **6** 節

デジタル金融と市場リスク

1　ブロックチェーンを基盤としたデジタル金融

　近年、デジタル金融は目覚ましい発展を遂げているが、その発展のベースとなっているのがブロックチェーン技術である。ブロックチェーンとは、データをブロックと呼ばれる単位に分割し、それらのブロックを連鎖的につなげることで構成される分散型のデジタル台帳システムを指し、「分散型台帳」とも呼ばれている。ブロックチェーンの特徴を図表6-12にあげたが、金融業界における新しいビジネスモデルやサービスの創出に、大きく貢献しているといえる。

　ブロックチェーンを活用したサービスの代表格が、暗号資産「ビットコイン[31]」であろう。中央銀行や政府といった中央機関を必要とせず、分散型台帳を使用してネットワークを通じて取引ができることで、市場は大きく拡大

図表6-12　ブロックチェーンの特徴

特徴	概要
①　分散型	取引の記録が中央集権的な機関ではなく、ネットワーク全体のコンピューター（ノード）に分散して保存される分散型の台帳である。ネットワークのすべての参加者によって共有・管理されるもの。
②　透明性	ブロックチェーン上のすべての取引は公開され、改ざんが困難といわれている。
③　セキュリティ	暗号技術により、データの改ざんや不正アクセスを防ぐことが可能といわれている。

31　2008年に「サトシ・ナカモト」の名前によって発表された最初の暗号通貨。

274　第6章　市場リスク管理の将来

した。

ビットコインの拡大後もさまざまな暗号資産[32]が生み出されていった。これらの暗号資産は、国家やその中央銀行によって発行された法定通貨ではなく、裏付け資産をもっていない。そのため、利用者の需給関係などのさまざまな要因によって価格が大きく変動する傾向が強い。しかし、あまり変動性が大きすぎると決済手段としては使いづらいのが現実である。そのような背景から「ステーブルコイン」が新たに登場してきた。ステーブルコインとは、暗号通貨の一種ではあるが、特定の金融資産（現金、国債など）を裏付け資産とすることで、価格が安定するように設計されたものである[33]。

さらに、通貨当局である各国中央銀行でも中央銀行デジタル通貨（CBDC：Central Bank Digital Currency）を発行しようとする動きが出てきている。CBDCの発行には以下のような目的があるといわれている。

○　キャッシュレス化が進んでいる現代社会において、CBDCを導入することで決済の効率性を向上させ、金融包摂を促進すること。

○　CBDCの導入によって、決済の透明性を向上させ、マネーロンダリングやテロ資金供与を防止すること。

CBDCは、個人の小口決済利用を想定したリテール型CBDCが議論の中心であったが、近年では金融機関や企業、投資家における大口決済を可能とするホールセール型CBDCの検討も進められている。ホールセール型CBDCが実現されてくると、信用創造、市場取引を含む金融システムそのものの機能の高度化、効率化が期待できるともいわれている。

2　分散型金融（DeFi）の活用の拡大

暗号資産の基礎技術となったブロックチェーンは、その後も金融市場でさまざまな形で活用されるようになった。それらは一般に「分散型金融

32　「イーサリアム」「リップル」など。
33　Tether（USDT）、USD Coin（USDC）などがステーブルコインの代表格である。
　　2019年にフェイスブック（現メタ）が「リブラ」構想を公表したことも話題となった。

図表 6 −13　分散型金融（DeFi）活用した金融サービス（事例）

金融サービス	概要
① 分散型取引所（DEX）	中央集権的な取引所に依存せず、ユーザーが直接トークン（注1）を取引できるプラットフォームのこと。流動性プールを通じて自動的なトークン交換を可能にし、取引の効率性と透明性の確保が可能とされる。
② ICO（Initial Coin Offering）	資金調達者が独自の暗号資産（トークン）をブロックチェーン上で発行し、投資家から資金を調達する方法。法規制が未整備だったため、資金調達者が投資家から集めた資金を持ち逃げするような詐欺行為も発生し、各国で規制強化が行われた。現在では発行残高は減少している。
③ STO（Security Token Offering）	ブロックチェーンを利用して電子的に発行された有価証券である「セキュリティトークン（ST）」を発行して、資金を調達する方法。発行体は法規制（注2）のもとでトークンを発行するため、ICOと比べて安全性の高い商品と位置付けられている。
④ レンディング	暗号資産の貸借取引。貸し手は暗号資産を貸し出して利回りを得ることができ、借り手は暗号資産を担保に暗号資産を借りることが可能（無担保で借りるスキームも登場）。

注1：トークン（Token）とは「代用貨幣」という意味合いで使われることが多い。たとえば以前はニューヨークやロンドンの地下鉄でもトークンが使われていた。現在では、企業が独自に発行しているポイントなどが該当すると考えればわかりやすいだろう。
注2：日本では2020年5月に施行された改正金融商品取引法で、STOが規定された。

（DeFi）[34]」と呼ばれ、金融機関を介さない低コストでの金融取引の実現を目指して、サービスの拡大が続いている。図表 6 −13は分散型金融（DeFi）を活用した金融サービスの代表的な事例であるが、今後もさらにサービスの多様化が進むと推察される。

---

34 Decentralized Finance

3　デジタル金融の拡大と市場リスク管理

　デジタル金融の拡大は、今後ますます加速していくことは間違いないだろ
う。金融機関としては、市場リスクにとどまらず、デジタル金融が自社に及
ぼす可能性について網羅的に検証を行う必要がある。検証のポイントとして
は図表6－14のようなものがあげられる。

　本節では、デジタル金融に焦点を当てて考察を行ったが、今後の金融業界
では情報システム（ICT）と金融システムとの融合がさらに進んでいくであ
ろう。事実、金融サービスを一般サービスのなかに取り込むことによって新
たな利便性や価値を創造しようとする動き[35]が顕著となっている。さらに、

図表6－14　デジタル金融の拡大とリスクの検証（ポイント）

要因	概要
市場リスク 市場流動性リスク	DeFiプラットフォームは流動性プールを通じて運営されているが、流動性の急激な変動は、暗号資産などの価格の大きな変動や取引の遅延を引き起こす可能性がある。自社のポートフォリオに与える影響について、あらかじめ分析、評価を行っておく必要がある。
信用リスク	金融機関の取引先が、暗号資産ビジネスにかかわっている場合、暗号資産の価値の変動具合によっては、取引先の企業価値にも影響を与える可能性がある。これらの影響は暗号資産の取引インフラを通じて広く影響が出ることが想定されるため、リスクの波及に関する分析、評価が重要となる。
ビジネスリスク	デジタル金融の拡大によって、金融機関自らがデジタル業務に参入することも経営戦略としてありうる。新規ビジネス参入におけるリスクおよびリターンの評価が求められることになる。
規制リスク	デジタル金融の拡大に伴い、規制当局の関心が高まり、規制の導入が増加している。金融機関はデジタル金融、特にDeFiに関連する規制の動向を把握し、法令遵守を確保するための施策を進めることが求められる。

ビッグデータやオルタナティブデータの活用、AIの活用なども考えると[36]、この流れは今後加速度的になるだろう。

　デジタル金融は、今後の金融業界の主戦場ともいえるものであり、リスク管理の観点からもその動向は十分注視する必要がある。

35　組込型金融（Embedded Finance）と呼ばれる。
36　第2節参照。

278　第6章　市場リスク管理の将来

第 **7** 節

金融規制の動向と市場リスク

1 バーゼルⅢの課題

　バーゼル規制は、1988年のバーゼルⅠ合意に始まり、現在はバーゼルⅢの導入に至っている。バーゼルⅢは2008年のグローバル金融危機で大きな打撃を受けた欧米当局主導で導入された。バーゼルⅡまでは金融機関のリスク管理の活用とインセンティブ付け、市場規律などが重視されたが、バーゼルⅢでは二度と金融危機は起こさないという当局の強い信念をもとに、規制が大幅に強化された。金融危機を防げなかったことに対する、国民や議会の批判に対応しなければならないという政治的な背景もあった[37]。

　しかし、この大幅な規制強化はさまざまなところに弊害をもたらしている。各金融機関では規制対応への負担が大きくなり、自社のリスク管理態勢の整備が後手に回ってしまっている。金融機関のリスク管理の高度化が進まないため、さらに規制を強化せざるをえないという悪循環に陥ってしまったといってもよいだろう。結果的に、規制と金融機関のリスク管理との間に大きな乖離が生まれてしまった。バーゼルⅢはグローバル金融危機を抑えるのが主目的であったため、本来あるべきリスク感応的な規制ではなくなってしまったともいえる。以下、具体的に内容をみる。

(1) 資本フロア

　グローバル金融危機以前のバーゼル規制（つまり、バーゼルⅡ）では、リスクアセットの計算方法として「標準的手法」「内部モデル手法」のいずれかを選択することができた。一般的に、内部モデル手法のほうがリスクアセ

37　バーゼル規制のこれまでの経緯については、第1章第2節参照。

ットは小さく計算されるので、金融機関としては、自社のリスク管理を高度
化して内部モデルを導入しようというインセンティブが働いていた。

　バーゼルⅢでも、両手法のどちらかを選択する枠組みは継続された。しか
し、標準的手法で算出されたリスクアセットの一定割合（72.5％）を「資本
フロア」と設定し、内部モデル手法によって過度にリスクを過小評価しない
仕組みが新たに導入された[38]。この資本フロアには、以下の弊害が指摘され
ている。

　　①　非リスク感応的な標準的手法が主眼となり、金融機関におけるイン
　　　　センティブが歪むおそれがある。
　　②　実質的に内部モデルの高度化を制限するものであり、金融機関のリ
　　　　スク管理高度化への意欲を低下させるものとなっている。

　規制としての比較可能性と金融機関へのインセンティブ付けは、相反する
ものでどのようにバランスをとるかは当局にとってもむずかしい課題だとい
えよう。それでも、この資本フロアについては多くの批判があるのは事実で
ある。

(2)　非リスク感応的な規制指標

　レバレッジ比率規制、流動性比率規制はバーゼルⅢの包括的なパッケージ
の一部として導入された。しかし、この２種類の指標はリスク感応的といえ
るものではない。レバレッジ比率に至っては総資産を額面でとらえているた
め、リスクをまったく反映していないものとなっている。たとえば日本国債
を100億円保有してもBB格以下のジャンク債券を100億円保有しても、リス
クは同じだといっているようなものである。

　このような前近代的な指標の導入は、リスクの偏在を生むことになり、新
たな金融危機の要因が蓄積されることにもなりかねない。前述の例だと、レ
バレッジ比率が同じならば、日本国債よりも利回りの高いジャンク債を買お
うという金融機関が現れても不思議ではないからである。

---

[38]　資本フロアの詳細は、第１章第２節2(1)c参照。

280　第6章　市場リスク管理の将来

(3) 規制資本水準の引上げ

第1章第2節で解説したとおり、バーゼルⅡまでのTier 1 （普通株式等Tier 1 ＋その他Tier 1）、Tier 2 に加えて、バーゼルⅢでは資本保全バッファ、カウンターシクリカルバッファが上積みされ、求められる規制資本の水準は実質的に引き上げられている。これらは、資本の量と質に対する強化を目的に導入されたものだが、一方で以下のような課題も指摘される。

① 自己資本を積み増す余裕のない銀行では、リスクアセットの上昇を抑えるために貸し渋り（クレジットクランチ）が起こる可能性がある。

② 規制資本と、本来のリスクに必要な資本（経済資本）との乖離が広がっているなか、レギュラトリー・アービトラージ（経済資本と比べて規制資本が少ない商品でリスクテイクすること）が起こりやすくなる。レギュラトリー・アービトラージは、リスクの偏在につながり、金融危機の可能性が高まってしまう[39]。

③ 銀行に大きな資本賦課を要求すると、金融取引自体が銀行セクターから規制の対象外であるノンバンク金融仲介機関（NBFI）[40]に移行する動きが出てくる。NBFIにおいてリスクの偏在が常態化すると、金融危機が発現する可能性が高くなってくる。

ここまでみてくると、バーゼルⅢによる規制強化によって規制資本と経済資本との乖離が大きくなっていることが一番の問題であることがわかる。金融機関としては本来は自社のリスク管理のための経済資本を重視したいが、規制強化への対応に経営リソースを割かれているのが現状だ。結果的に、金融機関における自らのリスク耐性が低下している可能性が懸念される。

---

39 レギュラトリー・アービトラージについては第1章第2節2参照。
40 詳細は第5節参照。

第7節 金融規制の動向と市場リスク 281

2 規制強化の見直しの方向性

　上記のようにグローバルに規制強化が進められてきたが、金融危機以降10年以上が経ち、行き過ぎた規制強化の見直しが必要だという見方も出てきている。振れ過ぎた振り子がもとに戻ってくるような状況だといえるかもしれない。実際、バーゼル銀行監督委員会（BCBS）は、グローバル金融危機後のバーゼル規制改革の影響評価に取り組み、その結果を公表している[41]。

　市場環境や経営環境の変化に応じて金融規制も変わっていく必要がある。今後の規制のあり方について、有識者からは以下のような指摘がなされている。

① 金融規制はできるだけリスク感応的であるべきだ。金融機関へのインセンティブ付けを歪めないことが重要であり、そのためには金融機関のリスク管理実務を規制に活かしていくことが有効である。

② リスクを反映しない規制は金融機関にレギュラトリー・アービトラージの余地を与えることになる。レギュラトリー・アービトラージは、リスクの偏在化を生み、最終的には金融危機を引き起こす可能性が高い。

③ 今後の市場環境、経営環境の変化に対応するには、監督当局だけの議論では不十分である。実務を行っている金融機関とのコミュニケーションのなかで、双方の知見を有効に活用すべきである。

　また、バーゼルⅢの見直しだけではなく、新たなリスクに対する規制の検討動向にも注意を払う必要がある。たとえば気候変動リスクについてBCBSは、金融機関がこれらのリスクを適切に評価・管理するための枠組みを検討している。また、サステナブルファイナンスについては、グリーンファイナンスの促進やESG（Environment, Social, Governance）指標の導入が検討

---

[41] "Early lessons from the Covid-19 pandemic on the Basel reforms"（BCBS、2021年7月）、"Buffer usability and cyclicality in the Basel framework"（BCBS、2022年10月）、"Evaluation of the impact and efficacy of the Basel III reforms"（BCBS、2022年12月）など。

されており、金融機関のサステナビリティへの取組みを促進する動きも出てきている。

3　金融規制と市場リスク管理

　グローバル金融危機後の金融規制の強化、複雑化によって規制対応に経営リソース（ヒト、モノ、カネ）の多くを割かざるを得ず、本来行うべき「経営のためのリスク管理」は後回しになっている金融機関が多い。このような状況を「リスク管理のコンプライアンス化」と呼ぶこともある[42]。しかし前述のとおり、規制資本と経済資本が大きく乖離してしまうと、金融機関のリスク管理は有効に機能しなくなってしまう。金融規制と「経営のためのリスク管理」とは別個の異なるものではなく、相互補完的かつ整合的な位置付けであるべきだ（図表6-15）。本来あるべきリスク管理のあり方（ベストプラクティスともいえる）をしっかりと示し、相互補完的な両者の関係を実現していく「コミュニケーション能力」が、今後はより重要になってくると思われる。規制当局側も金融機関とのコミュニケーションを望んでいるはずである。行き過ぎた規制強化が見直されようとしているいま、本来のリスク感応的な金融規制の再構築に向けて、金融機関側からの積極的な行動が望まれる。

図表6-15　金融規制とリスク管理

42　第1章第3節2参照。

4 リスク管理を超えた「リスク運営」へ

　現在、すべての金融機関でリスク管理部門が設置され、リスク計測やモニタリング、リスク分析やリスク報告など、担当の役職員は日々忙殺されていると思われる。もちろん、前述の金融規制への対応も含まれるであろう。そのような役職員のなかには、リスク管理業務について「やらされている」と受け身に感じている人も多いのではないだろうか。

　一方で、市場環境や経営環境の変化のスピードが加速するなか、金融機関の経営陣のリスクへの関心度、感応度は以前よりも高くなっているようにみえる[43]。そのような状況で重要になってくるのは、リスク管理部門のさらなる能動的、積極的な行動ではないか。規制やルーティン業務に追われる受動的な対応だけではなく、金融機関自身のリスクに対するリテラシー向上に向けた取組みを推進すべきである。

　ここでいま一度、リスク管理業務の役割を思い出したい。それは企業価値向上を目的とした「①健全性の確保」「②リターンの向上」であった[44]。リスク管理業務は金融機関の経営そのものともいえる[45]。受動的な「リスク管理」から、より積極的にリスクをマネジメントする「能動的なリスク運営」への意識転換を推進すべきである（あえて、「リスク管理」ではなく「リスク運営」と呼んでいる）。筆者は、この「能動的なリスク運営」の実践の可能性は大きく広がっていると考えている。その理由は以下のとおりである。

　①　経営陣のリスク感応度の向上

　　　長く続いた低金利局面から、金融市場は本来の姿に戻ろうとしている。市場が今後大きく変動するときにどのようなリスクが顕在化してくるか、経営陣の関心も大きくなっている。また、金融機関そのものを取り巻く環境が急速に変わってきており、その変化に内在するリス

43　グローバル金融危機後、経営陣の世代交代が進んだことも要因の一つだと考えられる。
44　序章第2節参照。
45　序章第3節参照。

クに対しても経営陣は注目せざるを得ない状況だ。このような健全な危機感が、経営陣のなかにも着実に醸成されてきているように思われる。リスクへの感応度をより向上させ、「能動的なリスク運営」を実践していくモチベーションは、経営陣自身から自然と高まってくると考えられる。

②　金融当局のスタンスの変化

日本の金融当局である金融庁において組織改革が進んでいる。「形式・過去・部分」から「実質・未来・全体」へという方針[46]のもと、従来の形式的なチェック方式ではなく、金融機関との対話を重視する方向に舵を切っている。金融機関自ら考える「能動的なリスク運営」について金融当局に積極的にアピールしていく環境が整いつつあると考えられる。

③　非財務リスクの重要性の高まり

近年重要性が認識されてきた非財務リスクは、その管理態勢の構築は試行錯誤の段階であり、ゼロから作り上げていく状況である。経営陣としては、態勢構築の最初の段階から自ら考え、議論へ参加することが可能である。非財務リスク管理への取組みを契機に経営陣のリスク管理への積極的な参加が拡大すれば、「能動的なリスク運営」に向けた経営基盤も強化されていくものと期待できる。

「能動的なリスク運営」により、経営陣を含めた金融機関内部でリスク文化（リスクカルチャー）を醸成しようとする革新性、創造性もより拡充していくことになるだろう。結果としてリスク管理業務の本来の目的である「企業価値向上に資するリスク運営」が可能となる。現在の市場環境および金融機関を取り巻く経営環境の急速な変化は、これまでの受動的なリスク管理を超えて、金融機関自ら考える「企業価値向上に資するリスク運営」を実践する絶好の機会だと考えている。

46　「金融検査・監督の考え方と進め方（検査・監督基本方針）」（金融庁、2018年6月）

〈参考文献〉
- 天谷智子『金融機関のガバナンス』（金融財政事情研究会、2013年）
- 金融庁「平成27事務年度　金融行政方針」（2015年9月）
- 金融庁「金融検査マニュアル（預金等受入金融機関に係る検査マニュアル）」（2015年11月）
- 金融庁「金融検査・監督の考え方と進め方（検査・監督基本方針）」（2018年6月）
- 金融庁「平成29事務年度　地域銀行モニタリング結果とりまとめ」）（2018年7月）
- 金融庁「モデル・リスク管理に関する原則」（2021年1月）
- 金融庁「金融機関のシステム障害に関する分析レポート」（2023年6月）
- 金融庁「バーゼル規制の概要」（2023年6月）
- 金融庁「地域銀行有価証券運用モニタリングレポート」（2023年9月）
- 金融庁「金融デジタル化への期待」（2024年2月）
- 金融庁「主要行等向けの総合的な監督指針」（2024年4月）
- 金融庁「中小・地域金融機関向けの総合的な監督指針」（2024年4月）
- 金融庁＝日本銀行「信用評価調整（CVA）リスクの最低所要自己資本」（2018年2月）
- 森本祐司監修『市場リスク・流動性リスクの評価手法と態勢構築』（金融財政事情研究会、2015年）
- 杉本浩一ほか『スワップ取引のすべて［第6版］』（金融財政事情研究会、2023年）
- 総務省「令和5年版　情報通信白書」（2023年7月）
- 東京証券取引所「コーポレートガバナンス・コード～会社の持続的な成長と中長期的な企業価値の向上のために～」（2021年6月）
- 東京リスクマネジャー懇談会編『リスクマネジメントキーワード170』（金融財政事情研究会、2009年）
- 東京リスクマネジャー懇談会編『金融リスクマネジメントバイブル』（金融財政事情研究会、2011年）
- 内部監査人協会「内部監査の専門職的実施の国際基準［2017年版］」（2017年1月）
- 日本銀行「マルチアセット型の投資信託の特徴とリスク管理上の留意点」（金融システムレポート別冊、2020年7月）
- 日本銀行「地域金融機関の気候変動対応の現状［2023年度］」（金融システムレポート別冊、2024年3月）
- 日本銀行「「クラウドサービスの利用状況等に関するアンケート結果」および「クラウドサービス利用において必要な管理項目と具体的な取組事例」の解説」（2024年4月）

- 日本銀行金融機構局「コア預金モデルの特徴と留意点」（2011年11月、2014年3月更新）
- 日本証券業協会PSJ予測統計値運営協議会「PSJモデルガイドブック」（2006年4月、2016年4月改訂）
- バーゼル銀行監督委員会「基準文書　銀行勘定の金利リスク」全銀協事務局仮訳案」（2016年4月）
- 小田信之ほか「流動性リスクの評価方法について：理論サーベイと実用化へ向けた課題」（日本銀行金融研究所、2000年3月）
- 氷見野良三『〈検証〉BIS規制と日本』（金融財政事情研究会、2005年）
- 藤井健司『金融機関のための気候変動リスク管理』（中央経済社、2020年10月）
- 藤井健司『新　金融リスク管理を変えた大事件20』（金融財政事情研究会、2023年）
- 宮内惇至『金融危機とバーゼル規制の経済学　リスク管理から見る金融システム』（勁草書房、2015年）
- 森本祐司『ゼロからわかる　金融リスク管理』（金融財政事情研究会、2014年）
- BCBS "PRINCIPLES FOR THE MANAGEMENT OF INTEREST RATE RISK"（1997年7月）
- BCBS "Principles for the Management and Supervision of Interest Rate Risk"（2004年7月）
- BCBS "Principles for Sound Liquidity Risk Management and Supervision"（2008年9月）
- BCBS "Consultative document Fundamental review of the trading book"（2012年5月）
- BCBS "Principles for effective risk data aggregation and risk reporting"（2013年1月）
- BCBS "Regulatory consistency assessment programme（RCAP）－Analysis of risk-weighted assets for market risk"（2013年1月）
- BCBS "Regulatory Consistency Assessment Programme（RCAP）－Analysis of risk-weighted assets for credit risk in the banking book"（2013年7月）
- BCBS "The regulatory framework: balancing risk sensitivity, simplicity and comparability"（2013年7月）
- BCBS "Consultative Document Fundamental review of the trading book: A revised market risk framework"（2013年10月）
- BCBS "Standards Interest rate risk in the banking book"（2016年4月）
- BCBS "Early lessons from the Covid-19 pandemic on the Basel reforms"（2021年7月）
- BCBS "Buffer usability and cyclicality in the Basel framework"（2022年10月）
- BCBS "Evaluation of the impact and efficacy of the Basel III reforms"（2022年

12月）

・Committee of Sponsoring Organizations of the Treadway Commission "COSO Enterprise Risk Management－Integrating with Strategy and Performance" （2017年6月）

・FSB "Principles for An Effective Risk Appetite Framework"（2013年11月）

・FSB "Global monitoring report on non-bank financial intermediation 2023"（2023年12月）

・FSB "Holistic Review of the March Market Turmoil"（2020年11月）

・FRB of Dallas Working Paper No. 2315 "Deposit Convexity, Monetary Policy and Financial Stability"（2023年10月）

・Group of 30 "Derivatives: Practices and Principles"（1993年7月）

・IFRS "IFRS S1 General Requirements for Disclosure of Sustainability-related Financial Information"（2023年6月）

・IFRS "IFRS S2 Climate-related Disclosures"（2023年6月）

・International Swaps and Derivatives Association "ISDA SIMM[TM.1] Methodology, version 2.5A（based on v2.5.a)"（2023年7月）

・IOSCO "Thematic Analysis: Emerging Risks in Private Finance Final Report"（2023年9月）

・Markowitz, Harry M "Portfolio Selection"（Journal of Finance、1952年）

・Senior Supervisors Group "Observations on Developments in Risk Appetite Frameworks and IT Infrastructure"（2010年12月）

・TCFD "Recommendations of the Task Force on Climate-related Financial Disclosures"（2017年6月）

市場リスク管理の基礎と実務

2024年11月20日　第 1 刷発行

著　者　栗　谷　修　輔
発行者　加　藤　一　浩

〒160-8519　東京都新宿区南元町19
発　行　所　一般社団法人 金融財政事情研究会
出　版　部　TEL 03(3355)2251　FAX 03(3357)7416
販売受付　TEL 03(3358)2891　FAX 03(3358)0037
URL https://www.kinzai.jp/

校正：株式会社友人社／印刷：三松堂株式会社

・本書の内容の一部あるいは全部を無断で複写・複製・転訳載すること、および
　磁気または光記録媒体、コンピュータネットワーク上等へ入力することは、法
　律で認められた場合を除き、著作者および出版社の権利の侵害となります。
・落丁・乱丁本はお取替えいたします。定価はカバーに表示してあります。

ISBN978-4-322-14336-2